Dagmar Kuhlmann

# Bergedorfer® Grundschulpraxis

# Musik

1. Klasse

**Die Autorin**

**Dagmar Kuhlmann** – Fachleiterin an zwei nordrhein-westfälischen Seminaren, Musiklehrerin an einer Grundschule, Autorin von „Malen nach Musik", „Musik zum Anfassen", „Gespenster, Gespenster" (Auer Verlag)

Die **Begleit-CD** zu diesem Band erhalten Sie unter der ISBN 978-3-8344-3925-3.
Sie enthält alle im Buch erwähnten Hörwerke, Hörbeispiele und sämtliche Lieder in Vollversion mit Gesang und Begleitung sowie als Halbplayback.

9. Auflage 2023
© 2005 PERSEN Verlag, Hamburg

AAP Lehrerwelt GmbH
Veritaskai 3
21079 Hamburg
Telefon: +49 (0) 40325083-040
E-Mail: info@lehrerwelt.de
Geschäftsführung: Christian Glaser, Sandra Saghbazarian, Robin Schlenkhoff
USt-ID: DE 173 77 61 42
Register: AG Hamburg HRB/126335
Alle Rechte vorbehalten.

Das Werk als Ganzes sowie in seinen Teilen unterliegt dem deutschen Urheberrecht. Die Erwerbenden einer Einzellizenz des Werkes sind berechtigt, das Werk als Ganzes oder in seinen Teilen für den eigenen Gebrauch und den Einsatz im eigenen Präsenz- wie auch dem Distanzunterricht zu nutzen.
Produkte, die aufgrund ihres Bestimmungszweckes zur Vervielfältigung und Weitergabe zu Unterrichtszwecken gedacht sind (insbesondere Kopiervorlagen und Arbeitsblätter), dürfen zu Unterrichtszwecken vervielfältigt und weitergegeben werden.

Die Nutzung ist nur für den genannten Zweck gestattet, nicht jedoch für einen schulweiten Einsatz und Gebrauch, für die Weiterleitung an Dritte einschließlich weiterer Lehrkräfte, für die Veröffentlichung im Internet oder in (Schul-)Intranets oder einen weiteren kommerziellen Gebrauch.
Mit dem Kauf einer Schullizenz ist die Schule berechtigt, die Inhalte durch alle Lehrkräfte des Kollegiums der erwerbenden Schule sowie durch die Schülerinnen und Schüler der Schule und deren Eltern zu nutzen.

Nicht erlaubt ist die Weiterleitung der Inhalte an Lehrkräfte, Schülerinnen und Schüler, Eltern, andere Personen, soziale Netzwerke, Downloaddienste oder Ähnliches außerhalb der eigenen Schule.
Eine über den genannten Zweck hinausgehende Nutzung bedarf in jedem Fall der vorherigen schriftlichen Zustimmung des Verlags.
Sind Internetadressen in diesem Werk angegeben, wurden diese vom Verlag sorgfältig geprüft. Da wir auf die externen Seiten weder inhaltliche noch gestalterische Einflussmöglichkeiten haben, können wir nicht garantieren, dass die Inhalte zu einem späteren Zeitpunkt noch dieselben sind wie zum Zeitpunkt der Drucklegung. Der PERSEN Verlag übernimmt deshalb keine Gewähr für die Aktualität und den Inhalt dieser Internetseiten oder solcher, die mit ihnen verlinkt sind, und schließt jegliche Haftung aus.

Wir verwenden in unseren Werken eine genderneutrale Sprache. Wenn keine neutrale Formulierung möglich ist, nennen wir die weibliche und die männliche Form. In Fällen, in denen wir aufgrund einer besseren Lesbarkeit nur ein Geschlecht nennen können, achten wir darauf, den unterschiedlichen Geschlechtsidentitäten gleichermaßen gerecht zu werden.

| | |
|---|---|
| Autorschaft: | Dagmar Kuhlmann |
| Covergestaltung: | TSA&B Werbeagentur GmbH, Hamburg |
| Illustrationen: | Charlotte Wagner, Symbole von Eva Spanjardt |
| Gesamtherstellung: | Ludwig Auer GmbH, Donauwörth |
| Satz (Überarbeitung): | MouseDesign Medien AG, Zeven |
| Druck und Bindung: | SDK Systemdruck Köln GmbH & Co. KG, Köln |

ISBN: 978-3-8344-3924-6
www.persen.de

# Inhaltsverzeichnis

**Einleitung** .......................... 4

**1 Schulanfang – Die ersten Schultage** .... 6
1. Wir lernen uns kennen ................ 7
2. Musik mit dem Körper ................ 9
3. Wir basteln und benutzen Instrumente: Klanghölzer ........................ 13
4. Wir hören Musik („Cancan" von J. Offenbach, „Die Schildkröten" von C. Saint-Saëns) .... 17

Zusatzangebote ........................ 19

Materialien ........................... 20
– In der Schule bin ich nun ............ 20
– Die Schildkröte .................... 21
– Die kleine Schlange geht jetzt aus ...... 22

**2 Herbst und Ernte** .................... 23
1. Die Jahreszeit Herbst mit der Stimme erleben 24
2. Klänge/Geräusche unterscheiden lernen: laut – leise .......................... 26
3. Bau eines Instruments: Die Rassel ...... 29
4. Erarbeitung eines Hörwerks („Regentropfen-Prélude" von F. Chopin) – Malen nach Musik 31
5. Laternen schaukeln dicht an dicht (Liederarbeitung) .................... 34
6. Tanzen: Laternen schaukeln dicht an dicht . 39
7. Malen: Laternen leuchten im Dunkeln .... 41

Zusatzangebote ........................ 43

Materialien ........................... 44
– Herbstgeräusche .................... 44
– Mein Drachen (Text- und Liedblatt) ...... 45
– Baue eine Rassel! ................... 47
– Wir hören das „Regentropfen-Prélude" von Frédéric Chopin ................. 48
– Laternen schaukeln dicht an dicht (Textblatt) 49
– Falle, falle, gelbes Blatt (Liedblatt) ........ 50

**3 Advent, Weihnachten, Winter** .......... 51
1. Adventsfreuden: Nüsse, Nussknacker und Basteleien ...................... 52
2. Der Nikolaus kommt ................ 56
3. Es weihnachtet bald ................. 58
4. Der Winter ist da! ................... 65

Zusatzangebote ........................ 72

Materialien ........................... 73
– Der Nussknacker (Text- und Liedblatt, Begleitung) ........................ 73
– Der Nikolaus kommt (Geschichte) ....... 76
– Wenn es dunkel wird in unsrer kleinen Stadt (Text- und Liedblatt) ................. 77
– Eine Muh, eine Mäh (Text- und Liedblatt, Choreografie) ...................... 79
– Endlich ist der Winter da (Textblatt, zwei Notationen, Liedblatt) ............ 85
– Waldi, der Coda-Dackel .............. 88

– Die „Amboss-Polka" von Albert Parlow (Arbeitsblatt und Spiel-mit-Satz/Choreografie) ...................... 89
– Es singt in mir und klingt in mir (Liedblatt) .. 91

**4 Frühling** ........................... 92
1. Straßenmusikanten .................. 93
2. Im Frühling kommt der Osterhase ....... 99
3. Sonne im Mai ...................... 106

Zusatzangebot ........................ 111

Materialien ........................... 112
– Drei Chinesen mit dem Kontrabass (Liedblatt, Begleitung, Geschichte) ........ 112
– März (Textblatt, Begleitung) ........... 115
– Schaut nur, schaut (Liedblatt, Begleitung) .. 117
– Trommelkonzert der Feldhasen (Spielsatz) . 119
– Sonne im Mai (Text- und Liedblatt, Begleitung) 120
– Das Gänseblümchen (Entspannungs-geschichte) ........................ 122

**5 Sommer** ........................... 123
1. Waldkonzert ....................... 124
2. Sommer im Garten .................. 136
3. Bald gibt's große Ferien! .............. 144

Zusatzangebote ........................ 150

Materialien ........................... 151
– Kommt die liebe Sommerzeit (Liedblatt, Begleitung) ................. 151
– Kuckuckskonzert (Spielsatz) ........... 153
– Im Sommer geht's zum Sommerball (Text- und Liedblatt) ................. 154
– Wie tanzen die Mücken? (Textblatt) ...... 156
– 10 000 große Pausen (Textblatt, Sprech-gestaltung) ........................ 157
– Wandern in der Sommerzeit (Text- und Liedblatt) ................. 159
– Zungenbrecher (Textblatt) ............. 161
– Urlaub (Hands up) (Text- und Liedblatt) .... 162
– If you're happy and you know it (Liedblatt) .. 164
– Mon coq est mort (Liedblatt) ........... 165
– La mar estaba salada (Liedblatt) ........ 166
– Bella Bimba (Liedblatt) ............... 167
– Im Sommer, im Sommer (Liedblatt) ...... 168
– Auf unserm Hof ist heute ein Sommertag (Liedblatt) ........................ 169

**Farbabbildungen und Sonstiges** ......... 170
Der Feldhase / Das Wildkaninchen ........ 170
Der Kuckuck / Der Schwarzspecht ........ 171
La Troupe de Mademoiselle Eglantine (Henri de Toulouse-Lautrec) ............ 172
Drei Musikanten (Pablo Picasso) .......... 173
Alle Piktogramme auf einen Blick ......... 174
Instrumente und ihre Klangeigenschaften .... 176
Die Tracks der Begleit-CD ............... 178
Lied-, Text- und Bildnachweis ............ 181

# Einleitung

Ein Schulanfang ohne Musik ist nicht denkbar, wenn man die Begeisterung von Kindern beim Singen, Spielen auf Instrumenten und Bewegen nach Musik miterlebt. Jenseits aller Lehrplanforderungen ist die Freude an musikalischer Betätigung in Gemeinschaft mit anderen Kindern ein wichtiger Aspekt der Freude an Schule überhaupt.

Diese hohe Motivation sollte für die engagierte Arbeit im Musikunterricht genutzt werden, indem die vielfältigen musikalischen Bereiche, die es außer dem Singen von Liedern noch gibt, konsequent mit einbezogen werden. Das macht den Musikunterricht so interessant und vielseitig.

Dieses Buch möchte Kinder und Lehrerinnen (auch und vor allem fachfremd Musik unterrichtende Kolleginnen) durch ein erstes Schuljahr mit *fachlich fundiertem* Musikunterricht führen. Dafür wurde ein *ganzheitlicher Ansatz* gewählt, der thematisch dem jahreszeitlichen Verlauf folgt.

Zugunsten der Lesbarkeit ist in den Texten überwiegend von Lehrerinnen die Rede. Selbstverständlich sollen sich auch die Lehrer angesprochen fühlen.

Aus der Thematik ergeben sich wie selbstverständlich *Verbindungen zu anderen Fächern*. Sie unterstützen sich gegenseitig und sind miteinander verzahnt. Die Lerninhalte können auf diese Weise mehrkanalig aufgenommen werden und es ist nicht nur der Musikunterricht, der davon profitiert. Vor allem ist es der *Sprach- und Sprechbereich*, der gleichzeitig intensiv geschult wird. Auch die *Wahrnehmung und das Verständnis für sprachliche Inhalte* erfahren eine deutliche Vertiefung. Gerade im Anfangsunterricht ergeben sich, auch mithilfe dieses Buches, aus der Gemeinsamkeit und Gleichzeitigkeit sprachlicher und musikalischer Arbeit viele Gelegenheiten dazu.

Die Hinweise auf Fächerverbindungen sind in der jeweiligen Kapitelübersicht zu finden. So müssen Inhalte nicht allein in den wenigen im Stundenplan ausgewiesenen Musik-Fachstunden erarbeitet werden, man kann sie mit auf die anderen Fächer verteilen. Die ebenfalls angegebenen Arbeitszeiten für die einzelnen Kapitel beziehen sich daher nicht allein auf die Arbeit im Musikunterricht. So ist es zum Beispiel möglich, die Sprechverse aus dem letzten Kapitel (siehe S. 161) am Anfang im Sprachunterricht zu nutzen, sie immer einmal zu wiederholen und am Schluss noch einmal – wie hier empfohlen – einzusetzen.

Da Musik immer auch Gemeinschaft stiftet, kann der Unterricht ein gut funktionierendes *soziales Miteinander* intensiv fördern, beispielsweise bei der Arbeit in der Gruppe. Auch dazu werden in diesem Buch Hilfen geboten. Selbstständigkeit und die Reflexion des Geleisteten gelingt unter anderem beim *kriteriengelenkten Arbeiten* bei kreativen Arbeitsaufträgen. Nicht nur für das 1. Schuljahr wird mit diesem Buch dafür der Grundstein gelegt. Außerdem wird natürlich der *Liedschatz* erweitert, werden für die Kenntnisse *grafischer* und die Ansätze *klassischer Notation* Grundlagen geschaffen. Neue Eindrücke und Erkenntnisse ergeben sich aus dem Umgang mit unterschiedlicher Musik. Insgesamt werden Grundlagen in allen musikalischen Bereichen erarbeitet. Sie bauen Stufe um Stufe aufeinander auf.

Die Ergebnisse einiger Stunden können auf- oder vorgeführt werden und manchen Elternabend, manches Schulfest bereichern. Alle im Text erwähnten Materialien (Liedertexte, Noten, Begleitsätze, Fotos und Gemälde-Abbildungen) sind als Kopiervorlagen im Buch zu finden. Die zum Buch gehörende Begleit-CD (ISBN 3-8344-3925-8) enthält alle genannten Lieder, Hörbeispiele und Hörwerke. Damit entfallen für die Lehrerin umfangreiche Vorbereitungen.

Folgende Symbole werden verwendet:

 Hörbeispiel
(Track der Begleit-CD)

 Kopie
(Text-, Lied- oder Arbeitsblatt, Spiel-mit-Satz etc.)

 Folie
(Begleitung, Spiel-mit-Satz, Bild oder Foto)

Es ist wichtig, die Arbeit, die man tut, gerne und mit Freude zu tun. Auch dazu möchte dieses Buch verhelfen!

*Dagmar Kuhlmann*

# Dank

Wenn man als Autorin ein Manuskript (endlich!) fertig geschrieben und in die Hände des Verlages gelegt hat, überkommt einen nicht nur das Gefühl der Erleichterung: „Geschafft!" Bei der Erinnerung an die aktive Zeit des Entstehens fallen einem auch die Menschen ein, die in der einen oder anderen Weise mit dazu beigetragen haben, dass man es schaffen konnte.
Auch bei diesem Buch ist das so.
Mein Dank gilt z. B. meiner jungen Kollegin und Freundin Petra Faulseit, die nicht nur ihr Gedicht „Regentage", sondern auch Ideen zum Thema „Herbst" beigesteuert hat.
Auch bei meinen Freunden Herbert Groh und Heiner Koppe bedanke ich mich herzlich, die mir – als Nicht-Musiker und Nicht-Lehrer – häufig beim Durchdenken mancher Sachverhalte mit ihrer Sichtweise hilfreiche Hinweise und auch den einen oder anderen guten musikalischen Tipp gegeben haben.
Dem Verlag danke ich ganz besonders für die Geduld und das Verständnis bis heute.
Und schließlich möchte ich allen Kindern „Danke" sagen, die mir mit ihrer Begeisterung und den auch daraus resultierenden Erfolgen schon seit vielen Jahren die Sinnhaftigkeit dieser Arbeit zeigen und damit den Mut und das Durchhaltevermögen schenken, die man zum Schreiben eines solchen Buches stets braucht.

*Dagmar Kuhlmann*

# 1 Schulanfang – Die ersten Schultage

| | |
|---|---|
| **Stundenthemen** | 1. Wir lernen uns kennen<br>2. Wir machen Musik mit dem Körper<br>3. Wir basteln und benutzen Instrumente und erfinden Zeichen dafür, lernen dabei Klänge/Geräusche zu unterscheiden: Punktklang, langsam – schnell<br>4. Wir hören Musik |
| **Inhalte und Ziele** | – Kennenlernspiel mit Musik<br>– Koordinationsübungen nach Musik<br>– Singende Begrüßung<br>– Erarbeiten und Singen des Liedes „In der Schule bin ich nun"<br><br>– Herstellen von Klanghölzern<br>– Einsatz der Instrumente<br>– Erfinden von Zeichen für die Instrumente und ihre Klänge<br>– Parameter Tempo: langsam – schnell<br><br>– Musik hören (Erarbeitung zweier Hörwerke) / Bildbetrachtung<br>– Bildbetrachtungen<br>– Umsetzen der Musik in Bewegung |
| **Fächerverbindungen** | 1. ——<br>2. ——<br>3. Sachunterricht<br>4. Kunst |

**Überblick: Was sollten die Kinder am Ende dieser Arbeitseinheiten können?**

| Rhythmik | Stimme/Lied | Instrumente | Musik umsetzen | Fachwissen |
|---|---|---|---|---|
| Zu Musik klatschen und gehen: „Don't you worry 'bout a thing" von Incognito | | | | |
| Tempo und Grundschlag der Musik erfassen | | | | |
| Raum erfassen, einander ausweichen | | | | |
| Pausen in der Bewegung einhalten | Beim Singen ein- und ausatmen | | | Piktogramme erkennen und zuordnen |
| Im Rhythmus einer Musik durch verschiedene Körperbewegungen Geräusche erzeugen (Körpermusik) | Tonhöhen immer besser hören und nachsingen | Klanghölzer herstellen | | Klanghölzer |
| | Lied singen, auch zu Begleitung: „In der Schule bin ich nun" (beide Strophen) | Klanghölzer richtig halten und spielen | Umsetzen der Hörwerke in Bewegung: „Cancan" von Jacques Offenbach / „Die Schildkröten" von Camille Saint-Saëns | Punktklang |
| | | Klangcharakter erkennen | | Parameter Tempo: schnell – langsam |
| Schnelle und langsame Bewegungen nach unterschiedlicher Musik machen | Bekannte Lieder aus dem Kindergarten singen | Unterschiedliche Tonhöhen immer besser hören | | Schnelle und langsame Tempi einer Musik erkennen und richtig benennen |

Schulanfang

## 1. Wir lernen uns kennen

| | |
|---|---|
| **Inhalte und Ziele** | Kennenlernspiel mit Musik |
| **Aufgaben** | ❶ Musik hören, danach klatschen |
| | ❷ Musik hören, danach klatschen, dazu (in die Mitte) gehen |
| | ❸ Musik hören, durch den ganzen Raum gehen, ohne etwas zu berühren |
| | ❹ Musik hören, danach durch den Raum gehen, Pause erwarten, sich vorstellen |
| | ❺ Musik innerlich hören, danach klatschen, dabei auf den Platz gehen |
| **Medien** | CD, CD-Player |
| **Kopien** | —— |
| **Folien** | —— |
| **CD** | HB 1 f.: „Don't you worry 'bout a thing" |
| **Arbeitsformen** | Stehkreis |
| **Dauer** | Einzelstunde |

### Vorbemerkungen

Der erste Schultag wird zumeist nicht nur von den Kindern voll Spannung erwartet. Auch als Klassenlehrerin oder Klassenlehrer empfindet man diesen Tag als einen besonderen. Schließlich lernt man heute die Kinder kennen, mit denen man in der folgenden Zeit arbeiten wird. Mit Musik geht auch in dieser Situation vieles besser. Dabei kann, genau wie in den anderen Fächern auch, in kleinen Zeiteinheiten gearbeitet werden, da die Konzentration der Kinder dieses Alters noch nicht so groß ist. Der Musikunterricht kann sich – je nach Thema – auch in mehreren Einheiten über den Vormittag verteilen. Allerdings empfiehlt sich dann eine sorgfältige Planung der Abfolge.

*Raumsituation*

Der Klassenraum sollte so eingerichtet sein, dass sich die Kinder trotz des Mobiliars bewegen können. Dazu hat sich das Zusammenstellen dreier Tische für eine Sechsersitzgruppe als günstig erwiesen. Meist verbleibt dann in der Mitte des Raumes Platz für den Sitzkreis, Stehkreis oder andere Aktivitäten. Wer eine Sitzordnung nicht unbedingt auch zu häufiger Gruppenarbeit nutzen möchte, kann ebenso meist Raum durch das Aufstellen der Tische in U-Form schaffen. Wenn der Klassenraum zu klein ist, aber ein anderer größerer Raum zur Verfügung steht, z. B. Gymnastikhalle, Turnhalle, Eingangsbereich etc., kann auch diese Möglichkeit genutzt werden.

*Unterrichtssituation*

Die erste Schulstunde beginnt, wenn die Eltern den Klassenraum verlassen haben. Die Kinder erleben zum ersten Mal mit ihrer Klassenlehrerin die Unterrichtssituation, die bald zum Alltag werden wird. Meistens dauert sie nicht länger als die nächsten 30 bis 45 Minuten. Die Kinder sitzen an ihrem Platz, haben ihre Schultasche aufgehängt, ihr Namensschild und eventuell ein kleines Begrüßungsgeschenk entdeckt. Meist erfolgt an dieser Stelle das gegenseitige Kennenlernen. Viele Kinder kennen sich schon aus der Nachbarschaft, dem Kindergarten, aber auch dann macht das folgende Spiel Freude.

*Aufgabenaufbau*

Der Aufgabenschwerpunkt liegt hier bei der Bewegung zur Musik. Der schrittweise Aufbau des Ablaufs ermöglicht den Kindern ein langsames Sich-Einfinden in die Musik und ein Erfassen des Metrums (= Grundschlag), vom Klatschen ausgehend (Track 1 – Musik mit Klatschen) bis zur ganzkörperlichen Bewegung (Gehen).

Die letzte Aufgabe ermöglicht den Kindern die Verinnerlichung des Tempos und des Metrums der zuvor gehörten Musik. Zugleich kann die Lehrerin kontrollieren, wie sicher die Kinder die gleichmäßigen Bewegungen zur Musik bereits ausführen können. Gleichzeitig ermöglichen die Bewegung zur Musik und die Aufgabenstellung einen unbefangeneren Kontakt der Kinder untereinander, ebenso wird Rücksichtnahme durch das Erfordernis des Nichtberührens beim Umhergehen impliziert.

© Persen Verlag

Schulanfang

## Stundenverlauf

*Arbeitsauftrag*

*Wenn die Musik beginnt, kommen alle Kinder in die Mitte der Klasse und stellen sich im Kreis auf. Klatscht so, wie die Musik spielt und geht auch so.*

❶ Mit dem Erklingen der Musik „Don't you worry 'bout a thing" beginnt die Lehrerin mit dem Klatschen, um den Kindern sowohl über die Anfangshemmung hinwegzuhelfen als auch gleich das richtige Tempo vorzugeben, wie es in Track 1 (Musik mit Klatschen) zu hören ist.

>  *„Don't you worry 'bout a thing"*
> Das Hörbeispiel der Gruppe „Incognito" stammt aus dem Bereich der Popmusik. Die Länge des gesamten Stückes beträgt 4:09 Minuten.

❷ Schüchterne Kinder kann sie ermutigen, indem sie zu ihnen hingeht und mit Gesten zum Mitmachen auffordert. Die Musik ist nicht schnell und ermöglicht ein entsprechendes Schritt-Tempo. Stehen alle Kinder im Kreis, wird noch ein paar Takte weiter geklatscht, damit die Kinder das Tempo verinnerlichen.

*Arbeitsauftrag*

*Ihr hört die Musik noch einmal. Nun geht ihr nach der Musik durch den Klassenraum. Ihr dürft dabei keine Dinge und keine anderen Kinder berühren.*

❸ Dieser Bewegungsauftrag erweitert den Spielraum der Kinder. Gleichzeitig verlangt er schon das Wahrnehmen von (unbewegten) Gegenständen und (sich bewegenden) Personen im Raum und die entsprechende Reaktion (Ausweichen) darauf. Die Länge des Hörbeispiels sollte sich danach richten, ob die Kinder beim Gehen schon in etwa das Tempo der Musik aufgenommen haben.

*Arbeitsauftrag*

*Wenn ihr die Musik nun hört, geht ihr wieder danach. Dieses Mal wird sie aber öfter unterbrochen. Dann sagt ihr dem Kind, das euch am nächsten steht, schnell „Guten Tag" und sagt euren Namen. Erklingt die Musik, geht ihr allein weiter.*

❹ Die Lehrerin kann mit den Kindern mitgehen und die Aufgabe des Bedienens der Pausentaste oder des Lautstärkereglers wechselnd Kindern übertragen. Wie viele Vorstellungsrunden es gibt, sollte je nach Aufmerksamkeitslage der Kinder entschieden werden.

❺ Ist das Stück beendet, gehen die Kinder nach dem gleichen Rhythmus wie vorher klatschend auf den Platz. Das dürfte ihnen keine Schwierigkeiten bereiten, da anzunehmen ist, dass sie ihn nunmehr verinnerlicht haben.
So erfolgt also die Begrüßung musikalisch. Man kann das täglich wiederholen – es bleibt ein Spaß.

Schulanfang

## 2. Musik mit dem Körper

| | |
|---|---|
| **Inhalte und Ziele** | – Koordinationsübungen nach Musik<br>– Singende Begrüßung<br>– Erarbeiten und Singen des Liedes „In der Schule bin ich nun" |
| **Aufgaben** | ❶ Klatschen nach Musik<br>❷ Klatschen und Schnipsen im Wechsel<br>❸ Klatschen und Patschen (auf die Oberschenkel) im Wechsel<br>❹ Patschen im Wechsel links – rechts<br>❺ Wechselnde Bewegungen<br>❻ Bewusstes Atmen üben<br>❼ Singende Begrüßung einführen und üben (HB 3)<br>❽ Betrachten des Liedblattes<br>❾ Aufzählen des Entdeckten und Erzählen davon<br>❿ Hören des Liedes (HB 4) und dazu klatschen<br>⓫ Lernen des Liedes, beginnend beim Schluss<br>⓬ Singen des ganzen Liedes mit Halbplayback-Begleitung (HB 5) |
| **Medien** | CD, CD-Player |
| **Kopien** | „In der Schule bin ich nun" (S. 20) |
| **Folien** | —— |
| **CD** | HB 2: „Don't you worry 'bout a thing"<br>HB 3: Singende Begrüßung<br>HB 4 f.: „In der Schule bin ich nun" |
| **Arbeitsformen** | Stehkreis, Stuhlkreis |
| **Dauer** | Einzelstunde |

## Vorbemerkungen

*Koordinationsübungen*  Gerade am Schulbeginn sind Koordinationsübungen besonders wichtig. Alle Aufgaben, die an Bewegung gebunden sind, also auch das Schreiben, setzen die Fähigkeit zu gezielten, regelmäßig wiederkehrenden Bewegungsabläufen und unterschiedlichen Kombinationen voraus. Das kann man in der rhythmischen Erziehung üben.

*Singen*  Singen, d. h. Musik mit der eigenen Stimme machen, gehört zu den Grundäußerungen des Menschen. Kinder singen ganz unbefangen schon sehr früh ihre eigenen Melodien, bevor sie gehörte übernehmen. Dabei durchlaufen sie eine bestimmte Entwicklung. In Kindergartenliedern wie: „Ringel, Rangel, Rose", „Dornröschen war ein schönes Kind", „Der Kaiser von Rom" u. Ä. finden sich unterschiedliche Melodiemuster, die man auch als „kindliche Singzeile" bezeichnet. Die Werbung bedient sich ihrer gerne, weil sie so einprägsam und leicht zu behalten sind (Beispiel: „Haribo macht Kinder froh!").

*Gesungene Begrüßung*  Für die gesungene Begrüßung im Klassenraum können diese Melodiemuster aufgegriffen werden. (In der Domsingschule Köln, in der alle Kinder das Singen nach der „Ward-Methode" lernen – erarbeitet von der Amerikanerin Justine Ward – beginnt der Unterricht in einigen Klassen stets mit einer gesungenen Begrüßung.) Dabei können einzelne Kinder begrüßt werden oder aber auch die ganze Klasse. Das hat den Vorteil, dass die begrüßten Kinder persönlich angesprochen bzw. angesungen werden und das von der ganzen Klasse leiernd gesprochene „Guten Morgen Frau x" unterbleibt.
Der wichtigste Grund für eine singende Begrüßung ist aber der, dass die Kinder sehr gut das Hinhören lernen und den vorgegebenen Ton mit der eigenen Stimme „abnehmen" müssen. Hier ist also eine tägliche Übung zur feinen auditiven Wahrnehmung gekoppelt mit der Aufgabe des bewussten Einsatzes der Stimme. Bevor jedoch gesungen werden

Schulanfang

kann, müssen die Kinder unbedingt zur bewussten Atmung geführt werden. Diese ist übrigens auch der Lesetechnik dienlich.

*Liedersammlung*

Die ersten Lieder, die Schulanfänger singen, sollten auf ihre augenblickliche Situation bezogen sein. Diese Lieder besingen den Schulanfang und beschreiben etwas, was den Kindern nun vertraut ist oder wird. Allgemein bekannt sind Lieder wie: „Hurra, ich bin ein Schulkind". Man sollte am Beginn erfragen, welche Lieder die Kinder kennen, und diese in Form einer Liste aufschreiben. Dann kann man immer auf ein Lied zugreifen, wenn man singen möchte und muss nicht jedes Mal erneut fragen.

Es empfiehlt sich, diese Liste auf einem großen Bogen Tonpapier anzulegen, sie in der Klasse an der Wand zu befestigen und jedes neu erlernte Lied dazuzuschreiben. Wenn die Kinder lesen können, werden sie selbst schnell Lieder auswählen und auch feststellen können, welche sie schon kennen.

Außerdem sollten die Kinder eine eigene Musikmappe haben. Darin werden alle Liedblätter gesammelt. Am Anfang sollten alle Liedblätter mit Illustrationen versehen sein. Die Illustrationen helfen zum besseren Textverständnis und geben außerdem beim Ausmalen Gelegenheit zur Übung der Feinmotorik. Die Liedtexte haben dadurch einen erhöhten Wiedererkennungseffekt und die Kinder besitzen eine sehr persönliche Liedermappe. Es spielt dann bei passender Grafik keine Rolle, ob die Kinder die Texte schon lesen können oder nicht. So können Lieder auch nicht so leicht in Vergessenheit geraten, wie das bei jahreszeitlich gebundenen Texten oft der Fall ist.

*Raumsituation*

Koordinationsübungen können irgendwo im Klassenraum, zunächst aber am Platz des Kindes ausgeführt werden. Die Kinder stehen hinter ihrem Stuhl (oder im Kreis in der Klassenmitte).

Zur singenden Begrüßung stehen die Kinder an ihrem Platz hinter dem Stuhl, denn so kann man besser Luft zum Singen holen.

Liederarbeitung und Singen: Gesungen werden kann grundsätzlich überall. Im Stehen lässt es sich aber bequemer und auch besser singen, weil das Zwerchfell dabei nicht eingedrückt wird.

*Unterrichtssituation*

Für die Koordinationsübungen werden die Stühle unter den Tisch geschoben, nachdem der Platz leer geräumt wurde, da herumliegende Dinge die meisten Kinder ablenken. Diese Arbeitsphase sollte sich an eine vorhergehende anschließen, in der sitzend gearbeitet wurde. Nun können sich die Kinder wieder bewegen und die Anspannung loslassen. Bewegungsphasen im Unterricht sollte man bereits bei der Unterrichtsvorbereitung fest einplanen, und zwar bewusst und konsequent. So kann sich die beim Sitzen und Arbeiten oft verkrampfte Muskulatur wieder lösen. Stets müsste damit auch die Zufuhr frischer Luft verbunden werden. (Die Sauerstoffaufnahme bei der Bewegung erhöht die Konzentrationsfähigkeit.)

## Stundenverlauf

Für die Koordinationsübungen nach Musik wird die bekannte Musik  wieder eingesetzt, da die Kinder bereits Bewegungserfahrung damit haben.

❶ Klatschen des Grundschlages (Grundlage)

❷ Erweiterung der Bewegung um das Schnipsen mit den Fingern:
Klatsch – Schnips, Klatsch – Schnips ...
Es kann sein, dass einige Kinder kein lautes Schnipsen hervorbringen können, weil die Finger noch zu klein sind. Da es hier nur um die Bewegung geht, ist das kein Nachteil.

❸ Nun werden *beide* Hände nach dem Klatscher *gleichzeitig* auf die Oberschenkel gepatscht: Klatsch – Patsch, Klatsch – Patsch ...

❹ Anschließend wird *abwechselnd* auf den *linken* und *rechten* Oberschenkel gepatscht: Klatsch – Patsch, Klatsch – Patsch ...

Schulanfang

**5** Nun können alle Bewegungen *im Wechsel* ausgeführt werden. Sie werden jeweils so oft ausgeführt, bis alle Kinder die Bewegung im Tempo des Grundschlags ausführen können. Je sicherer die Bewegungen werden, desto stärker können die Phasen verkürzt werden. Nach und nach kommen immer mehr Bewegungsideen hinzu. Die Kinder denken sich auch selbst welche zur Musik aus.
Wichtig sind auch Querbewegungen, weil sie die rechte und linke Gehirnhälfte aktivieren:
– Klatsch – linke Hand auf rechte Schulter
– Klatsch – rechte Hand auf linke Schulter
– Klatsch – linke Hand auf rechten Oberschenkel
– Klatsch – rechte Hand auf linken Oberschenkel
Werden diese Bewegungen einzeln beherrscht, so werden sie im Ablauf kombiniert:
– Klatsch – rechte Schulter – Klatsch – linke Schulter – Klatsch – rechter Oberschenkel – Klatsch – linker Oberschenkel ...
Weiter sind auch Abläufe von oben nach unten und umgekehrt wichtig:
– Klatsch – rechte Hand auf rechte Schulter und gleichzeitig linke Hand auf linke Schulter – Klatsch – rechte Hand auf rechten Oberschenkel und gleichzeitig linke Hand auf linken Oberschenkel ...
Auch die meisten Erwachsenen müssen diese Bewegungsabläufe üben, daher sollte man Kindern einige Zeit zum Einüben geben, bevor man zur nächsten Bewegung übergeht.

**6** Zur **Vorbereitung auf das Singen** legen die Kinder ihre Hände nach hinten auf die unteren Rippen. So können sie das Ein- und Ausatmen besonders gut spüren. Verschiedene Übungen mit der Atmung machen den Kindern Atemvorgänge bewusst, zum Beispiel:
– lange ein- bzw. ausatmen
– pusten
– hecheln
– Luft anhalten und kontrolliert wieder abgeben
Auch das bedarf der täglichen Übung, die kurz sein kann.

**7** Zur **singenden Begrüßung** beginnt die Lehrerin zu singen.

> Guten Morgen, liebe Carlotta!

Das so angesungene Kind nimmt den Ton auf, d. h. es antwortet möglichst auf der Tonhöhe, in der es zuvor begrüßt wurde (entsprechend, wenn die ganze Klasse oder eine Tischgruppe gemeint ist).

> Guten Morgen, liebe Frau ...!

So kann man auch kleinere Übungen machen, bei der die Kinder schneller – langsamer, lauter – leiser, höher – tiefer singen. Auf diese Weise können ihnen bereits die grundlegenden musikalischen Parameter (Klangeigenschaften) bewusster werden. Die Unterscheidung von Tonhöhen und ihre Wiedergabe ist je nach Alter der Kinder recht schwierig. Viele Kinder können das in der 1./2. Klasse noch nicht leisten. Umso wichtiger und nützlicher ist hier tägliche Übung.
Anstelle einer einfachen Begrüßung können sich Kinder etwas Schönes ausdenken, das sie einem anderen Kind für diesen Tag wünschen, wenn es etwa Geburtstag hat, zum Beispiel:

Man kann auch eine „Singkette" gestalten. Ein Kind begrüßt ein anderes, dieses erwidert den Gruß und wendet sich dann einem anderen Kind zu, bis alle Kinder begrüßt wurden.

© Persen Verlag

Schulanfang

**8 9** Das Lied „In der Schule bin ich nun" eignet sich gut für den 1. Schultag. Es ist kurz und rhythmisch betont. Der Text möchte dem Gefühl der Unsicherheit von Schulanfängern entgegentreten und ihnen Mut machen, dass sie alles lernen können, was ihnen jetzt noch schwierig erscheinen mag.

Das Liedblatt (siehe S. 20) wird ausgeteilt und zunächst ausführlich angeschaut und besprochen. Vielleicht erkennen die Kinder auch die Noten im unteren Teil des Blattes. Auf jeden Fall werden sie sich mit den kleineren Kindern auf dem Blatt identifizieren. Ein Gespräch über ihre Erwartungen, die im Text ähnlich wieder erscheinen, schließt sich daraufhin an. Dann wird geklärt, dass es sich um ein Liedblatt handelt, das auch gleich in die neue Musikmappe eingeheftet wird. (Ein schöner und wichtiger Nebeneffekt: So haben die Kinder gleich etwas, das sie am 1. Schultag mitnehmen und zeigen können.)

*Arbeitsauftrag*

*Das Lied hört ihr nun von anderen Kindern gesungen.*
*Wir klatschen erst einmal mit.*

**10** Die Klatscher erfolgen nur auf den Zählzeiten 1 und 3, damit die Kinder nicht jede Silbe mitklatschen.

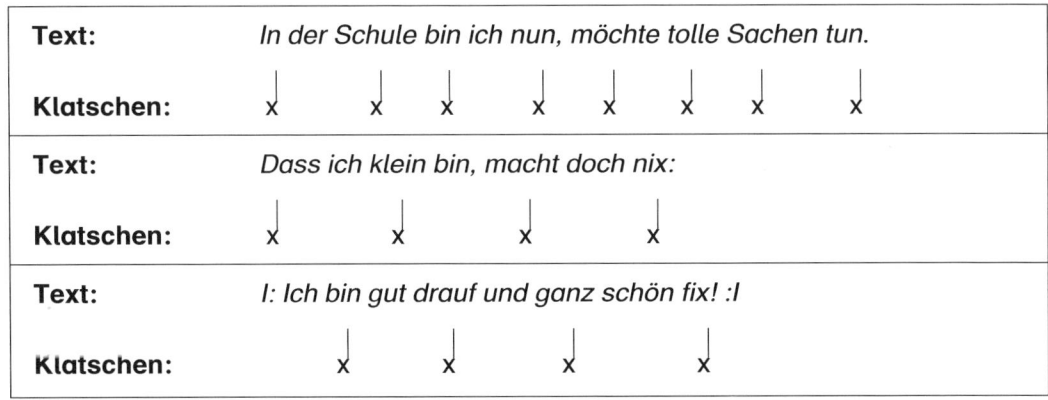

Mit der 2. Strophe wird ebenso verfahren.

**11** Danach lernen die Kinder, das Lied zu singen. Der Schluss wird zuerst gelernt, damit sie bei der Wiederholung des Hörbeispiels schon einen Teil mitsingen können. Dazu wird der letzte Teil vorgesungen und die Tonhöhen gleichzeitig mit der Hand gezeigt. Das bietet den Kindern eine optische Hilfe für das Erfassen des Melodieverlaufs.

Dann wird das Lied noch einmal mit der CD gesungen. Mit den anderen Teilen des Liedes wird genauso verfahren. Die 2. Strophe kann – je nach Aufmerksamkeitslage der Kinder – auch am nächsten Tag dazugelernt werden. Wenn die ganze 1. Strophe bekannt ist, stehen die Kinder auf, singen und klatschen dazu. Wieder wird das Hörbeispiel zur Unterstützung genommen.

**12** Schließlich singen die Kinder ganz alleine, hören aber zur Begleitung diesmal das Halbplayback (nur die Musik ohne Chor) dazu.

*Ausblick*

Dieses gemeinsame Lied wird in den nächsten Tagen immer wieder gesungen, bis beide Strophen auswendig „sitzen". Wenn die Kinder später die Klanghölzer benutzen, ersetzen sie damit das Klatschen.

Schulanfang

## 3. Wir basteln und benutzen Instrumente

| | |
|---|---|
| **Inhalte und Ziele** | – Herstellen von Klanghölzern<br>– Einsatz der Instrumente<br>– Erfinden von Zeichen für die Instrumente und ihre Klänge<br>– Klänge/Geräusche unterscheiden lernen: langsam – schnell |
| **Aufgaben** | ❶ Herstellen von Klanghölzern<br>❷ Handhabung der Instrumente und Klangspiele<br>❸ Einführung des Piktogramms für „Klanghölzer"<br>❹ Einführung des Piktogramms für „Punktklang"<br>❺ Einführung des Parameters Tempo: langsam – schnell<br>❻ Arbeiten mit den Instrumenten und Piktogrammen |
| **Medien** | Bastelmaterial: Rundhölzer, Schmirgelpapier, Zeitungspapier, evtl. Textilklebeband; Instrumente: Klanghölzer; Sonstiges: Papier, Wachsmalstifte, Pinsel, Wasserfarbe, dicke Stifte, Piktogramm „Klanghölzer", Piktogramme „langsam" und „schnell", 1 Tischtennisball |
| **Kopien** | —— |
| **Folien** | —— |
| **CD** | —— |
| **Arbeitsformen** | Einzelarbeit am Tisch, Sitzkreis, Partnerarbeit |
| **Vorarbeiten** | – Kaufen der Rundhölzer und des Schmirgelpapiers<br>– Schneiden des Schmirgelpapiers in handliche Vierecke<br>– Abmessen und Abschneiden des Textilklebebandes |
| **Dauer** | 3 Stunden |

## Vorbemerkungen

*Instrumente im Unterricht*

Kaum etwas im Unterricht hat einen so hohen Aufforderungscharakter wie Instrumente, das weiß jeder, der schon einmal damit gearbeitet hat. Kinder lieben es, mit und auf Instrumenten zu spielen. Wir benötigen keine weitere Motivation zur Arbeit damit. Allerdings kann sie nicht gelingen ohne ganz feste Regeln. Ohne sie wird das Musizieren auf Instrumenten keinen Erfolg bringen, sondern Unlust beim Unterrichtenden und auch bei den Kindern hervorrufen. Auch Kinder können den damit verbundenen Lärm letztlich nicht ertragen. Die folgenden, wenigen Regeln müssen konsequent eingehalten werden!

> *Regeln für den Umgang mit Instrumenten*
> 
> **1. Instrumententransport:** Für den Transport bzw. das Herbeischaffen der Instrumente sind einzelne Kinder verantwortlich. Sie teilen aus und sammeln wieder ein. Größere Instrumente werden zu zweit getragen. Diese Kinder sind fest für bestimmte Instrumente eingeteilt = „Instrumentendienst". Kleine Instrumente sollten in Behältern liegen, die gut getragen werden können, etwa in Plastikkörbchen, festen Pappkartons o. Ä.
> 
> **2. Warten – zwei Minuten ausprobieren – Ruhe – gemeinsame Arbeit:** Die Instrumente bleiben erst einmal nach dem Austeilen auf dem Tisch liegen. Diese Regel bedarf dringend der vorherigen Absprache! Wenn alle benötigten Instrumente da sind, darf zwei Minuten nach Herzenslust gemeinsam ausprobiert werden. Dann erst wird damit gearbeitet.
> 
> **3. Konsequenzen bei Regelverstoß:** Wer sich nicht an die vorab besprochenen Regeln hält, muss möglicherweise einmal zuschauen, wie sich die anderen Kinder verhalten, bis man meint, es auch so zu können. Diese innere Ordnung verstehen Kinder meist sehr schnell. Das Nicht-Mitmachen-Dürfen bei Regelverstößen ist für die meisten Kinder Anreiz genug, sich zu benehmen wie abgesprochen.

© Persen Verlag

Schulanfang

*Klanghölzer herstellen*

In der heutigen Stunde sollen aus Rundholzabschnitten aus dem Baumarkt Klanghölzer hergestellt werden. In den meisten Schulen sind zwar Klanghölzer vorhanden, aber selten in ausreichender Anzahl für die ganze Klasse. Da man sie so vielseitig verwenden kann, sollte für jedes Kind ein Paar in der Klasse zur Verfügung stehen. Die „echten" aus dem Musikalienhandel sind wegen des guten Materials aber sehr teuer. Das Herstellen von Klanghölzern ist preiswert. Dazu kauft man im Baumarkt Rundhölzer aus Buchenholz (keine Besenstiele!). Es gibt sie in unterschiedlichen Durchmessern. Die dünneren lässt man auf 20 cm, die dickeren auf 25 cm schneiden. Für das Glattschleifen der Schnittränder benötigt man noch Schmirgelpapier (feine Körnung) und eventuell auch Textilklebeband in einer Farbe zum Kennzeichnen.

Einsatz der Instrumente: Nach ersten Experimenten mit dem Instrument und dem Erlernen der Handhaltung setzen die Kinder sie zur ersten einfachen Liedbegleitung ein.

*Erfinden von Zeichen für die Instrumente und Klänge*

In den folgenden Stunden sollen die Kinder erkennen, dass man musikalische Ideen nur dann nicht „verlieren" kann, wenn man sie aufschreibt. Nicht nur gesprochene Laute kann man aufschreiben, sondern auch Klänge und Töne. Gegenstände kann man durch vereinfachte Formen, sogenannte Piktogramme, darstellen.

## Stundenverlauf

❶ Zum **Herstellen der Klanghölzer** breiten die Kinder das Zeitungspapier auf den Tischen aus, damit der Holzstaub aufgefangen wird. Jedes Kind erhält zwei Rundhölzer und ein Stück Schmirgelpapier. Dann werden die Schnittkanten glatt geschmirgelt.

*Hinweis*

Wenn man das Papier in den Handteller legt und das Holz darauf schnell dreht, entsteht sofort eine große Reibungshitze!

Abschließend wird ein Stück Textilklebeband jeweils um ein Ende des Holzes geklebt, dann sind die Klanghölzer gebrauchsfertig.

Nach dem Aufräumen des Platzes werden die Klanghölzer natürlich gleich ausprobiert.

❷ Es folgt der **Einsatz der Instrumente**. Zuerst dürfen die Kinder ausprobieren, wie man überhaupt Klänge mit den Klanghölzern, den sogenannten „Claves" (so nennen sie die „richtigen" Musiker) erzeugt. (Das wird zwar vorübergehend ziemlichen Krach erzeugen, aber dieser legt sich zumeist von alleine wieder, weil es den Kindern selbst zu laut wird.)

Das Material wird genau angeschaut, befühlt und beschrieben. Das ist wichtig, weil die Kinder fortan mit Materialien auch eine bestimmte Klangerwartung verbinden und so mit der Zeit die Erkenntnis erlangen, dass Klang abhängig ist vom Material.

Dann wird die richtige Handhaltung gezeigt (siehe rechts). Der Unterschied wird den Kindern sofort klar, wenn man erst die Klanghölzer an beiden Enden fasst und aufeinanderschlägt, sie dann aber korrekt hält und den Klang erzeugt.

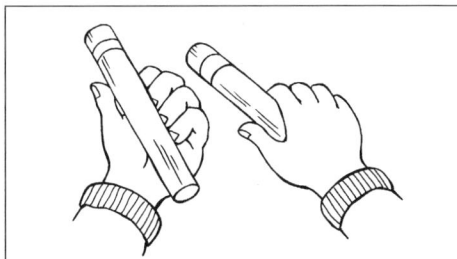

Die Handfläche der linken Hand wirkt dabei als Klangverstärker.

Die richtige Haltung wird eingeübt, dann mit den Instrumenten gearbeitet:

Jedes Kind spielt der Reihe nach 3-mal auf seinem Instrument.

Alle Kinder hören, ob sie Tonhöhenunterschiede feststellen können und ordnen die Instrumente von hoch nach tief bzw. von tief nach hoch.

Schulanfang

*Hinweis*  Diese Aufgabe ist recht schwierig, weil die Kinder im Hören von Tonhöhen noch nicht so geübt sind. Es ist aber eine besonders gute Übung zur auditiven Wahrnehmung. Eine annähernd richtige Reihenfolge reicht erst einmal aus.
Spielformen werden entwickelt, etwa:
– alle hohen Klanghölzer spielen zusammen
– alle tiefen …
– 1 Kind spielt ein rhythmisches Motiv vor, alle anderen antworten
– erst spielt 1 Kind, dann spielen 2, dann 3 usw., bis alle spielen
– das 1. Kind spielt das Motiv noch einmal und hört dann auf, das 2. … usw.
Den Kindern fällt dazu gewiss viel ein.

*Hausaufgabe*  Als Aufgabe zur nächsten Stunde darf sich jedes Kind ein Spiel mit den Klanghölzern ausdenken.
Zum Abschluss singen die Kinder das Lied „In der Schule bin ich nun" und begleiten sich dabei auf den Klanghölzern. Da sie vorher dazu geklatscht haben, wird es nicht schwierig sein, das Klatschen durch die Instrumente zu ersetzen. Allerdings bleibt die Tatsache zu beachten, dass es den Kindern sehr schwerfällt, beides gleichzeitig zu tun. Meist bleibt das Singen erst einmal „auf der Strecke", bis der Instrumentengebrauch zur Selbstverständlichkeit geworden ist.

❸ Ein Paar Klanghölzer wird gekreuzt in die Mitte des Sitzkreises gelegt. Die Kinder werden um Vorschläge gebeten, wie man sie denn zeichnerisch darstellen kann. Dazu liegen am besten ein großes Stück Papier und ein dicker Stift daneben. Wahrscheinlich werden die Vorschläge gleich der tatsächlichen Schreib-/Malweise dieser Instrumente entsprechen.

*Piktogramm*  Das (vorbereitete) **Klanghölzer-Piktogramm** wird dann an einer dafür vorgesehenen Stelle im Klassenraum angebracht. Die Kinder gehen an ihre Tische. Dort malen sie zuerst das Piktogramm mit einem dicken Stift nach.
Dann nehmen sie ihre Hörhaltung ein (vgl. S. 17).

*Arbeitsauftrag*  *Hört noch einmal genau hin, wie sich die Klanghölzer anhören.*
*Stellt euch dann vor, wie man diesen Klang malen könnte.*
*Wie man die Klanghölzer malt, wissen wir schon.*
*Nun sollt ihr euch Zeichen für den Klang vorstellen und malen.*

❹ Die Klanghölzer werden 2- oder 3-mal angeschlagen, dann malen die Kinder ihre „Klangbilder" auf. Sie werden im Sitzkreis präsentiert und begutachtet. Die Ergebnisse werden ziemlich einheitlich ausfallen. (Mehr zum Thema „Klangbilder malen" im Buch „Malen nach Musik – Musik nach Bildern", Auer Verlag)
Ein Tischtennisball hopst zum Klangvergleich einige Male auf einem Tisch. Die Kinder beschreiben den Klang und vergleichen ihn mit dem der Klanghölzer. Es werden große Klangähnlichkeiten festgestellt: Beide klingen kurz, „trocken", klar …

*Arbeitsauftrag*  *Es gibt einen Namen für solche Klänge. Überlegt, wie man sie wohl nennt!*
*Der Tischtennisball hilft beim Überlegen!*

*Piktogramm*  Nun wird der Tischtennisball mit Wasserfarbe gefärbt und auf Papier hopsen gelassen. Er hinterlässt punktartige Tupfer. Wenn die Kinder nicht den Zusammenhang herstellen können, wird der Name genannt: **Punktklang**. Das zweite Piktogramm wird ebenfalls angebracht.

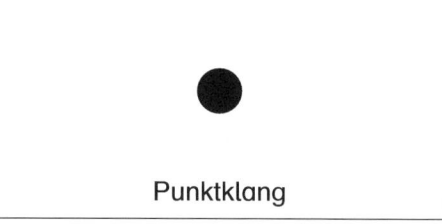

© Persen Verlag

Schulanfang

So haben die Kinder zwei Zeichen kennengelernt: Wie man Klanghölzer mit dem Instrumentenzeichen malt und wie man den Klang darstellt, den sie erzeugen.
Die „Nutzanwendung" erfolgt anschließend.
In der bisherigen Arbeit haben die Kinder die Klanghölzer als Instrument kennengelernt, haben das Instrumentenzeichen und das Klangzeichen „erfunden". Nun folgt die Anwendung. Daraus ergibt sich die Sinnhaftigkeit des Aufschreibens.
Die Kinder hatten zuvor die Aufgabe bekommen, sich Klangspiele mit den Instrumenten auszudenken. Es kann sein, dass sie wieder vergessen haben, was zuvor damit gemacht wurde, oder dass sie ihre eigenen Ideen nicht festhalten konnten. Hier ist dann der Augenblick, in dem man das Aufschreiben als Hilfe anbietet.
Die Kinder kommen mit ihren Instrumenten in den Sitzkreis.

*Arbeitsauftrag*

*Ihr habt euch ja gewiss mehrere Klangspiele mit unseren Klanghölzern ausgedacht. Wir wollen sie spielen.*
Möglicherweise fällt den Kindern nicht gleich etwas ein, dann wird ein Spiel von vorher wiederholt. Sollte kein Spiel mit dem **Parameter Tempo (langsam – schnell)** vorkommen, wird es vorgemacht, von den Kindern nachgespielt und benannt.

❺ Nun sollen einige Kinder sich so bewegen, wie die Instrumente spielen, also entweder langsam oder schnell. Dazu geht oder läuft jeweils ein Kind durch den Klassenraum.

*Arbeitsauftrag*

*Damit wir das Spiel nicht vergessen, müssen wir es aufschreiben.*
*Überlegt, wie wir die Klänge aufschreiben können.*
Es kann nun als stummer Impuls ein Hinweis auf die beiden Piktogramme (Klanghölzer, Punktklang) erfolgen, wenn die Kinder nicht von alleine darauf kommen. Wahrscheinlich wird eine Übereinkunft hergestellt, dass die schnelle Klangfolge durch eng aufeinanderfolgende Punkte angezeigt wird und die langsame durch weiter auseinanderliegende. Auch diese Spielweisen werden durch **Tempo-Piktogramme** angezeigt und im Klassenraum aufgehängt.

*Piktogramme*

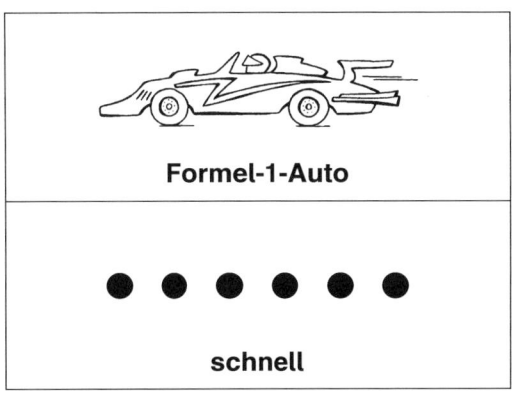
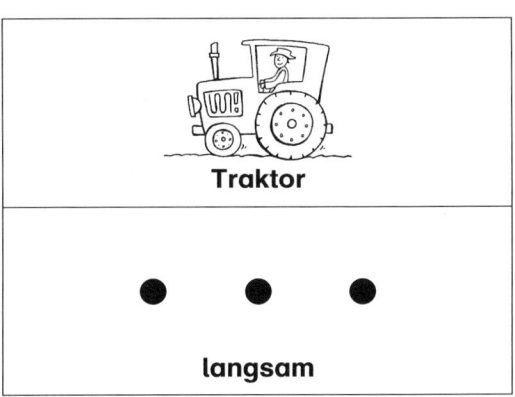

*Arbeitsauftrag*

*Wir spielen jetzt so, wie die Bilder es zeigen.*

❻ Die Piktogramme werden abwechselnd oder auch einmal nacheinander gezeigt. Die Kinder spielen entsprechend langsam oder schnell.
Damit sind für Klangeigenschaften von Musik die beiden Parameter langsam und schnell eingeführt worden. Wichtig ist, dass die Kinder sie akustisch unterscheiden und benennen können, denn ohne das entsprechende Vokabular können sie sich über Musik nicht äußern. Als Erinnerungshilfe wird auf die Illustrationen hingewiesen.

*Ausblick*

In jedem Kapitel wird ein Parameterpaar eingeführt: Tempo (schnell – langsam), Lautstärke (laut – leise), Tondauer (kurz – lang), Stimmung (fröhlich – traurig), Tonhöhe (hoch – tief).

Schulanfang

## 4. Wir hören Musik

| | |
|---|---|
| **Inhalte und Ziele** | – Hörwerke kennenlernen zum Parameter Tempo (schnell – langsam)<br>– Bildbetrachtungen<br>– Umsetzen der Musik in Bewegung |
| **Aufgaben** | Zu „Cancan" von Jacques Offenbach und<br>zu „Die Schildkröten" von Camille Saint-Saëns:<br>❶ Musikausschnitt hören und darüber sprechen<br>❷ Informationen über Stück und Komponisten<br>❸ Bildbetrachtung: „La Troupe de Mademoiselle Églantine" von Henri de Toulouse-Lautrec<br>❹ Erschließen des Tempos über Mitklatschen, Mitspielen, Nachahmen der Tänzerinnen bzw. der Schildkröten<br>❺ Zuordnung der Piktogramme „schnell" und „langsam" zu den Hörwerken |
| **Medien** | CD, CD-Player, OHP, Piktogramme „schnell" und „langsam" |
| **Kopien** | „La Troupe de Mademoiselle Églantine" von Henri de Toulouse-Lautrec (S. 172, farbig, 1-mal),<br>„Schildkröte" (S. 21, 1-mal) |
| **Folien** | „La Troupe de Mademoiselle Églantine" von Henri de Toulouse-Lautrec (S. 172, farbig), „Schildkröte" (S. 21) |
| **CD** | HB 6: „Cancan" aus „Orpheus in der Unterwelt" von Jacques Offenbach<br>HB 7: „Die Schildkröten" aus „Karneval der Tiere" von Camille Saint-Saëns |
| **Arbeitsformen** | Unterrichtsgespräch, Sitzkreis |
| **Dauer** | Einzelstunde |

## Vorbemerkungen

Die Kinder hören einen Ausschnitt aus dem **„Cancan"** aus Jacques Offenbachs „Orpheus in der Unterwelt". Es handelt sich um das 2. Thema und die Wiederholung. Es wird nicht der ganze „Cancan" gespielt, sondern nur ein Ausschnitt daraus, der wenige Sekunden dauert. Die Kinder sind mit langen Hörsequenzen noch überfordert, und für diese Aufgabe reicht ein charakteristischer Ausschnitt. Außerdem entspricht die Melodie, wenn auch nicht das Tempo dieser Stelle dem später folgenden Hörbeispiel „Schildkröten".

## Stundenverlauf

*Arbeitsauftrag*

❶ *Ihr hört jetzt eine Musik. Überlegt beim Hören, was euch daran auffällt.*

Die Kinder nehmen ihre Hörhaltung ein. Dazu legen sie die Unterarme auf den Tisch und den Kopf darauf.

Vermutlich wird es den Kindern sehr schwerfallen, bei dieser schnellen Musik ruhig zu bleiben. Sie wackeln, zappeln oder klatschen wahrscheinlich mit.
Im anschließenden Gespräch werden die Kinder befragt, warum sie bei dieser Musik nicht nur ruhig zuhören konnten. Sie werden dazu etwas über die Musik aussagen und sie gewiss als schnell, fröhlich und laut bezeichnen. Wenn man sie fragt, welches der beiden Piktogramme – schnell oder langsam – wohl dazu passt, ist die Entscheidung gewiss eindeutig: Die Musik ist **schnell**.

❷ ❸ An dieser Stelle erhalten die Kinder nähere Informationen über die Musik und den Komponisten. Das **Bild der Cancan-Tänzerinnen** (siehe S. 172) von Henri de Toulouse-Lautrec wird betrachtet und beschrieben. Dazu ist es günstig, wenn man zuvor eine Folienkopie des Bildes herstellt und mittels OHP betrachtet.

*Arbeitsauftrag*

*Ihr hört noch einmal den „Cancan" von Jacques Offenbach.*
*Klatscht so schnell dazu, wie die Musik spielt.*

© Persen Verlag

Schulanfang

> **INFO**
>
> *„Cancan" von Jacques Offenbach*
> Ein Cancan ist ein sehr schneller französischer Modetanz des 19. Jahrhunderts im ²/₄-Takt, der keine festen Figuren vorgab und der nur von Tänzerinnen auf der Bühne getanzt wurde. Charakteristisch für ihn waren Galoppsprünge und das Hochwerfen der schwarz bestrumpften Beine. Man erachtete den Tanz zur damaligen Zeit als Höhepunkt der Sünde und Zügellosigkeit. Der wohl berühmteste Cancan wurde von Jacques Offenbach als Teil seiner Operette „Orpheus in der Unterwelt" komponiert. Musikalisch ist es ein sehr schneller Galopp. Jacques Offenbach wurde am 21. 6. 1819 in Köln geboren und starb am 5. 10. 1880 in Paris. Der Vater, ein jüdischer Kantor, schickte den Sohn schon früh zum Studium nach Paris. Er war Cellist und komponierte bald sehr erfolgreich Operetten. Seine erste Operette wurde aufgeführt, als er erst 20 Jahre alt war. Er hatte einen so großen Erfolg mit seinen Operetten-Kompositionen, dass er ein eigenes Theater eröffnete. Er schrieb eine einzige Oper, die aber zur Uraufführung – bereits nach seinem Tod – von einem anderen Komponisten (E. Guiraud) vervollständigt und instrumentiert wurde : „Hoffmanns Erzählungen". Die Operette „Orpheus in der Unterwelt" entstand 1858 und ist wegen des Cancan bis heute berühmt.

> **INFO**
>
> *„La Troupe de Mademoiselle Églantine" von Henri de Toulouse-Lautrec*
> Bei diesem Plakat handelt es sich um eine farbige Lithografie.
> Henri de Toulouse-Lautrec stellte es nach einer Fotografie der 4 Tänzerinnen Églantine Demay, Jane Avril, Cléopâtre und Gazelle 1896 her.
> Das Plakat diente im selben Jahr als Werbung für die Auftritte der „Quadrille Naturaliste" im Londoner „Palace Theatre".
> Ansonsten tanzten diese Tänzerinnen hauptsächlich in Paris.

❹ Die Musik wird noch einmal gespielt. Jetzt dürfen die Kinder mitklatschen und erleben so auch im körperlichen Mitvollzug das Tempo der Musik. Schließlich können auch die Klanghölzer das Stück begleiten, was den Kindern gewiss schwerer fällt als das Mitklatschen. Es kommt hierbei aber nicht auf die Exaktheit an, sondern auf das Erfassen der Schnelligkeit der Musik.

Vielleicht können die Kinder dann einmal die Haltung der Tänzerinnen nachahmen. Dazu wird der „Cancan" noch einmal gespielt. Sie werden feststellen, dass es sehr schwierig ist, sich in dieser Position zu halten und die Beine zu bewegen.

*Tipp*

Man kann auf dem Schulhof oder in der Turnhalle einen Seitgalopp zur Musik machen oder sich mehrere Bewegungsformen ausdenken.

Da sich aus dem Gegensatz heraus Erkenntnisse oft recht einfach ergeben, wird als nächstes Hörbeispiel der Cancan noch einmal zu hören sein, nun aber in der Fassung von Camille Saint-Saëns aus dem „Karneval der Tiere": **„Die Schildkröten"**. Dort hat er diese Melodie genutzt und sie entsprechend auf den Bewegungsstil und das Tempo dieser Tiere hin bearbeitet.

*Arbeitsauftrag*

*Ihr hört eine andere Musik. Ich sage euch nicht, wie sie heißt.*
*Überlegt, was euch dazu einfällt.*

❶ Wenn die Kinder „Die Schildkröten" hören, ist es sehr gut möglich, dass sie nicht die Übereinstimmung der Melodien erkennen. Sie bemerken häufig nicht, dass es sich hierbei um die gleiche Melodie und den gleichen Rhythmus handelt, die sie beim „Cancan" kennengelernt haben.

Sie werden das Stück als traurig, langweilig, vielleicht auch ein wenig unheimlich empfinden, da sie vorerst für den musikalischen Spaß und Witz darin noch keinen Sinn haben können.

Schulanfang

> *INFO*
>
> *„Die Schildkröten" von Camille Saint-Saëns*
> Die Komposition „Die Schildkröten" ist eine Bearbeitung von Jacques Offenbachs „Cancan". Diese Bearbeitung ist Teil des Hörwerks „Karneval der Tiere" von Camille Saint-Saëns. Der Komponist wählte sehr bewusst eine der schnellsten Kompositionen der musikalischen Literatur für eines der langsamsten Tiere. Es ist ein musikalischer Spaß.
> Camille Saint-Saëns wurde am 9. 10. 1835 in Paris geboren und starb am 16. 12. 1921 in Algier. Mit 10 Jahren spielte er sein 1. öffentliches Klavierkonzert und studierte Orgel und Komposition am Pariser Konservatorium. Er wurde erst Kirchenorganist, unterrichtete selbst Klavier und trat als Konzertpianist in vielen Ländern auf. Er komponierte neben 13 Opern zahlreiche Symphonien, Klavier- und Violinkonzerte, Bühnenmusiken, symphonische Dichtungen sowie geistliche und kammermusikalische Werke. Den „Karneval der Tiere" komponierte er 1886 für zwei Klaviere und Kammerensemble.

❷ Um sie „auf den Weg" zu bringen, kann man die Kinder auffordern, die ersten Takte der Melodie nachzusingen und dabei immer schneller zu werden. Erst dann erfolgen die Informationen über das Stück.

❹ Im Anschluss erhalten sie den Auftrag, erst zu dieser Musik zu klatschen. Dann sollen sich mehrere Kinder wie Schildkröten dazu bewegen. Später wird auch mit den Klanghölzern begleitet. Das fällt viel schwerer als vorher zu der schnellen Musik und macht nicht so viel Spaß. Aber gerade deswegen können die Kinder in diesem Fall das **„Langsam"** besonders gut erfahren.

❺ Das entsprechende Piktogramm wird ausgesucht und die **Grafik der Schildkröte** wird als Kopie neben das Bild der Cancan-Tänzerinnen geheftet. So verdeutlichen auch beide Bilder noch einmal den Parameter Tempo (langsam – schnell).

## Zusatzangebote

Nicht jedes Lied, das im Unterricht gesungen wird, ist auch Gegenstand des Musikunterrichts. Singen macht ganz einfach Freude, darum ist ein großer Liedschatz auch wirklich ein „Schatz". So werden nach jedem Kapitel Zusatzangebote von Liedern zu finden sein, die in den thematischen Zusammenhang des Musik- und anderen Unterrichts passen.

*Bewegungslieder*

Am Beginn des ersten Schuljahres sind Bewegungslieder ganz wichtig, weil die Kinder nicht so lange still sitzen können. Wenn sie zwischendurch immer wieder aufstehen und sich bewegen bzw. singen und sich dazu bewegen können, wird dieser Schwierigkeit begegnet. Dies fördert nicht nur den Spaß und die gute Laune, sondern übt Sprechen und Koordination, übt und fördert Gemeinschaft und schult das Gedächtnis.

*Schlangenlieder*

„Schlangenlieder" (Polonaisen) sind sehr beliebt, weil die Kinder sich dabei anfassen und gemeinschaftlich gehen können. Es kommt auf die Größe des Klassenraums an, ob sie in ihm ausgeführt werden können, ansonsten sind Flur, Sporthalle oder Schulhof angebracht.

Damit die Kinder nicht ziehen und die Schlange dabei zerreißt, ist eine bestimmte Handhaltung nötig: Man legt den linken Handrücken auf dem Rücken in die Taille, die rechte Hand fasst die linke des Vordermannes:

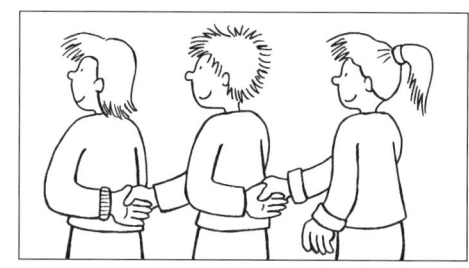

**„Die kleine Schlange geht jetzt aus"**

Die Kinder gehen singend durch den Raum, wiederholen das kleine Lied (siehe S. 22) immer wieder. Je nach Möglichkeit gehen sie Linien, Figuren, umrunden Hindernisse, treten vielleicht mit einem Fuß in einen auf dem Boden liegenden Reifen usw.

© Persen Verlag

Schulanfang

# In der Schule bin ich nun

(Text und Melodie: Dagmar Kuhlmann)

① 

In der Schule bin ich nun,
möchte tolle Sachen tun.
Dass ich klein bin, macht doch nix:
|: Ich bin gut drauf und ganz schön fix! :|

② 

Zeigen will ich, was ich kann,
drum fang ich schon morgens an.
Große hole ich bald ein,
|: so schlau wie die kann ich auch sein. :|

Schulanfang

# Die Schildkröte

Schulanfang

# Die kleine Schlange geht jetzt aus

(Text und Melodie: Anneliese Guß-Tutt)

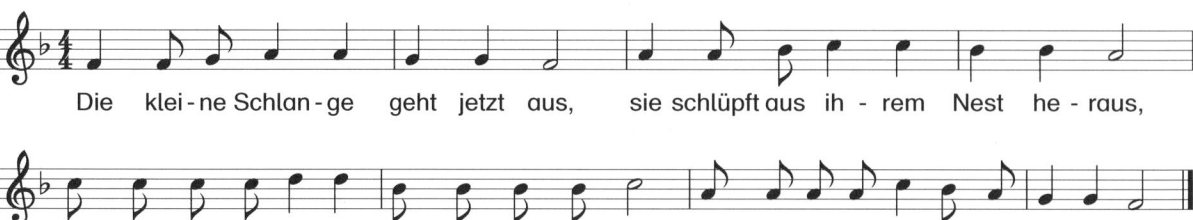

Die klei-ne Schlan-ge geht jetzt aus, sie schlüpft aus ih-rem Nest he-raus,

schlän-gelt durch die Wie-se, schlän-gelt durch das Gras, schlän-gelt im-mer wei-ter berg-auf und ab.

# 2 Herbst und Ernte

| | |
|---|---|
| **Stundenthemen** | 1. Die Jahreszeit Herbst mit der Stimme erleben<br>2. Klänge/Geräusche unterscheiden lernen: laut – leise<br>3. Bau eines Instruments: Die Rassel<br>4. Erarbeitung eines Hörwerks – Malen nach Musik<br>5. Laternen schaukeln dicht an dicht (Liederarbeitung)<br>6. Tanzen: Laternen schaukeln dicht an dicht<br>7. Malen: Laternen leuchten im Dunkeln |
| **Inhalte und Ziele** | – Imitieren von Geräuschen (Stimmklangspiele)<br>– Stimmliches und szenisches Darstellen einer kleinen Handlung (Geräuschgedicht)<br>– Erarbeitung und Singen des Herbstliedes „Mein Drachen"<br>– Bewegungsgestaltung zum Lied<br>– Parameter Lautstärke: laut – leise<br>– Arbeiten nach Kriterien<br>– Instrumentenbau: eine Rassel herstellen<br>– Hörwerk kennenlernen: „Regentropfen-Prélude" von Frédéric Chopin<br>– Malen nach Musik<br>– Liederarbeitung zum Martinslied „Laternen schaukeln dicht an dicht"<br>– Bewegungsgestaltung zum Martinslied „Laternen schaukeln dicht an dicht"<br>– Malen zum Martinslied „Laternen schaukeln dicht an dicht"<br>– Musik nach Bildern |
| **Fächerverbindungen** | 1. Deutsch<br>2. ——<br>3. Sachunterricht<br>4. Kunst<br>5. Deutsch<br>6. Sport<br>7. Kunst |

**Überblick: Was sollten die Kinder am Ende dieser Arbeitseinheiten können?**

| Rhythmik | Stimme/Lied | Instrumente | Musik umsetzen | Fachwissen |
|---|---|---|---|---|
| Zu Liedern klatschen und sich bewegen | | | Bewegungsgestaltung zu Liedern: „Mein Drachen"/ „Laternen schaukeln dicht an dicht" | Parameter Lautstärke: laut – leise bzw. lauter und leiser werden |
| Finger nach einer Musik entsprechend bewegen: „Regentropfen-Prélude" von Frédéric Chopin | Geräusche mit der Stimme imitieren | Rasseln bauen | Körpermusik zu einem Hörwerk machen: „Regentropfen-Prélude" von Frédéric Chopin | Piktogramme und Lautstärkezeichen dazu kennen |
| | | Musik mit Klangerzeugern begleiten | | Grafische Notation |
| Sich mit Laternen bewegen | Stimmklangspiele | Bild mit Klangerzeugern darstellen | Stimmung einer Musik in Farbe umsetzen | Kriteriengelenkt Musik erfinden |
| Zu einem Lied tanzen: „Laternen schaukeln dicht an dicht" | Herbst- und Martinslieder singen: „Mein Drachen"/ „Laternen schaukeln dicht an dicht" | Farben mit Klangerzeugern darstellen | | Struktur in einem Text und einer Musik erkennen (Bausteine) |
| | | Tonhöhen von Klangerzeugern unterscheiden | Sich zu einem Lied einen Tanz ausdenken | Vornotenschrift |

Herbst und Ernte

# 1. Die Jahreszeit Herbst mit der Stimme erleben

| | |
|---|---|
| **Inhalte und Ziele** | – Imitieren von Geräuschen (Stimmklangspiele)<br>– Stimmliches und szenisches Darstellen einer kleinen Handlung (Geräuschgedicht)<br>– Erarbeitung und Singen des Herbstliedes „Mein Drachen"<br>– Bewegungsgestaltung zum Lied |
| **Aufgaben** | ❶ Identifizieren von Herbstgeräuschen<br>❷ Nachahmen der Geräusche<br>❸ Zuordnen der Geräusche zu Bildern<br>❹ Gestalten des Gedichtes „Regentage" mit Stimmklangspiel<br>❺ Betrachten und Erfassen der Liedillustrationen zu „Mein Drachen"<br>❻ Lernen des Liedes<br>❼ Bewegungsgestaltung zum Lied |
| **Medien** | CD, CD-Player |
| **Kopien** | Arbeitsblatt „Herbstgeräusche" (S. 44), Textblatt „Mein Drachen" (S. 45) |
| **Folien** | —— |
| **CD** | HB 9: Herbstgeräusche (Wind, Blätterrascheln, Regentropfen, Drachen im Wind)<br>HB 10 f.: „Mein Drachen" |
| **Arbeitsformen** | Einzel- und Gruppenarbeit, Sitzkreis |
| **Dauer** | Doppelstunde |

## Vorbemerkungen

*Höraufgaben* — Die Kinder sollen von Beginn an lernen, bei Höraufgaben ihre bestimmte Hörhaltung einzunehmen, damit sie sich nur auf das zu Hörende konzentrieren können. Ein Hörauftrag benötigt absolute Stille und kann am besten in dieser Weise erlebt werden.

*Stimme als Körperinstrument* — Die Kinder bekommen in den Stunden dieses Kapitels die Möglichkeit, ihre Stimme als Körperinstrument in ihrer Vielfalt kennenzulernen. Die Fähigkeiten der Stimme sollen beim Einzelnen erprobt, ausgebaut und geübt werden.

## Stundenverlauf

*Arbeitsaufträge*
– *Höre dir die Geräusche an.*
– *Finde heraus, welche Geräusche es sind.*
– *Sage, welche Geräusche du herausgehört hast und woran du sie erkannt hast.*
– *Versuche die Geräusche mit der Stimme oder einem deiner Körperinstrumente (Hände, Arme, Beine, Füße) nachzumachen.*

❶–❸ Die Herbstgeräusche-Hörbeispiele sind den Kindern vor allem aus der herbstlichen Jahreszeit bekannt. Sie können zwar mithilfe des Arbeitsblattes (siehe S. 44) erkannt, jedoch auch ungelenkt bearbeitet werden, wobei sich in einem anschließenden Gespräch die Bildvorlagen nach einem nochmaligen Hören an der Tafel still zuordnen lassen.
Es wird gemeinsam besprochen, zu welcher Jahreszeit diese Geräusche wohl am besten passen.

❹ Daraufhin wird gemeinsam das Stimmklangspiel erarbeitet. Die stimmliche Gestaltung des Gedichtes „Regentage" (siehe S. 25) soll gemeinsam erarbeitet werden. Dabei bietet es sich an, die Gedichtinhalte als Bildsymbole zu präsentieren (siehe S. 25). Das Gedicht wird zweimal vorgelesen. Zuvor erfolgt eine kurze Erläuterung der Begriffe *Ecke, Hecke, Regenrinne, Bleibe*. Beim ersten Vorlesen nehmen die Kinder ihre Hörhaltung ein und stellen sich die dazugehörigen Geräusche vor.
Beim zweiten Mal ahmen die Kinder nach jeder Zeile die jeweiligen Geräusche schrittweise nach.

Herbst und Ernte

*Gedicht*

**Regentage**
*von Petra Faulseit*

*Der Wind fegt leise um die Ecke,
wird stärker und stärker hinter der Hecke.*

*Der Regen prasselt leise auf das Dach,
läuft dann durch die Regenrinne zum Bach.
Die Tropfen klopfen an die Scheibe,
als hätten sie draußen keine Bleibe.
Die Blätter fallen ganz geschwind.*

*Bildsymbole*

❺ ❻ Auch musikalisch kann die Geräuschimitation vollzogen und gezielt zu Liedern eingesetzt werden. Beim Lied „Mein Drachen" (siehe S. 45 f.) kommt ergänzend hinzu, dass es sich gut über Bewegung mit den Kindern erarbeiten lässt.
Möglichkeiten zur Liederarbeitung:
– Betrachten der Illustration des Liedes (Hilfe zur Texterfassung)
– Alle dort zu sehenden Geräusche nennen
– Stimmklangspiel: Geräuschimitationen zum Herbst
– Nach Tafelsymbolen in der Reihenfolge der Liedstrophen die Herbstgeräusche nachmachen
– Die Liedstrophen sprechend erarbeiten, dazwischen die Herbstgeräusche einsetzen
– Den Liedinhalt durch Bewegung und Pantomime schrittweise ausgestalten
– Melodie des Liedes kennenlernen
– Singen der 1. (und später der 2.) Strophe mit Bewegungsausgestaltung

❼ Die Bewegungsgestaltung zum Lied sollte vorrangig gemeinsam mit den Kindern erarbeitet werden. Der Vorschlag für eine pantomimische Ausgestaltung des Liedinhalts kann diese Arbeit aber erleichtern.

| Text | Bewegung |
|---|---|
| *Wenn der frische Herbstwind weht,* | mit beiden Armen hin und her schwenkende Windbewegungen nachmachen |
| *geh' ich auf die Felder,* | mit den Fingern Gehbewegung in der Luft, mit den Füßen am Platz |
| *schicke meinen Drachen hoch* | mit den Armen hoch in die Luft gehen |
| *über alle Wälder.* | Hand bewegt sich in der Luft auf und ab |
| *Und er wackelt mit dem Ohr, wackelt mit dem Schwänzchen.* | an beide Ohrläppchen fassen und mit dem Kopf leicht hin- und herwackeln, dann mit den Händen hinter dem Po wedeln |
| *Und er tanzt den Wolken vor,* | sich herumdrehen auf der Stelle |
| *hui, ein lustig Tänzchen!* | sich herumdrehen, dabei klatschen |

© Persen Verlag

**KOPIERVORLAGE**

Herbst und Ernte

## 2. Klänge und Geräusche unterscheiden lernen: laut – leise

| | |
|---|---|
| **Inhalte und Ziele** | – Parameter Lautstärke einführen: laut – leise<br>– Arbeiten nach Kriterien |
| **Aufgaben** | ❶ Wiederholen/Üben des Parameters Tempo: langsam – schnell (Klanghölzer)<br>❷ Einführen des Parameters Lautstärke: laut – leise<br>❸ Piktogramme einführen<br>❹ Komponieren eines „Laut-und-leise-Stückes"<br>❺ Arbeiten unter Beachten von Kriterien<br>❻ Präsentation und Reflexion |
| **Medien** | Gedicht „Regentage" (siehe S. 25), Piktogramme, Klanghölzer, Papierstreifen, Klebstoff, Filz- oder Wachsmalstifte |
| **Kopien** | —— |
| **Folien** | —— |
| **CD** | —— |
| **Arbeitsformen** | Sitzkreis, Einzelarbeit |
| **Dauer** | Doppelstunde |

## Vorbemerkungen

*Musikalische Parameter*

Haben die Kinder im vorigen Kapitel den Parameter Tempo mit seinen Ausprägungen langsam und schnell kennengelernt, ist es in diesem der Parameter Lautstärke: laut und leise. Nur die Lautstärke ist dem akustischen Bereich entnommen, bei allen sonstigen muss man einen Transfer aus anderen Bereichen leisten. So sind „langsam" und „schnell" etwa zeitliche Begriffe, d. h. bestimmte Abläufe vollziehen sich in mehr oder weniger Zeit. Musikalisch sprechen wir vom Tempo einer Klangfolge bzw. einer Musik. Hier geht es nun um die Lautstärke von Tönen und Klängen.

*Arbeit mit Kriterien*

Beim späteren Aufschreiben und Abspielen der Klangfolgen, die sich die Kinder ausdenken sollen, werden sie auch das erste Mal mit Kriterien für die Ausführung ihrer Arbeit konfrontiert. Also ist nicht nur das „Was", sondern auch das „Wie" wichtig. Es geschieht mit der Aufforderung „Achte darauf, dass …".
Es ist wichtig, dass der Präsentation immer sogleich die Reflexion folgt. Es muss nämlich noch einmal kritisch untersucht werden, ob die vorher geforderten Kriterien auch eingehalten wurden.
Alles dies und Verbesserungsvorschläge werden vom Kind selbst (bei Gruppenarbeit von der vortragenden Gruppe) bei den Zuhörern erfragt und von diesen als positiv formulierte Tipps gegeben. Die Lehrerin ist dabei nur eine „Mitbeurteilerin" unter den anderen.
Bei dieser Umgangsweise mit den Produkten kreativer Arbeit und der Arbeit nach Kriterien kann die Beurteilung immer im sachlichen Bereich bleiben: Es gibt hier vorher klar vorgegebene Anweisungen auch für die Ausführung der zu leistenden Arbeit. Nur diese werden hinterher auch beurteilt. Wenn etwaige Kritik positiv aufbauend in Form von Tipps oder Verbesserungsvorschlägen vorgetragen wird, wirkt sie nicht kränkend und verletzt nicht persönlich. Ein weiterer Vorteil dieser Art des Arbeitens ist, dass die Kinder mit der Zeit bei jeder kreativen Arbeit erkennen und abschätzen können, worauf es dabei ankommt. Sie können dann selbst die Kriterien nennen, nach denen sie arbeiten wollen oder müssen. Ebenso können sie eigene und fremde Arbeiten danach beurteilen, ob diese Kriterien beachtet wurden. Dieses gilt nicht nur für den Musikunterricht, sondern für jede kreative Aufgabe in jedem beliebigen Fach. Dabei entwickeln sich bei allen Kindern im Laufe der (Schul-)Zeit klare Beurteilungsfähigkeiten in Bezug auf das Produkt ihrer Bemühungen und die Schwierigkeiten einer Aufgabe („Was ist dabei wichtig?", „Worauf muss ich achten?"). Manchmal bieten sich mehrere Kriterien an, dann muss man sich, abhängig vom Alter der Kinder, auf etwa 2–3 beschränken.

Herbst und Ernte

Außerdem stärkt diese Vorgehensweise die Kompetenz von Selbstständigkeit in der Arbeit einer Klasse. Die Kinder können nämlich tatsächlich die Arbeit weitgehend selbstständig leisten. Voraussetzung dafür ist natürlich, dass die Lehrerin erst einmal selbst erkennt, welche Kriterien bei der erteilten Aufgabe überhaupt relevant sein könnten.

Verlauf:
1. Aufgabenstellung durch die Unterrichtende
2. Erstellung der Kriterien, nach denen gearbeitet werden soll
3. Aufschreiben der Kriterien (abhängig von der Lesefähigkeit der Kinder)
4. Arbeiten unter Berücksichtigung der Kriterien
5. Präsentation unter Berücksichtigung der Kriterien (vorher noch einmal nennen)
6. Reflexion nach den Kriterien (ausschließlich danach, vorher noch einmal nennen)
7. Besonders Gutes eventuell noch extra nennen, Verbesserungstipps geben

## Stundenverlauf

❶ Zur Einführung des **Parameters Lautstärke (laut – leise)** werden die Klanghölzer ausgeteilt. Das aus der letzten Stunde bereits bekannte Gedicht **„Regentage"** wird erneut verwendet.

*Arbeitsauftrag*

*In dem Gedicht von den Regentagen haben wir gehört, wie der Regen ganz leise auf das Dach prasselte. Das machen wir nun mit unseren Instrumenten nach.*

Die Kinder machen das Prasseln nach, ganz leise und schnell. Sollten sie dabei zu laut werden, kann man sie daran erinnern, dass man ja im Haus ist und die Tropfen nicht so laut zu hören sind. Daraus wird ein Spiel entwickelt, indem die bekannten Parameter Tempo (langsam – schnell) noch einmal geübt werden. Die Tropfen fallen erst langsam, dann immer schneller auf das Dach.

*Piktogramme*

Unter Nutzung der Tempo-Piktogramme (siehe S. 16) wird das Spieltempo gelenkt. Ein Kind zeigt auf die Karten, die übrigen Kinder spielen auf ihren Instrumenten entsprechend.

*Arbeitsauftrag*

*Nun stellt euch einmal vor, dass statt der Regentropfen dicke Steine auf das Dach prasseln. Wie hört sich denn das an?*

❷ Nun werden die Kinder natürlich so laut wie möglich mit den Klanghölzern schlagen. Aus dem Gegensatz zwischen Regentropfen und dicken Steinen wird der Parameter Lautstärke (laut – leise) hergeleitet.

❸ Dazu werden wieder zwei entsprechende **Lautstärke-Piktogramme** gezeigt, die aber später im Verlaufe der Stunde noch (zu kleinem bzw. großem Punkt) vereinfacht werden.

*Piktogramme*

Nun wird wieder nach den Piktogrammen langsam und schnell gespielt, aber auch laut und leise. Ein Kind oder mehrere Kinder lenken nacheinander als Dirigent die Kinder mit den Instrumenten.

*Arbeitsauftrag*

*Es dauert manchmal ein wenig zu lange, wenn wir so viele Regentropfen oder dicke Steine malen müssten, um laut oder leise zu zeigen.*
*Überlegt einmal, wie man das schneller malen könnte. Malt es auf.*

© Persen Verlag

Herbst und Ernte

Sollten einige Kinder keine Idee haben, werden sie an das Malen von schnell und langsam erinnert. Die Kinder werden unterschiedliche Vorstellungen entwickeln, wahrscheinlich aber auch die eines kleinen und eines dicken Punktes. Da das eindeutige und schnell zu malende Symbole sind, werden sie zukünftig als Piktogramme für leise und laut genutzt.

*Piktogramme*

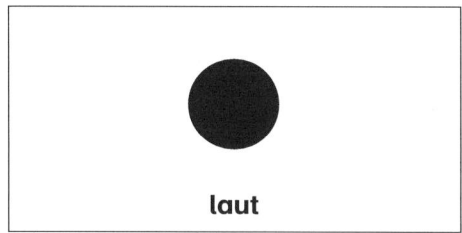

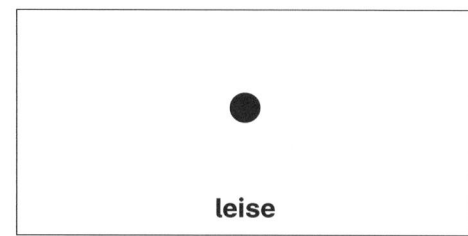

*Arbeitsauftrag*

*Nimm ein großes Blatt Papier. Falte es einmal quer in der Mitte und schneide es dann an der geknickten Linie entlang durch. So erhältst du zwei Papierstreifen. Diese Streifen klebst du aneinander.*
*Nun denke dir eine „Laut-und-leise-Musik" aus.*
*Male sie mit kleinen Punkten für leise Töne und großen Punkten für laute Töne auf den Papierstreifen.*
*Achte darauf, dass man die Punkte gut unterscheiden kann!*

*Erarbeitung*

❹ Die Bilder der Regentropfen und der Steine sind durch die Vereinfachung – unterschiedlich große Punkte – zu Symbolen geworden. Symbole stehen für etwas. Damit ist ein weiterer Schritt zum Verständnis grafischer Notation getan, die im vorigen Kapitel begonnen wurde.
Die Kinder erstellen nun ihre kleine Partitur, indem sie mithilfe dieser grafischen Notation laut und leise verinnerlichen. (Die Begrenzung des Papierstreifens ist gleichzeitig eine Vorbereitung auf die späteren Notenlinien.)

*Arbeitsauftrag*

*Klebe deinen Papierstreifen an der Tafel/der Wand fest.*
*Dann spiele mit deinen Klanghölzern vor, was du dir ausgedacht hast.*
*Achte darauf, dass man laute und leise Töne gut heraushören kann.*

❺ Im Anschluss an die Vorstellung der einzelnen Ergebnisse können alle Kinder auf den Klanghölzern mitspielen, während der Komponist nun zum Dirigenten wird, der mit einem Zeigestock so langsam seine Notation verfolgt, dass seine Instrumentalisten gut folgen können.

*Arbeitsauftrag*

*Zeige dein „Laut-und-leise-Stück" so, dass es alle Kinder gut abspielen können.*
*Achte darauf, dass du nicht zu schnell zeigst.*

❻ Es ist an dieser Stelle wichtig, dass der Präsentation sogleich die Reflexion folgt. Komposition und Spielweise müssen nämlich noch einmal kritisch daraufhin untersucht werden, ob die vorher geforderten **Kriterien** – deutliche Schreibweise, deutliche Spielweise, langsames Zeigen bzw. „Dirigieren" – auch von dem jeweiligen Kind eingehalten wurden. Ebenso darf das Dirigieren und Mitspielen nicht vergessen werden. Alles dies und Verbesserungsvorschläge werden vom Kind selbst (bei Gruppenarbeit von der vortragenden Gruppe) bei den Zuhörern erfragt und von diesen als Tipps gegeben. Die Lehrerin ist dabei nur eine „Mitbeurteilerin" unter den anderen.
In der Weiterarbeit werden ähnliche Partituren zusammensortiert. Es kann auch eine Klassenpartitur hergestellt werden, indem alle Ergebnisse aneinandergereiht werden. Die Kompositionen werden in der Musikmappe abgeheftet.

Herbst und Ernte

## 3. Bau eines Instruments: Die Rassel

| | |
|---|---|
| **Inhalte und Ziele** | Instrumentenbau: Eine Rassel herstellen |
| **Aufgaben** | ❶ Basteln der Rasseln |
| | ❷ Ausprobieren der Klangqualitäten, Feststellen der Unterschiede |
| | ❸ Instrumentenzeichen für Rassel einführen |
| | ❹ Anwendung mit dem Gedicht „Regentage" (siehe S. 25) |
| | ❺ Piktogramme für „lauter werden" und „leiser werden" einführen |
| **Medien** | Bastelmaterial für Rasseln, Piktogrammkarten, Rasseln, Gedicht „Regentage" (siehe S. 25) |
| **Kopien** | Arbeitsblatt „Baue eine Rassel!" (S. 47) |
| **Folien** | —— |
| **CD** | —— |
| **Arbeitsformen** | Einzelarbeit am Tisch, Sitzkreis |
| **Dauer** | Doppelstunde |

## Vorbemerkungen

Um mit dem bisher Erarbeiteten nun auch arbeiten zu können, wird mit den Kindern ein neues Instrument hergestellt. Eine Rassel ist in kurzer Zeit herzustellen und eignet sich mit ihren Klangeigenschaften u. a. gut dazu, Herbstgeräusche zu imitieren bzw. Herbstlieder zu begleiten.

*Bastelmaterial*

Die Kinder benötigen für ihre Rassel eine Toilettenpapierrolle und Füllmaterial (z. B. Hülsenfrüchte, Reis oder Sand). Für die Verkleidung der Rassel werden Transparentpapierschnipsel und Kleister benötigt. Alternativ braucht man jeweils 2 Partybecher und buntes Textilklebeband.

Für die spätere Unterrichtsarbeit ist es günstig, wenn die Kinder möglichst viele verschiedene Füllmaterialien verwenden und so später Rasseln mit unterschiedlichen Klängen zur Verfügung stehen.

*Bastelanleitung*

Die Kinder kleben das eine Ende der Toilettenpapierrolle mit Papier so dicht zu, dass kein Füllmaterial herausrieselt. Im nächsten Arbeitsgang füllen sie vorsichtig einiges Füllmaterial in ihre Rolle hinein. Die Füllmenge sollte weniger als die Hälfte betragen. Nun kann die Rolle auch von der oberen Seite aus zugeklebt werden.
Es darf allerdings noch nicht geschüttelt werden!
Als Nächstes muss das gerissene Transparentpapier mit dem Kleister verschmiert auf die Rolle geklebt werden. Zum Schluss müssen die beiden Enden besonders gut durch das Transparentpapier verstärkt werden und die Rolle ansonsten schön bunt beklebt sein. Es darf kein farbloses „Loch" übrig bleiben.
Jetzt braucht es Geduld, denn die Rasseln müssen bis zum nächsten Tag trocknen. Das ist der Nachteil dieser schönen Rassel!
Alternativ dazu (und einfacher) kann man zwei Partytrinkbecher mit Textilklebeband aufeinanderkleben, nachdem man einen von ihnen gefüllt hat. Sie sind sofort einsatzfähig.

## Stundenverlauf

❶ ❷ Wenn die **Rasseln** gebaut und einsatzbereit sind, werden sie erst einmal ausprobiert: Man kann sie schütteln, damit einen einzigen Schlag nach vorne tun, das Füllmaterial von einem Ende zum anderen laufen lassen usw. In einem Steh- oder Sitzkreis werden alle Rasseln der Reihe nach angehört. Es werden drei sehr unterschiedliche Rasseln noch einmal mit einem Hörauftrag vorgestellt.

*Arbeitsauftrag*

*Höre den Rasseln gut zu. Was fällt dir beim Hören auf?*

© Persen Verlag

Herbst und Ernte

Die Kinder werden die Unterschiedlichkeiten heraushören: das Füllmaterial, das Spielen jedes Einzelnen usw.

❸ Nun wird ein **Instrumentenzeichen für die Rassel** eingeführt, je nach Art entweder die bunte oder die Becherrassel. Sind „richtige" Sambarasseln (= Maracas) vorhanden, werden auch sie gezeigt und dargestellt.

*Piktogramme*

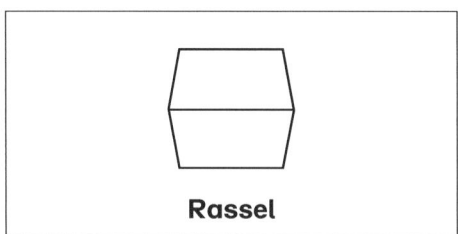

*Arbeitsauftrag*

*In unserem Gedicht „Regentage" haben wir gehört, wie der Wind weht.*
*Wir sprechen diese Stelle noch einmal gemeinsam.*

❹ Alle sprechen die Zeile aus dem Gedicht **„Regentage"**: „Der Wind fegt leise um die Ecke, wird stärker und stärker hinter der Hecke."

*Arbeitsauftrag*

*Nun machen wir einmal den Wind mit unseren Rasseln so nach, wie es uns das Gedicht sagt.*
*Erst spielt eine Hälfte der Kinder, dann die andere.*
*Worauf müssen wir beim Spielen achten?*

Die Antwort wird aus der Aussage des Gedichtes hergeleitet: erst leise, dann immer lauter. Der Kreis wird halbiert und das Wehen des Windes mit Steigerung der Lautstärke nur mit den Rasseln imitiert. Die Kinder beginnen ganz leise der Reihe nach und der Letzte muss seine Rassel ganz laut erklingen lassen. Dann beginnt direkt im Anschluss die zweite Hälfte der Klasse wieder ganz leise und endet so laut sie kann. Wichtig ist hierbei, dass die Kinder immer nur nacheinander spielen. Der Kreis kann bei wiederholten Übungen auch geviertelt werden usw.

*Arbeitsauftrag*

*Jetzt spielen wir einmal so, dass der Wind zuerst laut ist und dann immer leiser wird.*

❺ Die Gruppen spielen wieder nacheinander, wobei sie bei der Reduzierung der Lautstärke aufeinander achten.
Zwei neue Piktogramme werden gezeigt: **leiser werden (decrescendo)** und **lauter werden (crescendo)**.

*Piktogramme*

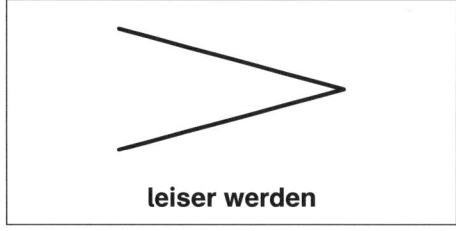

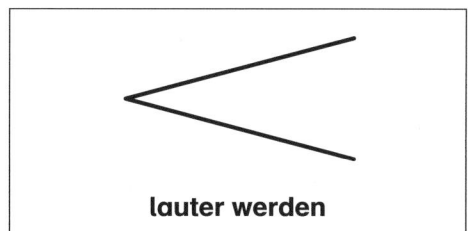

*Arbeitsauftrag*

*Schaut euch einmal diese beiden Zeichen an.*
*Könnt ihr euch vorstellen, was sie bedeuten sollen?*

Gewiss werden die Kinder sehr schnell herausfinden, dass diese beiden Zeichen mit ihrer vorher ausgeübten Spielweise in Zusammenhang stehen. Möglicherweise erinnern sie sie auch an die aus dem Mathematikunterricht bekannten Zeichen < für „kleiner als" und > für „größer als".
Nun wird wieder ein Dirigentenspiel initiiert. Ein Kind zeigt jeweils auf eines der Zeichen, die anderen Kinder spielen nach diesem Dirigat.

**KOPIERVORLAGE**

Herbst und Ernte

## 4. Chopins Regentropfen-Prélude

| | |
|---|---|
| **Inhalte und Ziele** | – Hörwerk kennenlernen: „Regentropfen-Prélude" von Frédéric Chopin<br>– Malen nach Musik |
| **Aufgaben** | ❶ Musik hören mit Körpermusikbegleitung, Sprechen über die Musik<br>❷ Erarbeiten einer Lautstärkenpartitur<br>❸ Begleiten der Musik mit Klangerzeugern<br>❹ Bearbeiten eines Arbeitsblattes<br>❺ Erfahren des Stimmungsgehaltes der Musik durch Körperarbeit<br>❻ Malen zur Musik |
| **Medien** | CD, CD-Player, Piktogramme, langer Papierstreifen, Rasseln, evtl. Klanghölzer, Malsachen |
| **Kopien** | Arbeitsblatt „Regentropfen-Prélude" (S. 48) |
| **Folien** | —— |
| **CD** | HB 12 f.: „Regentropfen-Prélude" von Frédéric Chopin |
| **Arbeitsformen** | Einzelarbeit am Tisch, Sitzkreis |
| **Dauer** | Doppelstunde |

## Stundenverlauf

❶ Beim erstmaligen Hören des **„Regentropfen-Préludes"** können die Kinder ihre Finger als **„Fingerballett"** auf dem Tisch tanzen lassen. Der Titel der Musik sollte an dieser Stelle noch nicht verraten werden. Stattdessen erhalten die Kinder einen Hörauftrag. Sie nehmen zuerst ihre Hörhaltung ein.

*Arbeitsauftrag*  *Höre genau auf die Musik und überlege, ob sie dich an etwas erinnert.*
*Lasse deine Finger so auf dem Tisch tanzen, wie du die Musik hörst.*
*Verrate noch nicht, was du meinst, bevor die Musik zu Ende ist.*

Wenn die Kinder nicht sofort auf die Regentropfen kommen, können einige Hilfen gegeben werden:

*Hilfen*  *Es hat etwas mit dem Wetter zu tun.*
*Denke an den Herbst und deine trippelnden Finger.*

Ein wenig schwer könnte es den Kindern am Anfang fallen, die durchlaufende „Regenspur" unter der Melodie zu hören. Dann muss man auf eine Stelle warten, wo nur das Regentropfenmotiv zu hören ist.

> **INFO**
>
> „Regentropfen-Prélude" von Frédéric Chopin
> Das Prélude Nr. 15 Des-Dur von Frédéric Chopin ist auch als „Regentropfen-Prélude" bekannt. Zwei Hörmöglichkeiten bieten sich an: Man kann nur auf die Melodie hören oder sich auf die „klopfenden" Motive konzentrieren, die gewissermaßen „unter" der Melodie laufen. Daher hat das Musikstück seinen Namen. Für die Aufgaben der Kinder zum Hörwerk ist es leichter, wenn sie sich auf die Regentropfenmotive konzentrieren. Als Hörhilfe wurde ein Ausschnitt des Prélude auf der CD technisch so bearbeitet, dass dieses durchlaufende Motiv deutlicher zu hören ist.
> Frédéric Chopin wurde am 1. 3. 1810 in Warschau geboren und starb am 17. 10. 1849 in Paris. Schon mit 4 Jahren bekam er Klavierunterricht und veröffentlichte mit 7 Jahren seine erste Komposition, eine Polonaise. Nachdem er mit 11 Jahren seine Klavierausbildung beendet hatte, gab er seine ersten Konzerte und veröffentlichte weitere Kompositionen.

© Persen Verlag

Herbst und Ernte

> **INFO**
> Im Warschauer Konservatorium wurde er von dessen Direktor im Fach Komposition unterrichtet. Zunächst gab er in Warschau Konzerte, dann im Ausland: Frankreich, Deutschland, Böhmen. Er lebte und arbeitete in Paris vor allem als Lehrer und verbrachte mit seiner Lebensgefährtin, George Sand, einen Winter auf Mallorca. Das war seiner Gesundheit nicht zuträglich, denn er hatte wohl Tuberkulose oder Asthma. Dort komponierte er intensiv. Danach ging er auf eine Konzertreise nach Großbritannien und Schottland und gab dort viele Konzerte. Das schwächte ihn so, dass er nach seiner Rückkehr nach Paris zusammenbrach und im Jahr darauf verstarb.

Noch einfacher wird es mit der bearbeiteten Version fallen. Mit diesen Hilfen werden die Kinder sehr schnell auf den Regen kommen. Nun wird auch der Name des Hörwerkes genannt. Statt des französischen Namens „Prélude" könnte man auch Präludium oder Einleitungsstück sagen. Da aber diese musikalische Form nicht näher erläutert wird (es würde die Kinder überfordern), kann man es auch als Namen für dieses Stück bezeichnen.

*Arbeitsauftrag*

*Erzähle, wie sich die Musik anhört.*

Vermutlich werden die Kinder jetzt nennen, dass man die Regentropfen hören kann, dass das Stück leise und sanft ist.

Beim nochmaligen Hören werden die Kinder aufgefordert, es sich mit ihrem Tischnachbarn „bequem zu machen" zur **„Fingerballett-Massage"**. Der eine Partner legt seinen Kopf auf den Tisch, der andere Partner legt vorsichtig seine Hände auf dessen Rücken und wird mit seinen Fingern zu der Musik „tanzen". Sie sollen so tanzen, wie die Musik spielt. Anschließend tauschen die Partner.

*Arbeitsauftrag*

*Deine Finger sind jetzt die Regentropfen, die auf dem Rücken tanzen.*
*Lasse sie so tanzen, wie du die Musik hörst.*
*Dein Partner achtet darauf, ob die Musik und die Bewegung der Finger zusammenpassen und ob sie immer schnell oder leicht sind.*

❷ Wenn beide Partner die Musik gehört und durch die tanzenden Finger auch körperlich mitempfunden haben, sollen sich die Kinder zur Musik äußern, und zwar besonders zu den **Lautstärke-Veränderungen**. Sie werden feststellen, dass sie zuerst leise ist, dann in der Mitte lauter wird, laut ist, dann wieder leiser wird und sehr leise endet. Kinder, die besonders gut hören können, werden bemerken, dass sich der Anfangsteil vor dem Schluss wiederholt.
Dann wird in einen Sitzkreis ein langer Papierstreifen (auch Tapetenrolle) auf den Fußboden gelegt. Er soll die Länge des ganzen Hörwerks darstellen. Darauf legen die Kinder die Piktogramme, die sie kennen. Dazu werden hier zwei Piktogrammkarten für „leise" benötigt.

*Piktogrammfolge*

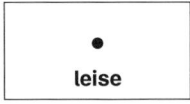  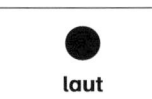 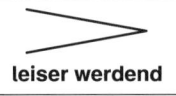 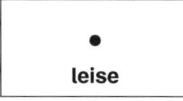

Anschließend wird das Hörwerk in der Originalversion zur Kontrolle noch einmal gehört. Die Kinder klopfen leise mit den Fingern in die Handfläche und verfolgen dabei den Verlauf der Lautstärkezeichen. Möglicherweise werden sie die Zeichen ein wenig verrücken, wenn ein Teil länger oder kürzer erscheint.
❸ Alternativ können dazu auch die Klanghölzer das Stück begleiten. Dabei muss darauf geachtet werden, dass die Klanghölzer nicht die Lautstärke der Musik übertönen, was den Kindern nicht ganz leichtfallen wird.

❹ Schließlich tragen die Kinder auch auf ihrem Arbeitsblatt (siehe S. 48) die Lautstärkezeichen ein.

Herbst und Ernte

*Ausblick*

❺ Eine weitere Variante kann für die nächsten Tage der **Einsatz der Rasseln zur Massage** sein. Als Erholungspause nach einer anstrengenden Phase oder nach der Pause draußen können die Kinder so zur Ruhe und zum Abschalten kommen. Sie nehmen ihre Rasseln und rollen sie vorsichtig zur Musik über den Rücken und Nacken des Partners.
Diesmal sollen sie also nicht das Klopfen der Regentropfen begleiten, sondern mehr der Melodie folgen und durch das sanfte Rollen den Ausdruck der Melodie wiedergeben.

❻ Nachdem sich die Kinder sowohl auf die dynamische Gestaltung als auch auf den Stimmungsgehalt der Musik konzentriert hatten, erhalten sie nun durch das **Malen nach Musik** eine weitere Möglichkeit, das Hörwerk zu erfassen. Die Wahl der Farben soll die Stimmung wiedergeben, weniger eine gegenständliche Darstellung des Regens geben. Es bleibt den Kindern aber frei, wie sie ihr Bild gestalten wollen.

*Arbeitsauftrag*

*Höre die Musik und male ein Bild dazu.*
*Überlege vorher, welche Farben du dazu nehmen möchtest.*
*Es ist nicht wichtig, was du malst, sondern welche Farben du dazu nimmst.*
*Die Farben sollen zeigen, wie das Stück klingt.*

Die Musik kann mehrmals erklingen, während die Kinder malen.
Anschließend kommen die Kinder in den Kreis. Die Bilder werden angeschaut und es wird über sie gesprochen. Man wird feststellen, dass die Kinder vorwiegend sanfte Farben benutzt haben, möglicherweise viele Grautöne gewählt haben.
Die Kinder sollen die Farbwahl aus der Musik begründen. Etwa: „Diese Farbe(n) habe ich genommen, weil die Musik (an dieser Stelle) … klingt."
Die Farbwahl der Kinder gibt die Stimmung wieder, die sie in der Musik spüren.
Es wird auch nach Gemeinsamkeiten in den Bildern gesucht.

Während alle Bilder auf dem Boden liegen, erklingt noch einmal die Musik.
Die Kinder betrachten die Bilder und überlegen dabei, ob sie mit der Musik übereinstimmen. Eventuell ergibt sich im Anschluss daran noch einmal eine kurze Reflexion. Alles, was die Kinder ausdrücken und begründen können, schult ihr Verständnis für Musik.
Anschließend werden die Bilder aufgehängt.

Herbst und Ernte

## 5. Laternen schaukeln dicht an dicht

| | |
|---|---|
| **Inhalte und Ziele** | Lernen eines Liedes zum St.-Martins-Fest |
| **Aufgaben** | ❶ Text-Inhalt – Erarbeitung über Grafik und Form |
| | ❷ Unterscheiden von Strophe und Kehrreim |
| | ❸ Erkennen der Formteile (= Bausteine) |
| | ❹ Lernen des Textes |
| | ❺ Lernen der Melodie über Vornotenschrift |
| | ❻ Singen des Liedes |
| **Medien** | CD-Player, CD, OHP, Tonpapier-Karten, Karten mit Zahlen 1, 2, 3, Laternen, Malsachen, Orff-Instrumente, alltägliche Klangerzeuger |
| **Kopien** | Textblatt „Laternen schaukeln dicht an dicht" (S. 49), Arbeitsblatt mit Vornotenschrift |
| **Folien** | Vornotation von „Laternen schaukeln dicht an dicht" (S. 36, alternativ: Tafel) |
| **CD** | HB 14 f.: „Laternen schaukeln dicht an dicht" |
| **Arbeitsformen** | Einzelarbeit, Sitzkreis, Gruppenarbeit |
| **Dauer** | Doppelstunde |

## Vorbemerkungen

| | |
|---|---|
| *Martinslieder* | Lieder zum St.-Martins-Fest gibt es viele. Gewiss haben die Kinder einige auch schon im Kindergarten gelernt. Hier soll nun ein neues Lied Grundlage der nächsten Musikstunden sein. Es wird vielfach genutzt und umgesetzt. |
| | Es kommt zunächst nicht darauf an, möglichst viele unterschiedliche Lieder kennenzulernen, sondern zu erfahren, wie vielseitig man damit umgehen kann. Von der Texterarbeitung über das Lesenlernen eines Melodieverlaufs, von seiner Gliederung bis zum Erlernen von Bewegungsformen zum Lied und zum Malen dazu – immer ist das Lied die Grundlage. |
| *Raumsituation* | Die Liederarbeitung erfolgt im Klassenraum. Für die Erarbeitung des Laternentanzes wird mehr Platz benötigt. Man kann entweder in der Turnhalle üben, auf dem Flur oder dem Schulhof. Gemalt wird wieder im Klassenraum. |
| *Aufgabenaufbau* | Der Schwerpunkt der Liederarbeitung liegt hier auf der Form des Liedes, da nach dieser Form später die Choreografie gestaltet wird. Allerdings gibt auch der Text teilweise bereits Bewegungsimpulse vor. |
| *Vorbereitung* | Da in dieser Stunde der Textinhalt des Liedes und seine Form erarbeitet werden, müssen vorher das Textblatt kopiert und die „Bausteinkarten" vorbereitet werden. Mit den Bausteinkarten kann die Form eines Liedes/einer Musik leicht visualisiert werden. Diese Visualisierung hilft dabei, Musik in ihrer Struktur besser zu erfassen und zu verstehen. Dazu benötigt man Tonpapier in unterschiedlichen Farben. Für die heutige Arbeit reichen 2 Farben: rot und blau. Aus dem Tonpapier werden Karten im DIN-A-5-Format geschnitten und bereitgelegt. Zusätzlich werden die Zahlen 1, 2 und 3 zur Nummerierung der Strophen benötigt. Man entnimmt sie dem Mathematikmaterial, schreibt sie auf einen Zettel oder schneidet sie aus. |

> **INFO**
>
> *Vornotation*
> Eine Vornotation ist das, was sie sagt: eine Notation, die *vor* der traditionellen Notation gelernt werden kann. Unser traditionelles Notensystem ist ein sehr komplexes schriftliches Mitteilungssystem, das sich über Jahrhunderte entwickelt hat und zur korrekten Übertragung in die vom Komponisten vorgestellte Musik eines Nebeneinanders mehrerer Informationen bedarf.
> Eine Vornotation verzichtet – bis auf eine – auf alle Informationen der traditionellen Notation. Sie zeigt lediglich den Tonhöhenverlauf einer Melodie auf. Sie

Herbst und Ernte

> **INFO**
> 
> bedient sich allerdings auch des Notensystems. Zum Lesen einer Liedmelodie reicht sie in diesem Stadium für die Kinder eines 1. Schuljahres völlig aus. Die Kinder entwickeln beim Verfolgen der Zeichen mit der Zeit eine innere Vorstellung vom Verlauf einer Melodie. Später kann diese Notation dann ohne große Schwierigkeiten von der traditionellen ergänzt bzw. abgelöst werden.

## Stundenverlauf

> **INFO**
> 
> *„Laternen schaukeln dicht an dicht"*
> Melodie und Text stammen von der Verfasserin Dagmar Kuhlmann. Der Liedtext gibt die Situation des Martinsabends wieder, wenn sich die Kinder mit ihren Laternen auf die Straße begeben und zum Martinszug gehen. Das Lied besteht aus 3 Strophen und einem Kehrreim (= Refrain). Ein Kehrreim oder Refrain kehrt immer unverändert wieder (meist nach jeder Strophe). Die Verfasserin hat das Lied mit einem Kehrreim komponiert und getextet, damit die Kinder beim später folgenden Laternentanz immer wieder zu einem unveränderten Liedteil (und damit Bewegungsteil) kommen können.

❶ Die Kinder erhalten das Textblatt **„Laternen schaukeln dicht an dicht"** (siehe S. 49) und erzählen dazu. Das geschieht in einer „Erzählkette". (Wenn ein Kind erzählt hat, gibt es das Wort an ein anderes Kind weiter, das sich dazu meldet.) Gewiss erkennen die Kinder sofort, dass es sich thematisch um ein Lied zu St. Martin handelt. Sie werden dazu angehalten, aus der Grafik herauszufinden, wie die Kinder mit ihren Laternen gehen: In der ersten Strophe kommen sie aus allen Richtungen und sind noch vereinzelt. In der zweiten gehen sie schon nacheinander als „Band", kommen so auch aus verschiedenen Richtungen. Schließlich stehen sie alle um das Feuer herum. Der Kehrreim ist so gestaltet, dass er Bewegungen auf einem (viereckigen) Platz beschreibt. Die Kinder stehen sich seitenweise gegenüber.

❷ ❸ Das Textblatt ist so gedruckt, dass es den Kehrreim 3-mal wiedergibt. Darüber steht die jeweilige Strophe. Nun wird diese Form untersucht. Auch wenn die meisten Kinder zu diesem Zeitpunkt wahrscheinlich noch gar nicht den Text lesen können, werden sie aufgefordert, die einzelnen Textteile zu vergleichen. Dann wird ihnen auffallen, dass ein Textteil (der Kehrreim) immer gleich ist, die anderen Teile (Strophen) nicht. (Die Wiederholungszeichen „|:" und „:|" werden jetzt nur erklärt, wenn danach gefragt wird.)
Die Lehrerin erklärt den Unterschied von Strophe und Kehrreim:
– Der **Kehrreim** ist ein Reim, der sich unverändert wiederholt.
– In der **Strophe** wird meist etwas erzählt. Oft beschreibt sie wie hier im Lied den Fortgang einer Handlung oder eine Situation.

Die Kinder erkennen, dass sich der Kehrreim 3-mal wiederholt und dass es 3 verschiedene Strophen gibt. Sie können auch die Nummerierung der Strophen dem Textblatt entnehmen. Nun kommen die Karten zum Einsatz.

Der Kehrreim wird durch eine rote Karte dargestellt, jede Strophe mit einer blauen. Die Kinder erfahren, dass man diese Karten auch **Musikbausteinkarten** nennt. Als Erklärung kann man geben, dass ein Maurer ein Haus aus vielen Steinen baut. So ähnlich setzt jemand, der sich Musik oder Lieder ausdenkt, diese auch aus mehreren einzelnen Teilen zusammen. Die Teile kann man erkennen und mit den Karten zeigen. Auch ein Text besteht aus solchen einzelnen Bausteinen.

Also ergibt sich für unseren Text folgende Farbfolge mit den Karten:

| blau | rot | blau | rot | blau | rot |
|---|---|---|---|---|---|
| Strophe 1 | Kehrreim | Strophe 2 | Kehrreim | Strophe 3 | Kehrreim |

Damit die Unterscheidung der Strophen erfolgen kann, werden auf die jeweiligen Strophenkärtchen die entsprechenden Nummern gelegt.

© Persen Verlag

Herbst und Ernte

*Hinweis*  Da sich diese Strukturerarbeitung lediglich aus dem Text ergibt und nicht aus der später zu hörenden CD-Aufnahme des Liedes, kann an dieser Stelle nicht auf andere – musikalische – Strukturmerkmale (Vorspiel, Zwischenspiel, Nachspiel) eingegangen werden. Das ist im Sinne einer Reduktion auf das zunächst Wichtige auch vernünftig.
Am unteren Rand des Textblattes ist diese Bausteinstruktur des Liedes zu finden. Die Bausteine werden später mit den entsprechenden Farben ausgemalt.

❹ Die Kinder behalten das Textblatt weiterhin vor sich.

*Arbeitsauftrag*  *Du hörst jetzt das Lied, wie es Kinder auf der CD singen.
Erzähle anschließend, was du vom Text verstanden hast.
Die Bilder auf dem Textblatt helfen dir dabei.*

Es erklingt das Lied von den Kindern auf der CD gesungen. Nach und nach erzählen die Kinder den **Textinhalt** und ordnen ihn auch den Zeichnungen zu. Dazu kann das Lied mehrmals gespielt werden. Unbewusst lernen sie dabei auch bereits ein wenig die Melodie, obwohl die Aufmerksamkeit beim Hören mehr auf den Text gerichtet sein wird. Wenn der Text erfasst und richtig wiedergegeben worden ist, wird das Textblatt ausgemalt – auch die Bausteine am unteren Rand. Während des Malens kann das Lied noch mehrmals gespielt werden. So prägen sich Text und Melodie schneller ein. Zum Abschluss wird versucht, das Lied gemeinsam mit den Chorkindern zu singen. Es ist zu diesem Zeitpunkt noch nicht wichtig, dass das ganze Lied richtig gesungen wird.

❺ Die Kinder haben während der vorhergehenden Unterrichtsphase das Lied bereits mehrmals gehört und, je nach Auffassungsgabe, auch schon ein wenig behalten. Das ist für die nächste Aufgabe zwar nicht zwingend notwendig, aber günstig für den Einstieg in die **Arbeit mit einer Vornotation**.
An der Tafel oder auf einer Folie sehen die Kinder die Liedmelodie des Kehrreims in der Vornotenschrift. Dazu werden, da als stummer Impuls gedacht, keinerlei Erklärungen gegeben:

*Strophe und Refrain in Vornotation*

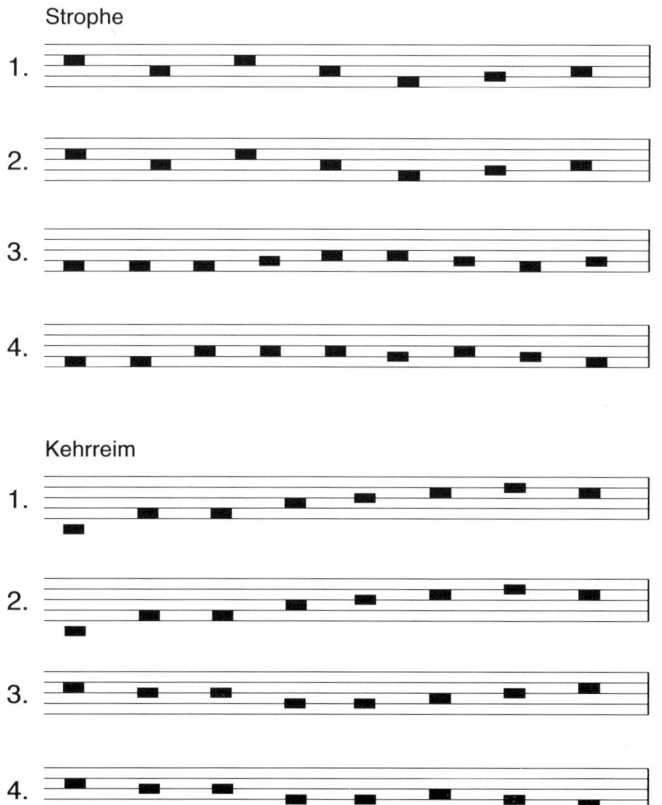

KOPIERVORLAGE

36

© Persen Verlag

Herbst und Ernte

Nun werden erst wieder in einer Gesprächskette alle Beobachtungen mitgeteilt. Die Kinder nennen wahrscheinlich die langen Striche (= die Notenlinien ) und die kleinen Striche auf und zwischen den Notenlinien. Vielleicht kennen einige Kinder auch schon Notenlinien. Dann kann man dieses Wissen sofort bestätigen. Ansonsten wird die Information gegeben, dass es sich hier wirklich um Noten handelt, allerdings welche, die man leichter lesen kann. Die Notenlinien sind dazu da, den Noten einen Platz zu geben. Noten werden entweder auf oder zwischen die Linien geschrieben.

Die Beobachtungen werden immer genauer: Es gibt …
- … Striche, die auf gleicher Höhe mit dem vorhergehenden sind (in Klang umgesetzt: zwei gleiche Töne – Intervall: Prime),
- … Striche, die direkt in der Höhe bzw. Tiefe aufeinanderfolgen (in Klang umgesetzt: zwei Töne, die sich nur um einen Ton in der Tonhöhe unterscheiden – Intervall: Sekunde),
- … Striche, die weiter auseinanderliegen, also regelrechte „Sprünge" machen (in Klang umgesetzt: Tonsprünge nach oben oder unten – Intervall: ab Terz).

Diese Beobachtungen werden nun deutlich gemacht, indem die Töne von einzelnen Kindern markiert werden:
- Noten, die auf gleicher Höhe nebeneinanderliegen, werden z. B. blau eingekreist.
- Alle Noten, die direkt aufeinanderfolgen (also etwa eine Note im Zwischenraum zwischen zwei Linien nach einer Note auf der Notenlinie) werden grün eingekreist.
- Alle Noten, die wie ein Sprung auseinanderliegen, werden eventuell rot eingekreist.

*Hinweis*

Die Farben sind natürlich frei wählbar. Man muss aber dabei bleiben, wenn man sich für eine entschieden hat, weil es für die Kinder sonst schwierig wäre, sich die Bedeutungen immer neuer Markierungsfarben merken zu müssen.
Die Trennstriche zwischen den Noten sind keine Taktstriche, sondern sie teilen die Melodie nur in Abschnitte ein, die von den Kindern gut zu überschauen sind. Sie sind so aufgeschrieben, dass z. B. Wiederholungen schneller erkennbar sind.

❻ Nach dieser Arbeit werden zur **Erarbeitung des Kehrreims** einzelne Teile des Kehrreims ohne Text vorgesungen oder vorgespielt. Die Kinder sollen herausfinden, um welchen Abschnitt es sich jeweils handelt. Ein Kind kommt nach vorne und zeigt an der Tafel oder auf dem OHP die Stelle, die es erkannt hat. Der Melodieteil erklingt noch einmal, während das Kind mitzeigt. Selbst wenn es im Irrtum ist, wird es das beim Zeigen der Melodie selbst merken. Auch das ist ein Erfolg!
So wird der Kehrreim nach und nach erarbeitet. Durch das ständige Hören der Melodieteile prägen sie sich so gut ein, dass das Singen der Melodie mit Text im Anschluss nicht mehr schwerfällt.

Zur **Erarbeitung der Strophenmelodie** kann in der nächsten Stunde ebenso verfahren werden.

Wenn alle Kinder das Lied auswendig und sicher singen können, versuchen sie es zum Halbplayback (ohne Chor) zu singen.

Herbst und Ernte

# Laternen schaukeln dicht an dicht

(Text und Melodie: Dagmar Kuhlmann)

*Strophe* ①
Heute leuchten weit und breit
Lichter in der Dunkelheit,
denn beinah aus jedem großen Haus
kommt ein Kind mit Laterne heraus.

*Strophe* ②
Wenn sie nacheinander geh'n,
ist ein helles Band zu seh'n .
Und aus allen Straßen kreuz und quer
kommen bunte Laternen hierher.

*Strophe* ③
An dem großen Feuer dann
halten alle Kinder an.
Alle Lichter tanzen nur für ihn,
bis sie mit Martin weiter noch zieh'n.

*Kehrreim*
Laternen schaukeln dicht an dicht,
in jeder brennt ein kleines Licht.
I: Die Nacht wird hell durch ihren Glanz.
Sie tanzen den Laternentanz. :I

**KOPIERVORLAGE**

Herbst und Ernte

## 6. Tanzen: „Laternen schaukeln dicht an dicht"

| | |
|---|---|
| **Inhalte und Ziele** | Tanzen zu einem Martinslied |
| **Aufgaben** | ❶ Lied „Laternen schaukeln dicht an dicht" singen und klatschen |
| | ❷ Bewegungen mit Laternen ausprobieren |
| | ❸ Bewegungen vom Textblatt erkennen und umsetzen |
| | ❹ Tanzen zum Kehrreim |
| | ❺ Tanzen zu den einzelnen Strophen |
| | ❻ Tanzen zum ganzen Lied |
| **Medien** | CD-Player, CD, Laternen |
| **Kopien** | Textblatt „Laternen schaukeln dicht an dicht" (S. 49) |
| **Folien** | —— |
| **CD** | HB 14 f.: „Laternen schaukeln dicht an dicht" |
| **Arbeitsformen** | Sitzkreis, Gruppenarbeit |
| **Dauer** | Einzelstunde |

## Stundenverlauf

Wenn die Kinder das Lied „Laternen schaukeln dicht an dicht" gut kennen, wird dazu ein kleiner Tanz ausgedacht. Die Struktur des Liedes ist bekannt, darum wissen die Kinder auch, um welchen Liedteil es sich jeweils handelt. Dazu muss den Kindern das Tempo und der Rhythmus vertraut sein, weil davon Tempo und Art der Bewegung abhängen.

❶ Zuerst wird das Lied (siehe S. 49) gesungen und dazu geklatscht. Anfangs geschieht dies ohne das Lied von der CD zu hören.

Später wird die CD zum Tanzen genutzt, da sich Kinder dieses Alters nur selten auf zwei Dinge auf einmal konzentrieren können.

❷ Die Laternen werden dazu geholt. Die Kinder probieren aus, wie man sich mit der Laterne in der Hand bewegen kann: gehen, sich drehen, die Laterne auf und ab schwenken oder hin und her.

❸❹ Zuerst wird die Gestaltung des Kehrreims erarbeitet, genau so, wie zuvor auch beim Lernen des Liedes. Das Textblatt (siehe S. 49) mit den Grafiken wird noch einmal betrachtet. Dort sind die Grundaufstellungen schon zu sehen. Für den Kehrreim heißt das die Aufstellung im Viereck. Es wird mit Klebeband auf dem Boden markiert, damit die Kinder immer ihre Position kennen.

Es kommt auf die Anzahl der Kinder an, ob an allen Seiten gleich viele Kinder stehen. Es sollte nur je an den zwei gegenüberliegenden Seiten die gleiche Anzahl Kinder stehen. Die Aufstellung – und ihre Wiederholung – klappt am besten, wenn jedes Kind weiß, wer neben ihm steht. Das Aufstellen kann man im Wettbewerb üben: „Welche Reihe steht zuerst richtig?"

Zwei sich gegenüberstehende Reihen gehen mit 8 Schritten aufeinander zu und wieder zurück, dann gehen die beiden anderen Reihen. Der Kehrreim enthält – ganz regelmäßig – in jeder Zeile 8 Silben. Es wird also pro Silbe ein Schritt getan.

Bei der Wiederholung der letzten beiden Zeilen drehen sich alle Kinder erst einmal mit 4 Schritten links herum, dann mit 4 Schritten rechts herum. Auch die Richtung dieser Drehung muss eingeübt werden, da die Kinder sonst hinterher, wenn mit den Laternen getanzt wird, damit anstoßen.

Schließlich wird der Kehrreim nach der Musik getanzt.

© Persen Verlag

Herbst und Ernte

*Refrain-Gestaltung*

❺ Zur **Gestaltung der Strophen** werden anschließend die Grafiken zu den Strophen (siehe S. 49) noch einmal genau angeschaut. Aus dem Text und der jeweiligen Grafik werden dann die weiteren Bewegungen erschlossen und ausprobiert.

Es kann sein, dass den Kindern noch Variationen zur Umsetzung einfallen. Dann wird ausprobiert, was zum Lied und zum Tempo der CD-Aufnahme passt. Geübt wird dabei nach der Musik der Strophen.

Vorschläge für die Choreografie der einzelnen Strophen:

Strophe ①: Alle Kinder stehen so im Raum verteilt, dass sie mit wenigen Schritten zu ihrem Viereck gelangen können. Mehrere Kinderpaare bilden mit den Händen Tore, unter denen die anderen durchgehen zum Viereck. Es ist sinnvoll, dass diese Tore vor allen Seiten stehen, damit der Weg nicht so weit ist.

Strophe ②: Am Ende des 1. Kehrreims drehen sich alle Kinder jeder Viereckseite in eine vorher festgelegte Richtung und gehen hintereinander her. Sie kehren zum Ende der Strophe an ihren Platz zurück.

Strophe ③: Alle Kinder bleiben am Platz stehen und bewegen nur die Laternen auf und ab bzw. hin und her (nach Absprache).

*Strophengestaltung*

❻ Für die Choreografie der Strophen ist es wichtig, dass die Kinder am Ende einer Strophe immer wieder im Viereck stehen können, um den Kehrreim zu tanzen.

Am Schluss wird der ganze Tanz zum Lied geübt, wobei wahrscheinlich die Übergänge der einzelnen Teile besondere Zeit benötigen.

Herbst und Ernte

## 7. Malen: „Laternen leuchten im Dunkeln"

| | |
|---|---|
| **Inhalte und Ziele** | Malen zum Martinslied „Laternen schaukeln dicht an dicht" |
| **Aufgaben** | ❶ Kontraste erkennen: hell – dunkel |
| | ❷ Laterne(n) malen |
| | ❸ Dunklen Hintergrund als umgebenden Kontrast malen |
| | ❹ Ausprobieren von Klängen aus verschiedenen Materialien (Hörerziehung) |
| | ❺ Umsetzen von Laternenbildern in Klang |
| **Medien** | Taschenlampe(n), Malsachen (oder: Zuckerkreide, schwarzes Tonpapier), Orff-Instrumente, alltägliche Klangerzeuger, zahlreiche Schlägel |
| **CD** | HB 14 f. |
| **Kopien** | Textblatt „Laternen schaukeln dicht an dicht" (S. 49) |
| **Folien** | –– |
| **Arbeitsformen** | Einzelarbeit, Sitzkreis, Gruppenarbeit |
| **Dauer** | Doppelstunde |

## Vorbereitung

*Hell-Dunkel-Kontraste*

Die Kinder sollen erst einmal Hell-Dunkel-Kontraste bewusst wahrnehmen. Dazu wird ein Raum mit der Möglichkeit zur Verdunkelung benutzt. Es werden entweder noch einmal die Laternen mitgebracht oder Taschenlampen eingesetzt. Zum Malen nutzen die Kinder am besten Wachsmalstifte oder Wasserfarben auf „normalem" Papier, je nachdem, welche Anwendungen sie bis zu diesem Zeitpunkt im Kunstunterricht schon kennengelernt haben. Besonders leuchtend werden Bilder, die mit Zuckerkreide (über Nacht in Zuckerwasser eingeweichte Tafelkreide) auf schwarzes Tonpapier gemalt werden.

Zum Ausprobieren verschiedener alltäglicher Klangerzeuger dürfen die Kinder verschiedene Dinge mitbringen: Kartons, Dosen, Flaschen usw. Sie werden am besten schon bei Beginn dieses Themas gesammelt, damit sie rechtzeitig zur Verfügung stehen. Es wird für jedes Kind ein Schlägel benötigt. Sollten nicht genügend vorhanden sein, werden sie selbst hergestellt.

*Bastelanleitung für Schlägel*

Die Stiele von Kochlöffeln werden in die Hand genommen und die Köpfe mit Wolle umwickelt. Bei dicker Wolle wird der Schlägel weicher, sodass beim Schlagen ein matterer Klang erzeugt wird. Dünne Wolle macht den Klang schärfer, weil sich eine festere Umwicklung ergibt. Der Klang entspricht etwa dem eines Filzschlägels.

Um einen sehr weichen Klang zu erreichen, der dem eines üblichen Wollschlägels entspricht, wird um den Kochlöffelkopf zunächst einmal eine dicke Lage Watte gewickelt. Dann wird die Watte lediglich so sparsam mit Wolle umwickelt, dass die Watte nicht verrutschen und sich lösen kann.

Herbst und Ernte

## Stundenverlauf

**❶** Die Kinder bringen ihre Laternen mit (oder Taschenlampen). Sie probieren sie bei Tageslicht aus und stellen fest, dass das Licht blass wirkt. Dann werden die Vorhänge zugezogen: Die Lichtquellen leuchten.

Die Kinder stellen weiter fest, dass die Leuchtkraft umso größer ist, je dunkler die Umgebung ist. Man nennt dunkel und hell **Kontraste** (= Gegensätze). Bei der Gelegenheit werden noch mehr Kontraste aufgezeigt: groß – klein, laut – leise usw.

**❷** Nun werden sie aufgefordert, ein **Laternen-Bild** mit ihrer leuchtenden Laterne oder mit vielen leuchtenden Laternen zu malen. Wenn diese Aufgabe bewältigt ist, werden die Bilder betrachtet. Dann wird noch einmal überlegt, wie das Leuchten verstärkt werden könnte (siehe Erfahrungen mit den Taschenlampen bzw. Laternen).

**❸** Wahrscheinlich kommen die Kinder mithilfe dieses Denkanstoßes selbst darauf, dass ein dunkler Hintergrund die Laternen besser hervorheben würde. Ansonsten wird noch einmal auf die 1. Strophe des Liedes verwiesen. Dort leuchten die „Lichter in der Dunkelheit". Die Farbwahl für die Dunkelheit wird wahrscheinlich schwarz oder dunkelblau ausfallen.

Nun wird noch der Hintergrund gemalt und die Bilder anschließend im Sitzkreis noch einmal angeschaut und in einer **Erzählkette** (siehe S. 35) begutachtet. Es wird noch einmal die Erkenntnis vertieft, dass Kontraste Eigenschaften noch deutlicher hervortreten lassen: Das Helle wirkt heller durch den dunklen Hintergrund. Der dunkle Hintergrund wirkt dunkler durch die hellen Laternen.

Die Bilder werden in der Klasse aufgehängt, da sie zur nächsten Erarbeitung noch benötigt werden.

**❹** Das **Erproben von Klangerzeugern** aus alltäglichen Materialien wird am besten in der Gruppe erarbeitet. Die Kinder hatten ja zwischenzeitlich unterschiedliche Materialien gesammelt. Sie kommen nun zum Einsatz. Jedes Kind darf seinen mitgebrachten Gegenstand oder seine Gegenstände zum Klingen bringen. Das wird einigen Lärm erzeugen. Wieder dürfen sie kurze Zeit so laut und schnell ausprobieren, wie sie es nur können.

Dann wird die **Höraufgabe zu hellen und dunklen Klängen** genannt.

*Arbeitsauftrag* — *Finde heraus, welche Gegenstände in deiner Tischgruppe hell oder dunkel klingen.*

Wenn möglich, sollte diese Aufgabe in mehreren Räumen durchgeführt werden. Als Alternative dazu können es die Kinder nacheinander ausprobieren. (Dann muss man sehen, wie lange sie sich darauf konzentrieren können.)

*Hinweis* — Diese Höraufgabe erfordert eine hohe Konzentration, weil die Unterscheidung von Tonhöhen (hoch – tief) für Kinder dieses Alters noch keine selbstverständliche Fähigkeit ist. Man muss aber immer wieder Gelegenheiten finden, dieses Unterscheiden zu üben. Das Arbeiten mit dem Tonhöhen-Parameter (hoch – tief) erfolgt zu einem späteren Zeitpunkt. Darum werden jetzt auch „Circa-Ergebnisse" erst einmal akzeptiert. Die Aufgabe kann ausgeweitet werden auf Materialien im Klassenzimmer: Türen, Tafel, Wand, Tisch usw.

*Arbeitsauftrag* — *Ordne die Klänge vom hellsten bis zum dunkelsten Klang.*

Vermutlich werden große Kartons am tiefsten (für die Kinder: „am dunkelsten") klingen und Flaschen oder Gläser am höchsten („am hellsten"). Hier ergibt sich schon eine grundlegende Erkenntnis: *Klang ist abhängig vom Material.*

**❺** Für das nun folgende **Erfinden von Musik nach Bildern** werden die Gruppen beibehalten. Jede Gruppe wählt zwei Bilder aus, die vorher gemalt wurden. Auf einem soll eine Laterne, auf dem anderen sollen mehrere zu sehen sein.

# Herbst und Ernte

*Arbeitsauftrag*  *Schaut euch beide Bilder an und überlegt euch, wie man sie mit euren Gegenständen zum Klingen bringen kann.*
*Wählt dann ein Bild aus und führt vor, was ihr euch ausgedacht habt.*
*Achtet darauf, dass man durch die Klänge das Bild auch erkennen kann.*

Diese Aufgabe fällt in den Bereich: „Musik nach Bildern erfinden". Es ist zwar nur eine kleine Übung zum Thema, erfordert aber dennoch die Umsetzung von Farbe in Klang. Das Ergebnis wird wahrscheinlich sein, dass über einem permanenten Trommeln auf Gegenständen mit dunklerem Klang einige helle Klänge zu hören sind (bei einem Bild mit mehreren Laternen) oder aber nur ein heller Klang (bei einem Bild mit einer einzigen Laterne). Das Bild muss während der Vorführung von den anderen Kindern zu sehen sein. Im Anschluss wird beurteilt, ob das vorab genannte Kriterium „Man soll das Bild durch die Klänge erkennen können" erfüllt ist. Wichtig ist, dass die Kinder ihre Entscheidung begründen können. Es könnte z. B. genannt werden, dass das Bild dunkle und helle Farben enthält und die Klänge auch dunkel und hell sind. Noch genauer wäre die Feststellung, dass man mehr dunkle Klänge spielen muss, wenn auf dem Bild mehr dunkle Farbe benutzt wurde, und weniger helle, weil es vielleicht um die Darstellung eines Bildes mit nur einer Laterne geht.

In der Reflexionsrunde mit den Kindern kommen ihnen dazu gewiss noch mehrere gute Ideen. Danach erhalten die Kinder die Aufgabe, auch das zweite Bild in Klang umzusetzen. Wieder gilt das Kriterium von vorher. Nun werden die Kinder viel bewusster an die Arbeit gehen. Diese Arbeitseinheit verläuft wie die vorherige mit dem Unterschied, dass die Kinder nun auch bewusster reflektieren können.

## Zusatzangebote

Der Herbst eröffnet viele Möglichkeiten, mit den Kindern Erfahrungen außerhalb des Klassenzimmers zu machen. Man beobachtet den Blätterfall, man geht durch raschelndes Laub und vieles mehr. Manches sind Augen-, manches Hör-Erfahrungen, manchmal erlebt man beides zusammen.

### „Falle, falle, gelbes Blatt"

Das folgende Lied ist besonders gut für ein 1. Schuljahr geeignet, weil es Beobachtungen enthält, die auch noch umgesetzt werden können. Ein Gespräch über den Laubfall beinhaltet gewiss auch die Farben der Blätter. Gesammelte Blätter ermöglichen eine genaue Beschreibung. Die Blätter werden aufgeklebt und aufgehängt.

Kreppbänder in den Farben der Blätter werden durch kleine (Toilettenpapier-)Ringe gezogen, in der Mitte festgeklebt und können als Bewegungsbänder benutzt werden.

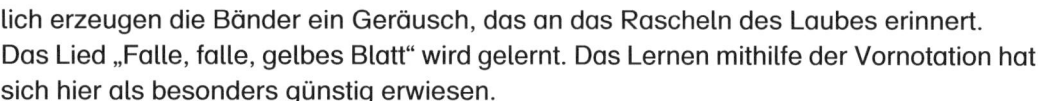

Dann probieren die Kinder aus, wie man mit den Bändern das Fallen der Blätter nachahmen kann. Zusätzlich erzeugen die Bänder ein Geräusch, das an das Rascheln des Laubes erinnert.

Das Lied „Falle, falle, gelbes Blatt" wird gelernt. Das Lernen mithilfe der Vornotation hat sich hier als besonders günstig erwiesen.

„Falle, falle, gelbes Blatt" kann auch einfacher mit vier Strophen gesungen werden, indem lediglich die Blätterfarben variiert werden:

① … gelbes Blatt, gelbes Blatt …
② … rotes Blatt, rotes Blatt …
③ … braunes Blatt, braunes Blatt …
④ … buntes Blatt, buntes Blatt …

Mit den Bewegungsbändern werden die Strophen begleitet. Bei „gelbes Blatt" bewegen sich die gelben Bänder, entsprechend die anderen Farben. Es ist schön, wenn am Ende alle Kinder zusammen die Bänder bewegen. Dann wird dazu – in Ergänzung zum Originaltext – gesungen: „Falle, falle, buntes Blatt". Damit alle 4 Strophen gesungen werden können, ist das Halbplayback entsprechend aufgenommen.

Herbst und Ernte

# Herbstgeräusche

Herbst und Ernte

# Mein Drachen

(Text: Albert Sixtus, Melodie: Richard Rudolf Klein, aus: Richard Rudolf Klein: „Willkommen, lieber Tag", © Daimonion Verlag, Wiesbaden)

①
Wenn der frische Herbstwind weht,
geh' ich auf die Felder,
schicke meinen Drachen hoch
über alle Wälder.

②
Und er wackelt mit dem Ohr,
wackelt mit dem Schwänzchen.
Und er tanzt den Wolken vor,
hui, ein lustig Tänzchen.

© Persen Verlag

**KOPIERVORLAGE**

Herbst und Ernte

# Mein Drachen

(Text: Albert Sixtus, Melodie: Richard Rudolf Klein, aus: Richard Rudolf Klein: „Willkommen, lieber Tag", © Daimonion Verlag, Wiesbaden)

① 
Wenn der frische Herbstwind weht,
geh' ich auf die Felder,
schicke meinen Drachen hoch
über alle Wälder.

② 
Und er wackelt mit dem Ohr,
wackelt mit dem Schwänzchen.
Und er tanzt den Wolken vor,
hui, ein lustig Tänzchen.

KOPIERVORLAGE

Herbst und Ernte

# Baue eine Rassel!

**Du brauchst:**
- 1 Toilettenpapierrolle
- 2 Stück Papier
- Klebestreifen
- Füllmaterial (Reis, Sand, Bohnen)
- buntes Transparentpapier
- Kleister
- Pinsel für Kleister

**So geht's:**
① Die Toilettenpapierrolle mit einem Stück Papier an einer Seite zukleben.
② Das Füllmaterial einfüllen.
③ Die zweite Seite zukleben.
④ Besonders die Enden mit buntem Transparentpapier verstärken. Insgesamt die Rolle gut zukleben.
⑤ Über Nacht trocknen lassen!

© Persen Verlag

**KOPIERVORLAGE**

Herbst und Ernte

# Wir hören das „Regentropfen-Prélude" von Frédéric Chopin

Trage die Lautstärke-Piktogramme ein.

KOPIERVORLAGE

Herbst und Ernte

# Laternen schaukeln dicht an dicht

(Text und Melodie: Dagmar Kuhlmann)

**Strophe ①**
Heute leuchten weit und breit
Lichter in der Dunkelheit,
denn beinah aus jedem großen Haus
kommt ein Kind mit Laterne heraus.

**Kehrreim**
Laternen schaukeln dicht an dicht,
in jeder brennt ein kleines Licht.
I: Die Nacht wird hell durch ihren Glanz.
Sie tanzen den Laternentanz. :I

**Strophe ②**
Wenn sie nacheinander geh'n,
ist ein helles Band zu seh'n.
Und aus allen Straßen kreuz und quer
kommen bunte Laternen hierher.

**Kehrreim**
Laternen schaukeln dicht an dicht,
in jeder brennt ein kleines Licht.
I: Die Nacht wird hell durch ihren Glanz.
Sie tanzen den Laternentanz. :I

**Strophe ③**
An dem großen Feuer dann
halten alle Kinder an.
Alle Lichter tanzen nur für ihn,
bis sie mit Martin weiter noch zieh'n.

**Kehrreim**
Laternen schaukeln dicht an dicht,
in jeder brennt ein kleines Licht.
I: Die Nacht wird hell durch ihren Glanz.
Sie tanzen den Laternentanz. :I

**Das sind die Liedbausteine:**

| Strophe ① | Kehrreim | Strophe ② | Kehrreim | Strophe ③ | Kehrreim |
| --- | --- | --- | --- | --- | --- |

Herbst und Ernte

# Falle, falle, gelbes Blatt

(Melodie: Wilhelm Keller, Text: überliefert)

① 
Falle, falle, gelbes Blatt, rotes Blatt,
bis der Baum kein Blatt mehr hat,
weggeflogen alle.

② 
Falle, falle, weißer Schnee, kalter Schnee,
tust den Bäumen gar nicht weh,
und wir freu'n uns alle.

**Vornotation:**

KOPIERVORLAGE

© Persen Verlag

# 3 Advent, Weihnachten, Winter

| | |
|---|---|
| **Stundenthemen** | 1. Adventsfreuden: Nüsse, Nussknacker und Basteleien<br>2. Der Nikolaus kommt<br>3. Es weihnachtet bald<br>4. Der Winter ist da! |
| **Inhalte und Ziele** | – Nussknacker und Nussknackerlied<br>– Instrumentenbau: Basteln von Nussklappern<br>– Begleiten des Nussknackerliedes<br>   a) mit Körperinstrumenten<br>   b) mit Instrumenten und Klangerzeugern<br>– Eine Geschichte mit Klängen: „Der Nikolaus kommt"<br>– Liederarbeitung: „Wenn es dunkel wird in unsrer kleinen Stadt"<br>– Instrumentenkunde: Triangel kennenlernen, Klangcharakteristika<br>– Parameter Tondauer einführen: kurz – lang<br>– Lied und Tanz zum Lied: „Eine Muh, eine Mäh"<br>– Liederarbeitung: „Endlich ist der Winter da"<br>– Instrumentenbau: Schellenband herstellen<br>– Hörwerk „Amboss-Polka" von Albert Parlow kennenlernen, dazu malen und Struktur erarbeiten<br>– Spiel-mit-Satz zum Hörwerk (= Schlittenausfahrt)<br>– Tanz zum Hörwerk |
| **Fächerverbindungen** | 1. Sachunterricht<br>2. Deutsch und Kunst<br>3. Sport<br>4. Sachunterricht, Kunst, Sport, Deutsch |

**Überblick: Was sollten die Kinder am Ende dieser Arbeitseinheiten können?**

| Rhythmik | Stimme/Lied | Instrumente | Musik umsetzen | Fachwissen |
|---|---|---|---|---|
| Lieder singen, sich dazu bewegen | Advents-, Weihnachts- und Winterlieder auswendig singen | Nussklappern, Galopper, Schellenbänder herstellen | Malen nach Musik: Darstellen der Bewegungsrichtung in der „Amboss-Polka" | Lied- bzw. Hörwerkstrukturen erkennen und durch Karten darstellen |
| Sich zu unterschiedlichen Hörwerken rhythmisch bewegen | | | | Unterschiedliche Klangcharakteristika erkennen, bezeichnen, darstellen und abspielen: Punkt- und Schwebeklänge |
| Lieder und Hörwerke mit Körpermusik erarbeiten und begleiten | Texte deutlich sprechen | Kartontrommeln, Papier und Gläser nutzen | Geschichte beim Hören in Musik (Geräusche, Klänge) umsetzen | Parameter Tondauer (kurz – lang) kennen und definieren |
| | Liedteile im Wechsel singen | | | Grafische Notation aufschreiben und abspielen |
| Nach vorgegebener Choreografie tanzen | Geräusche mit der Stimme nachmachen | Einsatz des Triangels und seiner Klangmöglichkeiten | Lied und Hörwerk in vorgegebene Tanzchoreografie umsetzen | Binnenstruktur eines Liedes erkennen und darstellen – Verlauf einer Melodie in der Vornoten- und traditionellen Notenschrift erkennen |
| | | | | Aussehen von Noten: Viertel, Achtel, halbe Note |
| | | | | Coda |

Advent, Weihnachten, Winter

## 1. Adventsfreuden: Nüsse, Nussknacker und Basteleien

| | |
|---|---|
| **Inhalte und Ziele** | – Nussknacker und Nussknackerlied<br>– Instrumentenbau: Basteln von Nussklappern<br>– Begleiten des Nussknackerliedes<br>  a) mit Körperinstrumenten<br>  b) mit Instrumenten und Klangerzeugern |
| **Aufgaben** | ❶ Betrachten und Beschreiben eines Nussknackermannes<br>❷ Lernen des Nussknackerliedes, Ausmalen des Textblattes<br>❸ Begleiten des Liedes mit Körperinstrumenten<br>❹ Bausteine des Liedes<br>❺ Basteln von Nussklappern<br>❻ Begleiten des Liedes mit Instrumenten und Klangerzeugern<br>❼ Basteln von „Galoppern" |
| **Medien** | verschiedene Nussknacker (am besten eine Nussknackerholzfigur), Klanghölzer, Rasseln, Bausteinkarten, Buntstifte, Walnuss- und Kokosnusshälften, Pappstreifen, Klebstoff, Schere, CD, CD-Player |
| **CD** | HB 18 ff.: „Der Nussknacker" |
| **Kopien** | Textblatt „Der Nussknacker" (S. 73) |
| **Folien** | Begleitpartitur zu „Der Nussknacker" (S. 75) |
| **Arbeitsformen** | Einzel-, Partner-, Gruppenarbeit |
| **Dauer** | Doppelstunde |

### Vorbemerkungen

Die Weihnachtszeit stellt an den Unterricht besonders in musikalischer Hinsicht meist hohe Erwartungen. Es wird mehr gebastelt, gemalt und gesungen als in den übrigen Monaten des Jahres. Und je näher das Weihnachtsfest heranrückt, desto unruhiger werden die Kinder. Der Musikunterricht ist da besonders wichtig, weil er mit der Thematik seiner Lieder und Hörwerke den übrigen Unterricht ergänzt, unterstützt, aber auch seine eigenen Ziele hat. Das Thema „Nüsse, Nussknacker und Basteleien" ist noch nicht so stark adventlich-weihnachtlich ausgeprägt, sodass es sich an das Thema „Herbst und Ernte" gut anschließt. Es eignet sich schon in den letzten Novemberwochen als Vorbereitung auf den Advent, und das neue Lied kann dann weiter gesungen werden.

*Vorbereitung*

Als Einstieg bietet sich – evtl. auch im Sachunterricht – ein Gespräch über verschiedene Nüsse, Nüsseknacken und Nussknacker an. Nüsse und Nussknacker werden mitgebracht, die Namen der Nüsse genannt, vielleicht eine kleine Nuss-Tauschbörse eingerichtet, Nüsse geknackt und – natürlich – gegessen und geschmeckt. Wenn irgend möglich, sollte unter den Nussknackern eine Nussknackerholzfigur sein.

Die Walnüsse werden besonders vorsichtig geknackt, sodass die Hälften heil bleiben. Sie werden später zum Basteln benötigt. Sollten die Kinder nicht genügend Hälften sammeln können, muss man sie selbst halbieren. (Mithilfe eines Messers, das man zwischen die Schalenhälften steckt, kann man sie sauber trennen.)

Auch zwei oder drei Kokosnüsse sollten die Sammlung ergänzen. Sie werden in der Mitte getrennt in eine obere und eine untere Hälfte. Auch sie werden später noch benötigt.

### Stundenverlauf

❶ Soweit vorhanden, wird der **Nussknackermann** erst einmal genau beschrieben und in Funktion vorgeführt. Dann werden die Textblätter zum **„Nussknackerlied"** ausgeteilt und der gezeichnete Nussknacker angeschaut und beschrieben. Unterschiede, Ähnlichkeiten und Gemeinsamkeiten werden verglichen und genannt.

Advent, Weihnachten, Winter

❷ Die Erarbeitung des Liedes (siehe S. 74) beginnt mit dem Text des Kehrreims. Er stellt eine gute Sprechübung für die deutliche Aussprache von „kn" dar. Zur rhythmischen Unterstützung klopfen die Kinder mit dem Finger bei jeder Sprechsilbe auf die Tischkante. So prägen sich Text und Rhythmus des Kehrreims gleichzeitig ein.

Die Melodie des Kehrreims lernen die Kinder danach sehr schnell entweder durch das Nach- bzw. Mitsingen mit der CD oder man übt wiederholend das Arbeiten nach der Vornotenschrift.

Der Strophenteil wird ebenso erarbeitet, nachdem zuvor der Text geklärt wurde. Allerdings klatschen die Kinder diesmal dazu, damit sie auch über die Bewegung Kehrreim und Strophenteil besser unterscheiden können.

Schließlich wird das ganze Lied im Zusammenhang gesungen.

*Hinweis*

In der Originalmelodie von Anneliese Read wird der Kehrreim *doppelt so schnell* (also in *Achtelnoten*) gesungen. Es hat sich aber beim Begleiten des Liedes durch die Kinder herausgestellt, dass sie dann durch das Tempo größere Schwierigkeiten damit haben. Darum wurde der Kehrreim von der Herausgeberin entsprechend bearbeitet. Die Melodie verläuft nun in Viertelnotenwerten.

Wenn der Text vollständig bekannt ist, wird der auf dem Textblatt gezeichnete Nussknackermann genau so ausgemalt, wie er in den Strophen beschrieben ist. Daran ist auch die Überprüfung möglich, ob *alle* Kinder den Text verstanden und behalten haben.

❸ Nun wird eine **Liedbegleitung mit Körperinstrumenten** (= *body percussion*) erarbeitet. Über die Bewegung werden die Rhythmik und der Verlauf des Liedes körperlich erfahren, was eine gute Vorerfahrung für das spätere Begleiten mit Instrumenten ist.

Am besten denken sich die Kinder die Körperbegleitung selber aus, zumal sie ja schon zum Lied geklopft und geklatscht haben. Sollte das aber zu zeitaufwändig erscheinen, kann auf die folgende Partitur zurückgegriffen werden.

*Strophe ①*

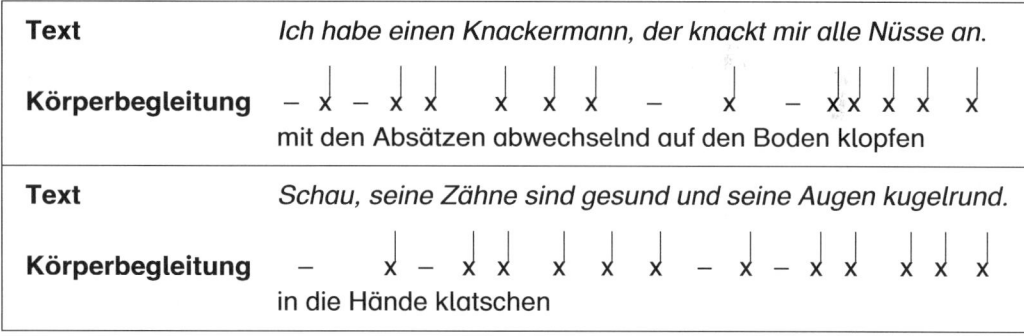

*Kehrreim*

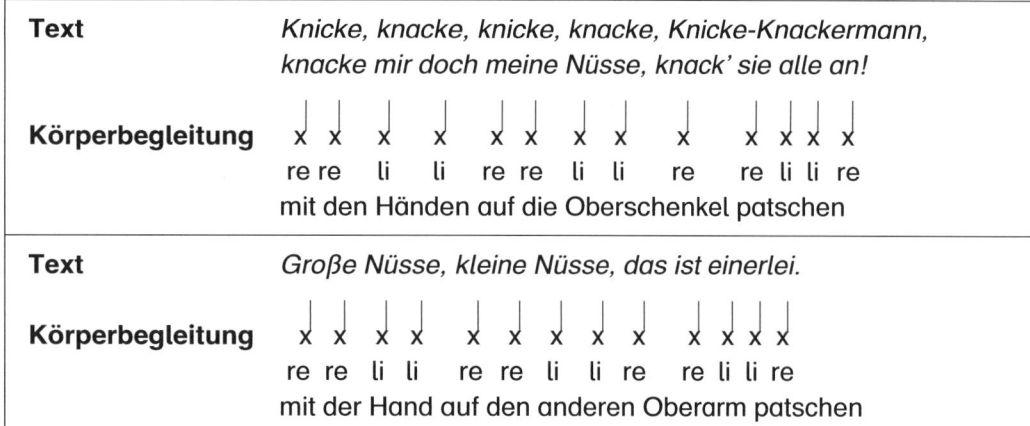

Advent, Weihnachten, Winter

| Text | *Ist die Nuss auch noch so dick,* |
|---|---|
| **Körperbegleitung** | ♩ ♩ ♩ ♩ ♩ ♩ ♩<br>x x x x x x x<br>abwechselnd auf die Oberschenkel patschen |
| Text | *du knackst sie,* |
| **Körperbegleitung** | ♩ ♩ ♩<br>x x x<br>abwechselnd mit den Absätzen auf den Boden klopfen |
| Text | *eins, zwei, drei!* |
| **Körperbegleitung** | ♩ ♩ ♩<br>x x x<br>in die Hände klatschen |

❹ Nachdem die Kinder das Lied gesungen und auch mit *body percussion* begleitet haben, ist die Erfassung der **Liedstruktur** einfach. Auch hier wird noch nicht die Melodiestruktur untersucht, sondern nur die äußere Struktur:
– Anzahl der Strophen und
– Wiederholungen des Kehrreims.
Es gibt 4 Strophen und 4-mal den Kehrreim. So sieht die Bausteinpartitur dann aus:

| Strophe ① | Kehrreim | Strophe ② | Kehrreim | Strophe ③ | Kehrreim | Strophe ④ | Kehrreim |
|---|---|---|---|---|---|---|---|

Die Kinder legen die Bausteinkarten. Anschließend wird das Arbeitsblatt zum Lied ausgemalt bzw. ausgefüllt.

❺ Für den sich nun anschließenden **Bau der Nussklappern** werden die vorab geknackten Nusshälften sowie Pappstreifen und Klebstoff gebraucht. Die Pappe darf nicht allzu dick sein, damit die benötigten Streifen beweglich bleiben können. Sie werden so geschnitten, dass in der Breite eine Nuss gut Platz hat, die längs aufgeklebt wird (etwa 4 cm). Die Länge des Streifens hängt ein wenig von der Größe der Nussschalen ab (etwa 16–18 cm). Auf jedes Ende eines Streifens wird je eine Nussschale geklebt.

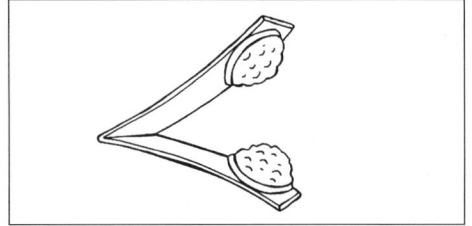

Der Streifen wird auf der Hälfte geknickt, sodass die eine auf die andere Nuss aufschlagen kann. Dazu wird das untere Ende des Streifens zwischen Daumen und Zeigefinger gehalten und die Hand auf und ab geschüttelt. Dann klappert die obere auf die untere Nuss (Abb. 1). Man kann aber auch den Streifen zwischen Daumen und Mittelfinger nehmen und mit dem Zeigefinger entsprechend das obere Ende auf die andere Nuss drücken (Abb. 2).

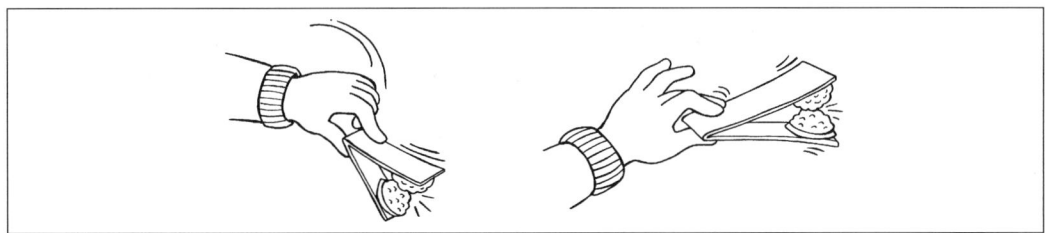

Das **Nussklapper-Piktogramm** wird noch vorgestellt und im Klassenraum zu den anderen Instrumentenzeichen gehängt.

Advent, Weihnachten, Winter

*Piktogramm*

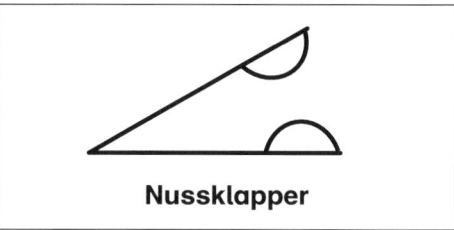

❻ Nun kann das Nussknackerlied auch mit Instrumenten bzw. Klangerzeugern begleitet werden. Die Kinder kennen jetzt Klanghölzer, Rasseln und Nussklappern. Damit können sie sich entweder selber eine Begleitung ausdenken oder die hier vorgeschlagene Begleitung übernehmen.

Dazu kann die **Begleitpartitur** (siehe S. 75) auf Folie kopiert und mit den Kindern besprochen werden. Die Partitur ist unterteilt in zwei Spalten. In der *linken* kann man ablesen, welche Instrumente gebraucht werden. In der *rechten* steht der Text und darunter die Anschlagzeichen, d. h., man kann sehen, bei welcher Textsilbe eine Bewegungsaktion erfolgt. Dabei gibt es unterschiedliche Bewegungen, die unterschiedliche Klänge hervorbringen.

*Piktogramme*

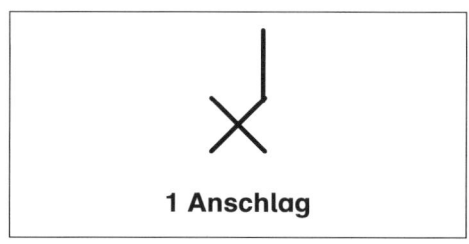
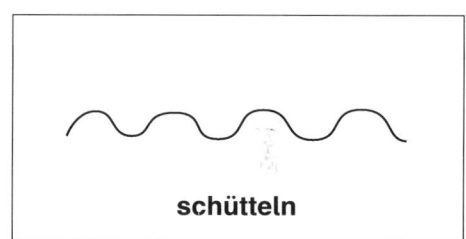

Die Stellen, an denen das Instrument nicht spielt, sind – der besseren Verständlichkeit wegen – durch ——— gekennzeichnet. Ein Anschlag ergibt einen einzelnen Klang, der – je nach Instrument – sowohl ein Punkt- als auch ein Schwebeklang sein kann. Bei der Schüttelbewegung hört man eine rasche Abfolge von Klängen, einen sogenannten *Bewegungsklang*.

❼ Aus den zu Beginn dieser Einheit ausgehöhlten Kokosnusshälften werden nun **„Galopper"** gebastelt. Vorbereitend werden dazu an der jeweiligen oberen Rundung mit einem Schraubenzieher zwei Löcher gebohrt und es wird eine feste Kordel in etwa 30–40 cm lange Stücke geschnitten. Die Kinder nehmen diese Kordel doppelt und ziehen sie durch die Löcher. Beide Enden werden verknotet. Sie können nun mit den Händen in die auf diese Weise entstandenen Schlaufen schlüpfen und die Kokosnusshälften so festhalten und rhythmisch gegeneinanderschlagen. Nun kann z. B.

der Hufschlag eines Pferdes in unterschiedlichen Gangarten nachgeahmt werden. Kinder finden sicher noch andere Möglichkeiten der Anwendung.

Das **Galopper-Piktogramm** wird zu den vorigen Piktogrammen gehängt.

*Piktogramm*

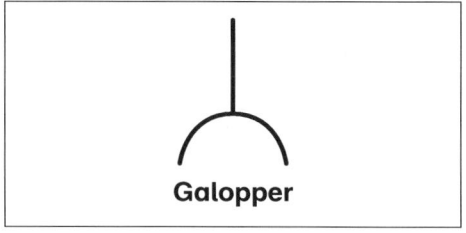

Advent, Weihnachten, Winter

## 2. Der Nikolaus kommt

| | |
|---|---|
| **Inhalte und Ziele** | Geschichte „Der Nikolaus kommt" in Klänge umsetzen |
| **Aufgaben** | ❶ Nikolaus-Geschichte hören |
| | ❷ Geschichte szenenweise wiedergeben und malen |
| | ❸ Auswahl der besten Bilder für OHP-Show/Erstellen einer Bildergalerie |
| | ❹ Schrittweise und „passende" Verklanglichung der Geschichte |
| | ❺ Verschriftlichung der Verklanglichung unter Zuhilfenahme der Piktogramme |
| **Medien** | Klanghölzer, Rasseln, Bausteinkarten, Nussklappern, Kokosnussgalopper, Kartontrommeln, verschiedenes Papier, leere Flaschen, OHP |
| **CD** | —— |
| **Kopien** | —— |
| **Folien** | Farbfolien der gewählten Kinderbilder (für zweiten Teil der Sequenz) |
| **Arbeitsformen** | Einzel-, Partner-, Gruppenarbeit |
| **Dauer** | Doppelstunde |

### Vorbemerkungen

Gleich zu Beginn der Adventszeit wird das Nikolausfest gefeiert. Auch in der Schule ist es ein wichtiger Tag. In manche Klassen kommt der Nikolaus persönlich, oder es wird ein Elternnachmittag veranstaltet. Neben dem Singen von Advents- und Nikolausliedern können die Kinder auch eine kleine Klanggeschichte aufführen. Dabei werden alle Instrumente und Klangerzeuger angewendet, die die Kinder bisher kennengelernt und gespielt haben.

*Verklanglichungsarbeit*   Bei der nachfolgenden Aufgabe handelt es sich hauptsächlich um eine Verklanglichungsarbeit, d. h., ein Text wird mit Klängen begleitet bzw. durch Klänge umgesetzt. Die Kinder erfahren hier, dass *Textinhalte* durch Geräusche bzw. Klänge unterstützt und deutlicher gemacht werden können.
Voraussetzung für diese Arbeit ist 1. das *Textverständnis*. Nur wenn mit dem Wort und den inhaltlichen Zusammenhängen eine Vorstellung, ein Bild verbunden ist, können auch mögliche Klänge zugeordnet werden. Die 2. Voraussetzung ist das Wissen, welche *Klänge* die angebotenen Instrumente bzw. Klangerzeuger hervorbringen können und wie man diese handhabt.

*Formen von Verklanglichung*   Es gibt unterschiedliche Formen von Verklanglichungen:
1. Werden die Inhalte durch Klänge oder Geräusche möglichst naturgetreu nachgeahmt, handelt es sich um eine *programmatische* Verklanglichung (= *Tonmalerei*).
2. Werden Bewegungsabläufe klanglich dargestellt, z. B. das Galoppieren eines Pferdes, ist es eine *rhythmische* Verklanglichung.
3. Wird eine Handlung, ein Gegenstand, der selbst keine Geräusche erzeugt (z. B. ein Stern, eine Blume) durch einen Klang dargestellt, ist es eine *symbolische* Verklanglichung (= *Tonsymbolik*). (Siehe auch „Gespenster, Gespenster", Donauwörth 2002, und „Musik aktiv erleben", Frankfurt a. M. 1990.)

Der vorliegende Nikolaustext ist so angelegt, dass er ausschließlich durch programmatische und programmatisch-rhythmische Verklanglichungen umgesetzt werden kann.

### Stundenverlauf

❶ Die Geschichte **„Der Nikolaus kommt"** (siehe S. 76) wird vorgelesen. Das kann auch durch Kinder geschehen, die schon gut lesen können. Dieses wird durch die Einteilung in kurze Szenen begünstigt.

*Arbeitsauftrag*   *Hört euch die Geschichte an und erzählt anschließend, was darin passiert.*

56
© Persen Verlag

Advent, Weihnachten, Winter

❷ Die Kinder geben zunächst den Inhalt der Geschichte wieder. Dann werden die Szenen von einzelnen Gruppen gemalt.

❸ Die jeweils besten **Bilder** werden von den Kindern nach folgenden Kriterien ausgesucht:

*Kriterien*

1. *Ist das Bild deutlich gemalt? Kann man auch Einzelheiten erkennen?*
2. *Ist das Blatt gut ausgefüllt?*
3. *Hat es eine schöne farbliche Gestaltung?*

Die gewählten Bilder werden auf Folie kopiert und dienen per OHP zur Illustration der Geschichte. Die anderen Bilder werden in der Reihenfolge der Szenen im Raum aufgehängt.

*Vorbereitung*

❹ Die bekannten Instrumente, die die Kinder bereits genutzt haben, werden deutlich sichtbar für alle hingelegt: Klanghölzer, Rasseln, Kartontrommeln, Nussklappern, Galopper, verschiedenes Papier, leere Flaschen und andere Klangerzeuger.

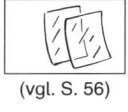
(vgl. S. 56)

Nun werden zur **Verklanglichung** die Bilderfolien aufgelegt und die Textpassagen zu den Bildern vorgelesen. Zuerst einigen sich die Kinder auf die Lieder, die in der Geschichte gesungen werden. Dann wird bei jedem Teil der Geschichte überlegt, welche Geräusche bzw. Instrumentenklänge dazu „passen" könnten. Es dürfen alle Klangerzeuger und Instrumente eingesetzt werden, die die Kinder in der bisherigen Arbeit kennengelernt haben, einschließlich der Stimmklangmöglichkeiten. „Passen" wird hier genau definiert:

*Kriterium*

*So deutlich, wie man das in Wirklichkeit auch hört.*

Die Kinder probieren aus und entscheiden sich dann für eine Umsetzung.

❺ Eine **Verschriftlichung an der Tafel** ist sicher günstig. Da diese Aufgabe für die Kinder selbst noch zu umfangreich ist, sollte die Lehrerin diese Aufgabe übernehmen. Bei dieser Geschichte sind auch die Parameter Tempo (langsam – schnell) und Lautstärke (laut – leise) mit einzubeziehen. Bei der Gestaltung ist ein Hinweis auf die Piktogramme sicher hilfreich.

*Tipp*

Die Geschichte kann auch mit verteilten Rollen vorgetragen werden. Dann muss der Sprecher aufpassen, der die übrigen Satzteile spricht.

*Beispiel für die Verklanglichung einer Szene:*

| Text der Szene ④ | Verklanglichungsaktionen |
| --- | --- |
| *… Er klopft laut an die Haustüre.* | Ein Kind klopft an die Klassentür. |
| *Der Opa öffnet ihm und sagt:* | Die Klassentüre wird geöffnet. Ein Kind sagt (evtl. mit verstellter Stimme): „Komm herein, lieber Nikolaus. Wir haben schon auf dich gewartet." |
| *„…"* | |
| *Nikolaus stapft herein und lässt den Sack auf die Erde fallen.* | Schritte werden auf großen Kartontrommeln imitiert (nicht zu laut!). Der Plumps des Sackes wird laut auf Kartontrommel mit 1 Schlag dargestellt. |
| *Er greift hinein. Papier raschelt und große und kleine Nüsse fallen auf den Tisch.* | Mehrere Kinder rascheln mit Papierstücken. Klanghölzer und Nussklappern imitieren das Aufschlaggeräusch der Nüsse auf dem Tisch. |
| *„…", fragt er Lea und Timo.* | Das Kind, das den Text des Nikolaus' spricht, sagt diesen Satz: „Könnt ihr denn auch ein Lied singen?" |
| *Die beiden Kinder singen.* | Mehrere Kinder singen ein Advents- oder Nikolauslied. |
| *usw.* | usw. |

© Persen Verlag

Advent, Weihnachten, Winter

## 3. Es weihnachtet bald

| | |
|---|---|
| **Inhalte und Ziele** | – Liederarbeitung: „Wenn es dunkel wird in unsrer kleinen Stadt" |
| | – Instrumentenkunde: Triangel kennenlernen, Klangcharakteristika |
| | – Parameter Tondauer einführen: kurz – lang |
| | – Lied und Tanz zum Lied: „Eine Muh, eine Mäh" |
| **Aufgaben** | ❶ Lernen des Liedes: „Wenn es dunkel wird in unsrer kleinen Stadt" |
| | ❷ Formanalyse der Lied-Melodie |
| | ❸ Kennenlernen des Triangels |
| | ❹ Begleiten des Liedes mit dem Triangel |
| | ❺ Triangel und Klanghölzer im Klang-Vergleich/Parameter Tondauer: lang – kurz |
| | ❻ Abspielen einer grafischen Partitur mit Punkt- und Schwebeklängen |
| | ❼ Komponieren eines Punkt-Schwebeklang-Stückes |
| | ❽ Lernen des Liedes: „Eine Muh, eine Mäh" |
| | ❾ Strukturanalyse des Liedes |
| | ❿ Tanzen zum Lied |
| **Medien** | Buntstifte, verschieden große Triangel, Seifenblasen, Tischtennisball, Holz-Klangerzeuger, Flaschen, Gläser, Parameter-Piktogramme zur Tondauer (kurz – lang), evtl. Leerfolie, Folienstifte, CD, CD-Player |
| **CD** | HB 21 ff.: „Wenn es dunkel wird in unsrer kleinen Stadt" |
| | HB 24: „Eine Muh, eine Mäh" |
| **Kopien** | Liedblatt „Wenn es dunkel wird in unsrer kleinen Stadt" (S. 78), Liedblatt „Eine Muh, eine Mäh" (S. 80), evtl. Arbeitsblatt „Meine Komposition" (vgl. S. 63) |
| **Folien** | „Wenn es dunkel wird" in Vornotation (S. 58), evtl. Beispiel für Punkt- und Schwebeklangfolge (vgl. S. 62) |
| **Arbeitsformen** | Einzel-, Partner- und Gruppenarbeit |
| **Dauer** | 3 Stunden |

## Wenn es dunkel wird ... (Vornotation)

1.

2.

3.

4.

## Vorbemerkungen

Thematisch und inhaltlich ist dieses Kapitel sehr umfangreich. Da man aber in den Tagen der Vorweihnachtszeit mit Kindern dieser Altersstufe täglich über diese Zeit spricht, kann man auch die Aktivitäten etwas anders gewichten. Die Kinder sind hoch motiviert für Lieder und musikalisches Tun. Das muss man ausnutzen.

*Vorbereitung*

Um die Formanalyse des Liedes zu ermöglichen, wird das Lied in der Vornotenschrift so wie hier im Druck auf Folie kopiert (siehe oben), alternativ wird es entsprechend an die Tafel geschrieben. Außerdem müssen für die Kinder die entsprechenden Arbeitsblätter kopiert werden (siehe S. 77).

Advent, Weihnachten, Winter

## Stundenverlauf

❶ Das Lied „Wenn es dunkel wird in unsrer kleinen Stadt" wird erarbeitet.

❷ Bislang haben die Kinder immer den *Verlauf* eines *gesamten* Liedes mit Strophen und Kehrreim untersucht. Hier sollen die Kinder zum ersten Mal die Binnenstruktur analysieren, um die *Bausteine einer Melodie* zu erkennen. Das Lied „Wenn es dunkel wird in unsrer kleinen Stadt" eignet sich sehr gut dazu, weil es einen überschaubaren Umfang hat.

Dazu wird die Melodie in der Vornotenschrift auf Folie kopiert (oder an die Tafel geschrieben). Wichtig ist, dass die Takte der gleichen Melodieteile exakt untereinanderstehen (1. und 3. Reihe). Das erleichtert den Kindern das Lesen und Vergleichen der Reihen sehr.

Dann werden die Tonbeispiele gehört. Sie erklingen in dieser Reihenfolge: Reihe 2 – Reihe 4 – Reihe 1 (= 3).
Wieder suchen die Kinder nach dem ersten Hören die entsprechende Reihe und vergleichen sie mit dem Höreindruck. Sie zeigen den Melodieverlauf mit.
Diesmal werden die Melodieteile mit Buchstaben bezeichnet:

Reihe 1 und Reihe 3 = A
Reihe 2 = B
Reihe 4 = C

Man erhält folgende Binnenstruktur des Liedes (= *Bausteine der Melodie*) als Buchstabenfolge: A B A C. Wenn man es ganz fein strukturiert, stellt man fest, dass die Reihe B aus 2 gleichen Teilen *B* besteht, d. h. einer Folge von 5 Noten, die sich wiederholt.

| B | |
|---|---|
| B | B |

Reihe C hat die ersten 4 Töne gemeinsam mit Reihe B. Die letzten 3 Töne sind anders. Es kann durchaus sein, dass diese Gemeinsamkeit bemerkt wird, dann kann man darauf eingehen und die Feinstrukturierung des Teils C wie folgt darstellen:

| C | |
|---|---|
| B | C |

*Hörauftrag*

*Höre das Lied an. Erzähle, was in der kleinen Stadt passiert, wenn es dunkel wird.*

Das Lied wird komplett angehört, Melodie und Text. Durch den Hörauftrag achten die Kinder sehr deutlich auf den Liedtext. Sie tragen den Inhalt des Textes zusammen, hören das Lied noch einmal und ergänzen eventuell Vergessenes.

Dann erhalten sie das Textblatt „Wenn es dunkel wird in unsrer kleinen Stadt" (siehe S. 77), auf dem die Reihenfolge der Ereignisse auch noch einmal illustriert zu sehen ist. Mittlerweile haben sie es so oft gehört, dass sie das Lied wahrscheinlich schon ein wenig mitsingen können.
Es wird ihnen auch bereits aufgefallen sein, dass sich ein Textteil in der Mitte des Liedes wie ein Kehrreim wiederholt: „In der Weihnachtszeit, in der Weihnachtszeit", ebenso der Schluss mit einer etwas veränderten Melodie und dem Text: „In der schönen Weihnachtszeit". Man kann die Melodie natürlich auch mit den bereits bekannten Bausteinkarten darstellen. Dann steht jede Karte für einen Melodieteil. Daraus ergibt sich diese Abfolge:

| A | B | A | C |
|---|---|---|---|
| blau | rot | blau | rosa |

Diese Liedteile werden mit allen Kindern so eingeübt, dass sie sie zuerst sicher singen können. Dann kann man das Lied wie ein Frage- und Antwortspiel gestalten. Man kann

Advent, Weihnachten, Winter

auch die Klasse in zwei Gruppen einteilen und im Wechsel singen lassen. Eine weitere Möglichkeit ergibt sich, wenn je eine Gruppe pro Strophe die beiden A-Reihen singt und die beiden anderen Reihen – B und C – dann gemeinsam.

So bietet das Lied mehrere Möglichkeiten der **Singgestaltung**:

| A = Lehrerin<br>B = Kinder<br>A = Lehrerin<br>C = Kinder | A = Gruppe I<br>B, C = Gruppe II<br>*auch umgekehrt* | Str. 1: A = Gruppe I<br>Str. 1: B, C = Gruppe I + II<br>Str. 2: A = Gruppe II<br>Str. 2: B, C: Gruppe I + II |

Die Kinder füllen anschließend die Bausteinleiste am Ende des Liedblattes aus und dürfen die Illustrationen bunt ausmalen.

❸ Bisher haben die Kinder nur Instrumente kennengelernt, deren Klangcharakteristikum den *Punktklängen* zuzuordnen ist. Sie erklingen sehr kurz und „trocken". Nun lernen sie in dieser Einheit den **Triangel** kennen. (Es heißt wirklich: *der Triangel* oder auch *die Triangel* und in Österreich gar *das Triangel*.)

*Piktogramm*

Der Triangelklang ist ein **Schwebeklang**. Schwebeklänge erklingen und bleiben lange zu hören. Sie „schweben" in der Luft. Die Notierung für Schwebeklänge erfolgt so: O. Der Kopf bleibt im Gegensatz zu einem Punktklang unausgefüllt.

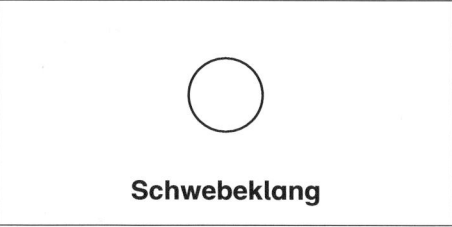

Der Triangel wird erst gezeigt und beschrieben, auch in Bezug auf sein Material sollen Vermutungen ausgedrückt werden. Dann wird der Triangel in die Hand genommen und befühlt. Die Materialbeschaffenheit von Metall ist anders als die von Holz. Es ist wichtig, diesen Unterschied auch zu sehen und zu spüren, da sich mit einem Instrument aus einem bestimmten Material mit der Zeit auch eine Klangvorstellung oder -erwartung verbindet. (Siehe auch: „Musik zum Anfassen", Auer Verlag 1998.)

Nun sollen die Kinder selbst entdecken, wie das Instrument klingen kann.

Für ihre **Klangexperimente** werden ihnen unterschiedliche Schlägel (Holz-, Gummi-Filzkopf) zum Ausprobieren des Triangels zur Verfügung gestellt. Sie dürfen mit dem Schlägelkopf oder dem Griff auf und an den Triangel schlagen. Auch Bleistifte oder andere Dinge dürfen ausprobiert werden, einschließlich langer Nägel und dem Triangelstab. Alle Gegenstände werden unterschiedliche Klänge hervorbringen. Die Handhabung soll ebenso erprobt werden, etwa: mit der Hand gehalten, an einem Finger aufgehängt, frei hängend an der Kordel. Die Kinder sollen entscheiden, wann das Instrument seinen reinsten Klang hat. Es wird der sein, den der Triangel frei hängend und mit dem Triangelstab angeschlagen hervorbringt.

*Hinweis*

Diese Phase des Ausprobierens ist sehr wichtig. Hier lernen die Kinder nämlich Verfremdungsmöglichkeiten des Triangelklanges kennen. Diese Kenntnis ist nötig für spätere Verklanglichungsaufgaben, für die die Kinder auf ein Repertoire unterschiedlicher Klänge zurückgreifen können müssen.

Bevor der Triangel nun zum Zwecke des bewussten Hörens und der **Klangbeschreibung** noch einmal zum Klingen gebracht wird, nehmen alle Kinder ihre Hörhaltung ein.

*Hörauftrag*

*Hört euch den Klang des Triangels an und überlegt euch, was man darüber jemandem erzählen kann, der den Klang noch nicht gehört hat.*

Das Ergebnis wird sein, dass die Kinder den Triangelklang als hell, laut, lange anhaltend beschreiben. Die meisten empfinden den Klang als angenehm.

Wenn vorhanden, werden noch weitere, unterschiedlich große (= hohe) Triangel gezeigt und gespielt. Die Kinder ordnen sie nach der Tonhöhe, was schwer zu hören ist. Die Größe der Instrumente bietet dabei Hilfe. Auch hier muss möglicherweise öfter gehört werden, bevor die Kinder die Klänge zuverlässig unterscheiden können.

Advent, Weihnachten, Winter

Die Kinder lernen die **Piktogramme** für den Triangel und die beiden Anschlagmöglichkeiten kennen.

*Piktogramme*

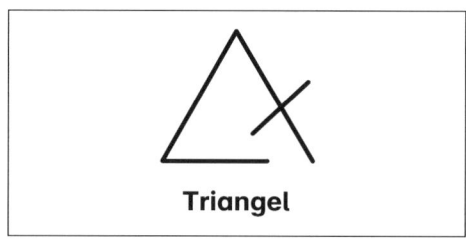

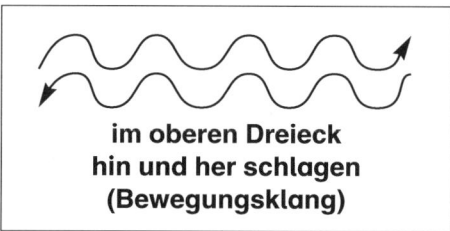

❹ Nun wird das Lied „Wenn es dunkel wird in unsrer kleinen Stadt" noch einmal mit **Begleitung** gesungen. Dabei soll es auf einem oder zwei Triangel begleitet werden. Da die Klänge so lange nachhallen, geschieht der Instrumenteneinsatz sparsamer als z. B. mit den Klanghölzern.

*Begleitvorschlag*

| Instrument | Text und Spielweise |
|---|---|
| △ | Wenn es dunkel wird in unsrer kleinen Stadt <br> ↓     ↓ <br> x     x |
| △ | in der Weihnachtszeit, in der Weihnachtszeit. <br> ↓     ↓ <br> x     x |
| △ | Wenn es dunkel wird in unsrer kleinen Stadt <br> ↓     ↓ <br> x     x |
| △ | in der schönen Weihnachtszeit. <br> ↓ <br> x |

Auch die anderen Strophen werden begleitet, vielleicht können noch die Klanghölzer mit eingesetzt werden. Wenn nur wenige Triangel vorhanden sind, können sie auch zum Begleiten durch Gläser ersetzt werden, die mit langen Nägeln angeschlagen werden. Zum Üben reicht die Qualität von Joghurtgläsern aus. Allerdings erzeugen sie keinen „echten" Schwebeklang, dafür klingen die Gläser – im Gegensatz zu, auch einfachen, Weingläsern – nicht lange genug.

❺ Der Triangelklang eignet sich durch seine deutlich wahrnehmbare Länge gut dazu, den **Parameter Tondauer (lang – kurz)** zu verdeutlichen. Da man mit Gegensätzen gut arbeiten kann, wird die entgegengesetzte Ausprägung des Parameters (kurz) gleichzeitig durch die Klanghölzer ( = „Claves") dargestellt.

Da die Kinder bei der Liedbegleitung damit gearbeitet haben, sind die Klangeindrücke noch gut erinnerlich. Es werden der Tischtennisball und die Seifenblasen bereit gestellt. Drei Kinder sind an der folgenden Aufgabe beteiligt: Ein Kind schlägt den Triangel, ein Kind pustet Seifenblasen, ein Kind lässt den Tischtennisball auf dem Tisch springen.

© Persen Verlag

Advent, Weihnachten, Winter

*Hörauftrag*  *Du hörst jetzt gleich einen Triangelklang. Dazu pustet ein Kind Seifenblasen in die Luft, das andere lässt den Tischtennisball springen.*
*Achte darauf, was besser zu dem Klang passt, und erkläre, warum du das meinst.*

Auf ein Kommando agieren alle drei Kinder. Der Tischtennisball hat gegen die Seifenblasen und den Triangel keine Chance, was die Länge des Klanges oder der Bewegung angeht. Die Kinder stellen das auch sofort fest und werden die Parameterausprägungen richtig nennen. Die **Tondauer-Piktogramme** werden gezeigt, die Kinder äußern sich dazu und hängen sie dann an die Wand.

*Piktogramme*

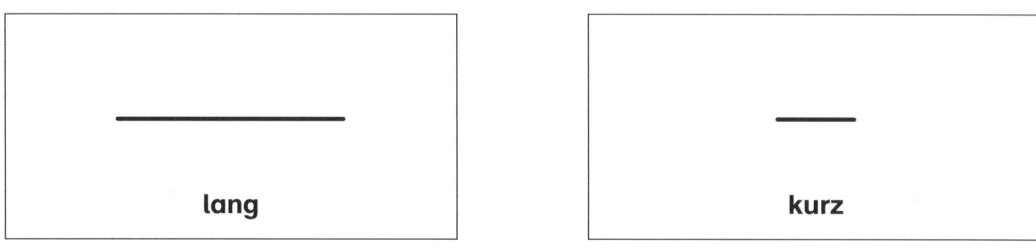

❻ Die bisherigen Spielzeichen waren immer Anschlagzeichen, d. h., es ging um die *Ausführung der Bewegung*. In der nun folgenden Notation, die die Kinder abspielen, kommt es auf die **Klangcharakteristika** der bereits bekannten Instrumente an. Es gibt unterschiedliche Klänge, wie festgestellt wurde. Die folgende Abspielübung dient noch einmal der aktiven Bewusstmachung.

Es werden alle bereits bekannten *Instrumente* daraufhin überprüft, welcher Klanggruppe sie zugeordnet werden können.

– Klanghölzer, Nussklappern und Galopper = Punktklänge    ●
– Triangel = Schwebeklang    ○
– Rassel = Bewegungsklang   

Diese oder eine ähnliche Notation wird auf eine Folie (bzw. an die Tafel) geschrieben und nacheinander von zwei Kindern abgespielt.

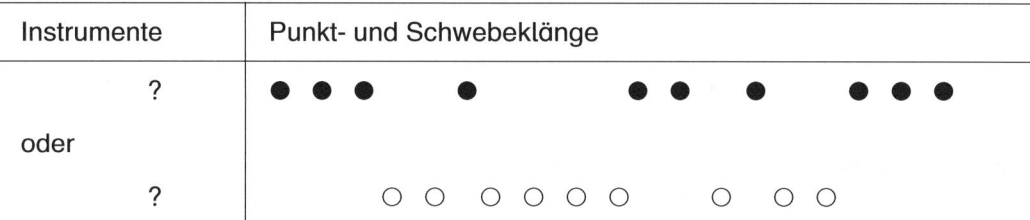

*Arbeitsauftrag*  *Spiele die Klänge mit Triangel und Klanghölzern ab.*
*Überlege, welches Instrument spielt.*

❼ Anschließend komponieren die Kinder ein eigenes Punkt-Schwebeklang-Stück. Sie dürfen alle bekannten Instrumente dabei einsetzen. Dazu werden die einzelnen Instrumentenzeichen und die Instrumente noch einmal benannt. Sollten Kinder sehr sicher sein, können sie auch noch die Rassel als Bewegungsklang-Instrument einsetzen.

*Arbeitsauftrag*  *Ihr dürft euch nun selber ein Stück für Punkt- und Schwebeklänge ausdenken. Schreibt eure Ideen auf dieses Arbeitsblatt.*
*Überlegt genau, welche Klänge die einzelnen Instrumente machen und welches Klangzeichen ihr dazuschreiben müsst.*
*Setzt alle Instrumente ein, die ihr kennt.*

Als Arbeitsblatt kann man den folgenden Entwurf (siehe S. 63) nehmen, wenn man sich nicht ein eigenes ausdenken möchte. Wenn die Arbeit beendet ist, werden die Arbeitsblätter eingesammelt. Dann werden sie an andere Kinder verteilt. Jedes muss nun überlegen, wie viele andere Kinder mit welchen Instrumenten es braucht, um diese Komposition nachzuspielen. Dann wird gespielt.

**KOPIERVORLAGE**

Advent, Weihnachten, Winter

*Hinweis*    So erschließt sich für alle Kinder gleichzeitig noch einmal die Sinnhaftigkeit von Notation: „Ich kann nachspielen, was sich ein anderer ausgedacht hat." Oder: „Ich kann etwas Ausgedachtes aufschreiben, dann können es andere abspielen." Hier lässt sich die Nähe zur Schrift und zur schriftlichen Mitteilung leicht herstellen.

## Meine Komposition

Name: _____

| Instrumente | Klänge |
|---|---|
|  |  |
|  |  |
|  |  |

**❽** Da Bewegung und Tanzen den Kindern große Freude bereitet, wird in der Weihnachtszeit zur Aufnahme des klassischen Weihnachtsliedes „Eine Muh, eine Mäh" (siehe S. 80) eine *Tanzformation* einstudiert. Natürlich wird erst das Lied gelernt und der Text besprochen.

Dann wird mithilfe der CD-Aufnahme die Liedstruktur untersucht.

*Hinweis*    Ohne den Aufbau einer Musik zu kennen, können die Kinder die Choreografie kaum behalten. Daher ist es immer notwendig, die *Bausteine eines Tanzstückes* zuerst zu erarbeiten.
Bei dieser Gelegenheit werden die bereits bekannten Bausteinkenntnisse erweitert.
*Strophe* und *Kehrreim* (= Refrain) waren die bisherigen Grundkenntnisse, was die *äußere* Struktur eines Liedes betraf. Nun wird das Analyserepertoire erweitert um die Begriffe Vor-, Zwischen- und Nachspiel. Sie lassen sich sehr leicht erklären als Musik, die …
– *vor* dem Singen eines Textes erklingt, ohne dass gesungen wird (= *Vorspiel*),
– *zwischen* einzelnen Textbausteinen gespielt wird (= *Zwischenspiel*),
– am Ende *nach* dem gesungenen Text zu hören ist (= *Nachspiel*).
Dazu benötigt man neue Bausteinkarten. Als Karten für das Vor- und Nachspiel braucht man dabei, naturgemäß, nur je eine Farbe. Für Zwischenspiele empfehlen sich mehrere Karten (mindestens etwa 4–5), da man manchmal Lieder mit mehreren Strophen und mehreren Zwischenspielen erarbeitet. Die Farbauswahl geschieht nach Belieben. (Sie behalten jedoch die einmal gewählte Bedeutung.)

Das Lernen des Liedes geschieht beim Hören. Die Kinder klatschen den Kehrreim mit. Die Strophen werden mit den Fußspitzen im Rhythmus mitgetippt.

*Hörauftrag*    *Hört euch das Lied an. Achtet darauf, ob nur gesungen wird.*

Advent, Weihnachten, Winter

**❾** Die Kinder werden hören, dass das Lied begleitet ist und dass es Teile gibt, in denen der Chor nicht singt. Möglicherweise muss dann das Hörbeispiel noch einmal zur Kontrolle erklingen. Dann werden die Namen dieser Musikbausteine genannt und an die Tafel oder die Wand gehängt. Um die Gesamt-Struktur der Aufnahme zu erkennen, wird sie noch einmal gehört. Dabei werden die Strophen- und Kehrreimkarten zwischen die Musikbausteinkarten gehängt.
Es ergibt sich folgender Ablauf:

| 1 | 2 | 3 | 4 | 5 | 6 |
|---|---|---|---|---|---|
| Vorspiel | Kehrreim | Zwischenspiel | 1. Strophe | Kehrreim | Kehrreim |
| 7 | 8 | 9 | 10 | 11 | |
| Zwischenspiel | 2. Strophe | Kehrreim | Kehrreim | Nachspiel | |

**❿** Um nach diesem Lied tanzen zu können, bedarf es mehr Platz, als wahrscheinlich in einer Klasse vorhanden ist. Man kann im Flur oder in der Sporthalle üben. Zuerst muss jedoch die Aufstellung geübt werden.

*Hinweis*

Jeder noch so gute Effekt geht verloren, wenn Kinder für eine Aufführung ungeordnet auf die Bühne stürmen. Darum muss *jedes* Kind seinen Platz kennen. Das macht es sicher.

Man kann für diese Formation die Kinder in zwei Reihen – auf Lücke – aufstellen. Die größeren Kinder stehen in der 2. Reihe, die kleineren vorne. Man muss es vorher ausprobieren, wie es am besten aussieht. Dann merkt sich jedes Kind seine Nachbarn. Auch das Gehen zum Aufführungsplatz wird geübt: Zuerst geht die hintere, dann schließt sich die vordere Reihe an. Beim Abmarschieren geht die vordere Reihe zuerst. Diese Aufstellungsordnung muss gekonnt sein. Sie bildet die Grundlage für alle kommenden Vorführungen. Ohne eine Ordnung kann keine Aufführung gelingen!

*Choreografie* (siehe S. 83/84)

Advent, Weihnachten, Winter

# 4. Der Winter ist da!

| | |
|---|---|
| **Stundenziele** | – Liederarbeitung: „Endlich ist der Winter da" |
| | – Instrumentenbau: Schellenband herstellen |
| | – Hörwerk „Amboss-Polka" kennenlernen, dazu malen und Struktur erarbeiten |
| | – Spiel-mit-Satz zum Hörwerk (= Schlittenausfahrt) |
| | – Tanz zum Hörwerk |
| **Aufgaben** | ❶ Kennenlernen des Liedtextes: „Endlich ist der Winter da" |
| | ❷ Melodielinien durch Vornotenverlauf erkennen |
| | ❸ Bausteine des Liedes (= Binnen-Struktur) erarbeiten |
| | ❹ Singen des Liedes |
| | ❺ Gestische Text-Umsetzung |
| | ❻ Vornoten – Notenschrift – Aussehen von Noten |
| | ❼ Herstellen von Schellenbändern |
| | ❽ Klangeigenschaften, Instrumenten- und Anschlagzeichen von Schellenbändern |
| | ❾ Begleiten des Liedes: „Endlich ist der Winter da" mit Schellenbändern |
| | ❿ Hörwerk: „Amboss-Polka" von Albert Parlow kennenlernen und dazu malen |
| | ⓫ Begleitende Bewegungen und Titelsuche |
| | ⓬ Bausteine des Hörwerks erarbeiten |
| | ⓭ Spiel-mit-Satz zur „Amboss-Polka" |
| | ⓮ Tanz zum Hörwerk |
| **Medien** | Folienstifte, Schere, Bausteinkarten, Schellen, Schuhbänder, CD, CD-Player, bekannte Orff-Instrumente (Klanghölzer, Triangel, Schellenbänder), Klangerzeuger (Rasseln, Kartontrommeln), Malpapier, Wachsmalkreiden |
| **CD** | HB 25 ff.: „Endlich ist der Winter da" |
| | HB 28 f.: „Amboss-Polka" von Albert Parlow |
| **Kopien** | Textblatt „Endlich ist der Winter da" (S. 85), Arbeitsblatt „Amboss-Polka" (S. 89), „Waldi, der Coda-Dackel" (S. 88, 1-mal, evtl. vergrößert kopieren) |
| **Folien** | Vor- und Originalnotation von „Endlich ist der Winter da" (S. 86, auseinandergeschnitten), evtl. Spiel-mit-Satz zur „Amboss-Polka" (S. 90) |
| **Arbeitsformen** | Einzel- und Gruppenarbeit |
| **Dauer** | 4 Stunden |

## Vorbemerkungen

Die beiden Kapitel Advent und Weihnachten sind termingebunden. Daher müssen sie wegen ihrer Thematik auch in den Wochen *vor* Weihnachten er- und bearbeitet werden. Das hier nun folgende Thema „Winter" ist nur auf die Jahreszeit bezogen und zeitlich nicht so eng eingegrenzt.

Nachdem die Kinder bereits Erfahrungen mit der Vornotenschrift sammeln konnten, wird nun ein Übergang zur „Normalnotation" vollzogen.

*Vorbereitung*

Um Schellenbänder herzustellen, werden kleine Schellen und Schuhbänder benötigt. Die Schellen kann man in unterschiedlichen Größen in Kurz- oder Spielwarenläden kaufen. Auch in Bastelabteilungen einiger Baumärkte sind sie erhältlich. (Die selbst hergestellten Schellenbänder haben den Vorteil, dass sie nicht auf Leder befestigt sind und daher schneller wieder repariert oder neu geknüpft werden können. Sie klingen ebenso gut, sind aber wesentlich preiswerter als die gekauften.) Die Schellenbänder werden im weiteren Verlauf des Unterrichts auch zur *Hörwerk-Begleitung*.

Wahrscheinlich kommt man mit dem bisherigen Vorrat an Bausteinkarten nicht aus. Dann müssen noch zusätzliche Karten hergestellt werden. Für das Erarbeiten des Aufbaus der „Amboss-Polka" werden folgende Bausteinkarten zurechtgelegt:

Advent, Weihnachten, Winter

- 1 Karte Einleitung
- 2 Karten Zwischenspiel
- 8 Karten A
- 4 weiße kleine Streifen (zur Markierung von A')
- 1 Karte B
- 1 Karte C
- 3 Karten D
- 2 Karten E
- 1 weitere Karte in der Farbe der A-Teile für die Coda. (Sie sollte etwa noch einmal *um die Hälfte länger* sein als die A-Karten.)

## Stundenverlauf

❶ Text und Melodie des Liedes **„Endlich ist der Winter da"** prägen sich schnell ein.

Zuerst wird das **Textblatt** angeschaut und über die Bilder erzählt (siehe S. 85). Daraus erschließt sich bereits der Textinhalt des Liedes. Kinder, die es schon können, lesen den Text vor. Gewiss fällt den Kindern sofort die kehrreimartige Wiederholung der letzten Zeile auf: „Endlich ist der Winter da, der Winter da!"

❷ ❸ Die Kinder sehen am OHP die Folie, auf der das Lied in der Vornotenschrift (siehe S. 86) steht. Sie verbinden diesmal die Noten mit einem bunten Folienstift. So lässt sich die Melodielinie gut erkennen. Sie können dem Verlauf der Linie in jeder Notenreihe folgen.

*Arbeitsauftrag*

*Vergleiche die Melodielinien miteinander.*
*Achte auf gleiche und unterschiedliche Linien.*

Die Kinder werden feststellen, dass die Linien 1 und 3 gleich sind, 2 und 4 unterschiedlich. Daraus ergibt sich die Baustein-Folge A B A C.
Die Kinder legen die entsprechenden Baustein-Karten, z. B.:

| rot | blau | rot | grün |

Wieder ordnen die Kinder die einzelnen Melodieteile, die im Hörbeispiel von der CD zu hören sind, den entsprechenden Melodieteilen zu. Sie verfolgen die Melodielinien mit dem Zeigestock (zu hörende Reihenfolge: B A C).

Dann wird das Lied in der richtigen Reihenfolge gespielt. Ein oder mehrere Kinder folgen der Notation mit dem Zeigestock.

❹ Nun wird das Lied gesungen. Zuerst lernen die Kinder den Teil C, der sich kehrreimartig wiederholt. Dann können sie immer schon einen Teil sicher mitsingen. Es empfiehlt sich, danach Teil A zu singen, weil er sich sehr leicht einprägt und gleich 2-mal im Lied vorkommt. Schließlich bleibt noch Teil B, der aber auch Teil C sehr ähnelt.

Schließlich wird das Lied mit den Chorkindern der CD gesungen, später nur mit dem Halbplayback.

❺ Dazu können die Kinder das Lied auch gestisch darstellen. Hier dazu einige Vorschläge:

Strophe ①:

| Text | *Flocken fallen auf die Erde nieder,* |
|---|---|
| Gestik | mit den Fingern Flocken-Geriesel nachahmen |
| Text | *decken Gras und Blumen, decken alles zu.* |
| Gestik | rechte und linke Hand übereinanderbewegen |

Advent, Weihnachten, Winter

| Text | *Endlich ist der Winter da, der Winter da!* |
|---|---|
| Gestik | klatschen |

Strophe ②: Bei dieser Strophe wird mit der rechten Hand hergewunken.

Der Kehrreimteil wird wieder geklatscht.

Strophe ③: Hier wird abwechselnd mit der rechten, dann mit der linken Hand eine weiche Abwärtsbewegung in der Bedeutung von Herabsausen gemacht.

Strophe ④: Um das Herunterpurzeln vom Schlitten anzuzeigen, werden die Hände übereinandergerollt.

❻ Dieses einfache Lied bietet sich an, um den **Übergang von der Vornotation zur traditionellen Notenschrift** zu vollziehen. Erst wird noch einmal das Notenbild der Vornotation mit der Verlaufsmarkierung der Melodie ohne Text betrachtet.

Dann wird die Folie mit der Normalnotierung (ohne Text) aufgelegt. Es wird *nicht* erklärt, worum es sich dabei handelt, sondern die Äußerungen der Kinder werden abgewartet. Einige erkennen sicher, dass es sich um „richtige" Noten handelt. Diese Vermutung wird bestätigt. Die **Noten-Piktogramme** werden gezeigt.

*Piktogramme*

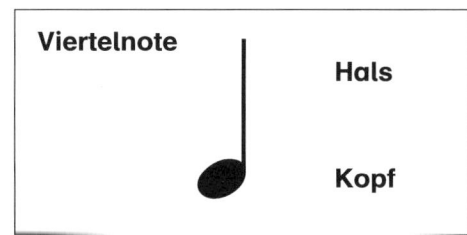 

Die Noten werden gleich mit ihrem Namen eingeführt. An dieser Stelle ist es noch nicht wichtig, dass die Kinder die Bedeutung der Namensgebung wissen. Sie beschreiben nur das Aussehen und nennen die Namen der Noten und ihrer Teile: Kopf, Hals, Fähnchen. Man sollte jedoch gleich dazu sagen, dass Noten auch noch anders aussehen können. In diesem Lied kann man nämlich noch zwei Noten entdecken, die anders als die gezeigten (auf den Piktogrammen) aussehen: Zwei halbe Noten.

Zuerst wird einmal eine **„Detektivsuche" nach Noten** begonnen, die so aussehen wie auf dem ersten Piktogramm (= Viertelnote), eine zweite Suche beginnt nach den Noten des zweiten Piktogramms (= Achtelnote). Dann wird man auf das Aussehen des dritten Notentyps zu sprechen kommen, der halben Note. Das dritte Piktogramm (= halbe Note) wird gezeigt und die Unterschiede zu den beiden anderen Noten genannt.

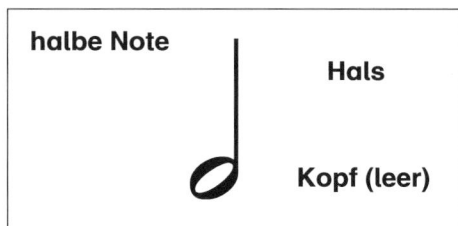

Die Notenpiktogramme werden im Klassenraum aufgehängt und später fortlaufend ergänzt. Sie werden schon in der Reihenfolge der Notenwerte aufgehängt, ohne diese zu diesem Zeitpunkt zu kommentieren.

Die Aufmerksamkeit der Kinder wird nun wieder auf den **Verlauf der Notation** gerichtet.

*Arbeitsauftrag*

*Wir verbinden nun die Köpfe der Noten miteinander, wie wir das auch mit den Vornoten gemacht haben.*

Advent, Weihnachten, Winter

Die Arbeit der Kinder besteht jetzt darin, die Notenköpfe miteinander zu verbinden. Dazu erhalten sie wieder den bunten Stift, mit dem sie auch bereits vorher die Vornoten verbunden hatten. (OHP)

Dann werden beide Notationen reihenweise auseinandergeschnitten. Die erste Notationsreihe des Liedes wird aufgelegt, dann die erste Reihe der traditionellen Notation. Die beiden Notenreihen werden beschrieben und miteinander verglichen. Dann werden die Folienstreifen übereinandergeschoben. Die Kinder werden erkennen, dass beide Reihen gleich sind. Das Verfahren wird mit den anderen Zeilen wiederholt.

Dann werden alle Streifen zusammengeschoben. So erkennen die Kinder das Lied. Es wird noch einmal gesungen und der Notenverlauf dabei gezeigt und verfolgt.

Der Schritt vom Erkennen des Melodieverlaufs nach einer Vornotation zum Lesen des Melodieverlaufs in einer traditionellen Notation ist damit vollzogen.

**❼** Das **Herstellen von Schellenbändern** ist einfach. Man benötigt für ein Schellenband etwa 6 Schellen. Man fädelt das Schuhband (meist genügt die Hälfte eines Schuhbands) in die Öse der Schelle, zieht das Band bis fast zum Ende durch und knotet sie fest. Dann folgt die nächste. Am Schluss wird das gesamte Band zusammengeknotet.

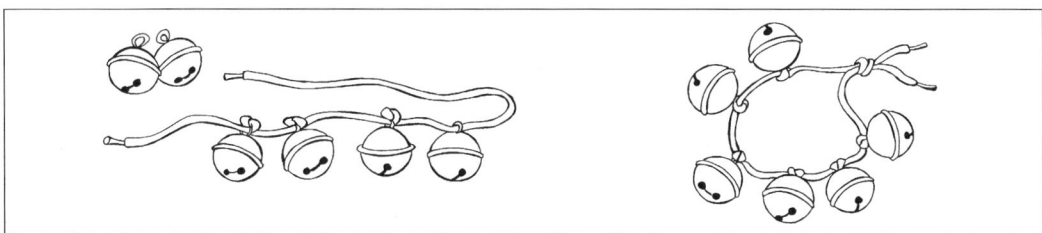

**❽** Das **Schellenband-Piktogramm** wird besprochen und zu der Sammlung der bisherigen Zeichen gehängt. Das Klangcharakteristikum ist der **Bewegungsklang**.

*Piktogramme*

Die Kinder probieren die Bewegung aus. Man kann auch einen einzelnen Klang durch einen Schlag in die Luft damit erzeugen, dann gilt das einzelne Anschlagzeichen.

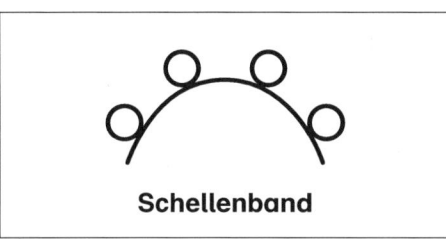

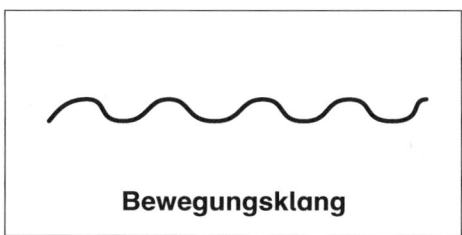

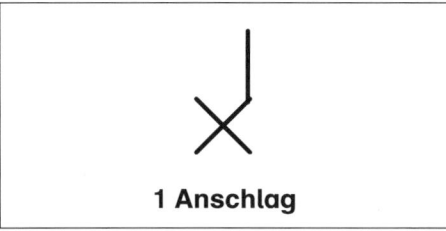

**❾** Damit die Kinder sofort eine **Anwendungsmöglichkeit** der neuen Instrumente haben, wird das Lied „Endlich ist der Winter da" noch einmal gesungen. Nur der Kehrreim wird mit den Schellenbändern begleitet. Die Kinder probieren aus, welche Klänge sich am besten dazu eignen: einzelne Klänge, die sich deutlich voneinander unterscheiden lassen, oder fortwährende Bewegungsklänge. Auch beide Möglichkeiten können zur Begleitung eingesetzt werden.

**❿** Für das **Malen zur Musik** liegen Malpapier und die Wachsmalstifte bereit.

*Arbeitsauftrag*

*Du hörst jetzt eine Musik. Ich verrate dir nicht, wie sie heißt.*

*Es ist eine Musik, die sich bewegt. Male so, wie du die Musik hörst.*

*Es wäre schön, wenn man die Bewegung der Musik hinterher in deinem Bild sehen könnte.*

Advent, Weihnachten, Winter

> **INFO**
>
> „Amboss-Polka" von Albert Parlow
> Albert Parlow wurde am 31. 12. 1822 in Torgelow (Mecklenburg-Vorpommern) geboren und starb 1888. Sein Vater war Förster. Albert Parlow war Musikdirektor des preußischen Heeres und wurde von Napoleon 1864 in Lyon mit dem großen Ehrenpreis der europäischen Militärmusik ausgezeichnet.
> Die „Amboss-Polka" wird häufig im Zirkus und bei anderen Veranstaltungen gespielt, in denen Pferde etwas vorführen. Hier im Zusammenhang mit dem Thema „Winter" dient diese Polka als Musik für eine „Schlittenausfahrt". Die Aufnahme des ganzen Musikstückes dauert 2:47 Min. und stellt damit einige Ansprüche an die Konzentrationsfähigkeit der Kinder. Daher wird die Polka auch zuerst als Musik zum Malen und zur Bewegung eingeführt und nicht als ein Hörwerk, dem man still und konzentriert zuhört.
> Die *Struktur* der „Amboss-Polka" stellt sich folgendermaßen dar:
>
> | Einleitung | A | A' | A | A' | B | C |
> |---|---|---|---|---|---|---|
> | Zwischenspiel | A | A' | D | E | D | E | D |
> | Zwischenspiel | A | A' | Coda | | | |
>
> Die *Einleitung* besteht aus einer 4-mal zu hörenden *aufwärts* erklingenden Terz. Dann beginnt das Thema A, das im ganzen Stück 8-mal erscheint. Die Wiederholung ist jeweils in der Bausteinpartitur mit einem Strich gekennzeichnet, da sie einen anderen Schlusston hat als Teil A. Für die Bausteinpartitur in der Klasse werden dazu wieder kleine Papierstreifen benutzt. Es gibt zwei Zwischenspiele, die melodisch der Einleitung gleichen. Die Technik des Benennens der Formteile ist den Kindern ja schon geläufig.

Track 28

Die Musik **„Amboss-Polka"** von Albert Parlow erklingt mehrmals hintereinander. Die Kinder malen dazu. Anschließend kommen alle Kinder in den Kreis. Die Bilder werden aufgedeckt und miteinander verglichen. Es wird gewiss festgestellt, dass sich die meisten Bilder ähneln. Die unterschiedlichen Bewegungsrichtungen in der Musik sind vermutlich darauf zu erkennen. Nun wird die Musik noch einmal gespielt. Ein oder mehrere Kinder zeigen auf ihrem Bild, wie sie der Musik gefolgt sind. Vielleicht lassen sich im Bild sogar auch schon gegliederte Teile voneinander unterscheiden.

Die Bilder werden gründlich besprochen und noch einmal deutlich auf die verschiedenen Teile in den Bildern hingewiesen.

Anschließend werden sie aufgehängt, aber der Hörwerktitel wird noch immer nicht verraten, um die Vorstellung der Kinder nicht zu lenken. Sie dürfen später selbst über einen Titel nachdenken. Diese Arbeit ist u. a. eine Vorbereitung zur folgenden Unterrichtseinheit.

**⓫** Für das **Bewegen zur Musik** sitzen die Kinder im Kreis, jedoch nicht so eng beieinander, dass sie sich gegenseitig in der Bewegung stören. Ansonsten sollte ein Kreis im *Stehen* gebildet werden.

*Arbeitsauftrag*

*Wir hören jetzt eine Musik.*
*Versucht euch danach so zu bewegen, wie es vorgemacht wird.*
*Ich sage euch nicht, wie die Musik heißt.*
*Überlegt, was sich der Komponist wohl dafür ausgedacht hat.*

Track 28

Die Kinder bewegen sich am Platz zur Musik. Sie werden den **Titel der Musik** wahrscheinlich gleich in einen Zusammenhang mit Pferden bringen, da die Rhythmik stark an das Traben erinnert. Es werden alle Titel gelten gelassen. Die Kinder können sich aber auch auf einen Titel einigen. Man kann ihnen dann den Originaltitel „Amboss-Polka" nennen. Dazu muss auch erklärt werden, was ein Amboss ist. Es ist aber gewiss

© Persen Verlag

Advent, Weihnachten, Winter

legitim, wenn die Kinder ihren eigenen Titel schöner finden und ihn benutzen, z. B.: „Schlittenausfahrt".

**12** Die Bewegungen werden einige Tage mit der Musik geübt. Das kann am Anfang des Unterrichts, am Ende oder zur Auflockerung zwischendrin erfolgen, bis die Kinder den Bewegungsablauf (wie folgt) beherrschen.

Dann erst werden sie aufgefordert, die Musik mit den **Bausteinkarten** zu legen.

Zuerst wird überlegt, wie viele Karten sie dazu brauchen. Es kann noch einmal nötig werden, die Musik einige Male zu spielen. Die unterschiedlichen Bewegungen zu den unterschiedlichen Teilen werden es ihnen ermöglichen, die Struktur der Polka zu erfassen und durch die Bausteinkarten darzustellen. Dabei wird ihnen auffallen, dass der letzte Teil anders – länger – ist.

*Hörwerkstruktur*

| Einleitung | A | A' | A | A' | B | C | |
|---|---|---|---|---|---|---|---|
| Zwischenspiel | A | A' | D | E | D | E | D |
| Zwischenspiel | A | A' | Coda | | | | |

*Choreografie*

| **Einleitung und Zwischenspiele** | ohne Bewegung |
|---|---|
| **Teil A und A'** | mit beiden Händen abwechselnd auf die Oberschenkel patschen |
| **Teil B** | 1. Teil: mit den Hacken abwechselnd auf den Boden klopfen<br>2. Teil: mit den Fußspitzen abwechselnd auf den Boden klopfen |
| **Teil C** | 1. Teil: Oberkörper nach links drehen, mit Kopf von oben nach unten schütteln<br>2. Teil: dito nach rechts |
| **Teil D** | 1. Teil: mit der rechten Hand in der Luft erst nach rechts, dann nach links drehen<br>2. Teil: dito mit der linken Hand |
| **Teil E** | 1. Teil: mit dem rechten Fuß im Takt auftreten<br>2. Teil: mit dem linken Fuß im Takt auftreten |
| **Coda** | wie Teil A mit den Händen auf die Oberschenkel patschen, dabei mit der Musik langsamer werden |

*Hörauftrag*

Hört noch einmal genau den Schluss des Musikstückes an.
Überlegt, ob es ein ganz neues Stück ist.

**INFO**

*Coda*
Neu eingeführt wird an dieser Stelle die italienische Bezeichnung „Coda". Das heißt: *Schwanz*. Musikalisch bedeutet es den Schlussteil einer Komposition. Darin wird *keine* neue musikalische Idee mehr vorgestellt, meist jedoch das Hauptthema oder Motive desselben verkürzt noch einmal verarbeitet, wie es auch bei dieser Coda der Fall ist.

Die **Coda** wird noch einmal gespielt. Die Kinder werden feststellen, dass keine neue Melodie zu hören ist, nur die Auf-und-ab-Bewegung des Teils A, der immer langsamer wird.

Für den nächsten Schritt ist es günstig, wenn die letzten Bausteinkarten (etwa die A, A' und Coda) auf die Tafel gemalt werden.

Advent, Weihnachten, Winter

*Grafik*

Nun kommt nämlich Waldi, der Coda-Dackel zum Einsatz (siehe S. 88). Der Dackel wird ausgeschnitten. Der Schwanz wird weggeklappt. Nun hält man den schwanzlosen Dackel so unter die letzten Bausteinkarten an der Tafel, dass sein Hinterteil mit der letzten A'-Karte abschließt. Dann bleibt noch die Coda-Karte nicht unterlegt. Die Kinder werden feststellen, dass das Stück noch nicht zu Ende ist. Der Dackel ist es ebenfalls nicht. Es fehlt der Schwanz. An dieser Stelle wird Waldis Schwanz wieder aufgeklappt und unter die abschließende Coda-Karte gehalten.

Der letzte Teil des Musikstückes ist eine Coda. Das Musikstück ohne die Coda ist ebenso unfertig wie der Dackel ohne Schwanz. Die Bezeichnung „Coda" wird auf Waldis Dackelschwanz geschrieben und „Waldi, der Coda-Dackel" wird an einer Wand befestigt. Von dort kann er immer wieder eingesetzt werden, wenn ein Musikstück oder Lied mit einer Coda komponiert wurde.

Die Kinder erhalten das Arbeitsblatt „Amboss-Polka", tragen die Buchstaben in die Bausteingrafik ein und malen die Kästchen entsprechend bunt aus.

⑬ Nun ist der Aufbau des Hörwerkes bekannt, und die Kinder kennen es mittlerweile schon sehr gut. Das sind die notwendigen Voraussetzungen, um das Stück einerseits mit Instrumenten und Klangerzeugern zu begleiten und andererseits noch einen Tanz dazu zu erfinden.

Zur Begleitung der „Amboss-Polka" stehen den Kindern mittlerweile mehrere Instrumente und Klangerzeuger zur Verfügung, deren Handhabung und Klangerzeugung sie bereits ausprobiert haben:
- Instrumente – Klanghölzer, verschiedene Triangel, Schellenbänder
- Klangerzeuger – Rasseln, verschiedene Kartontrommeln, Nussklappern, Galopper

Ausgehend von der bislang ausgeführten Bewegungs- und Körpermusik-Begleitung der Musik zur „Schlittenausfahrt" (= „Amboss-Polka") wird sie nun auf Instrumente und Klangerzeuger übertragen. Zwei Wege führen zum Ziel:
- Es besteht die Möglichkeit, die Begleitung von den Kindern selbst ausdenken zu lassen, vielleicht auch nur für den einen oder anderen Teil. Das geschieht am besten in kleinen Gruppen. Zuvor müssen Kriterien für die Begleitung erstellt und anschließend danach gearbeitet werden.

- Die Kinder spielen die hier entworfene Partitur (siehe S. 90) ab. Vorbedingung für die Möglichkeit, dass die Kinder diesen „Spiel-mit-Satz" auswendig spielen können, ist natürlich am Anfang, dass die Bausteinabfolge stets sichtbar für sie ist.

*Voraussetzungen*

⑭ Die folgende Choreografie (siehe S. 90) benötigt einen größeren Raum als ein Klassenzimmer. Die Musik der „Amboss-Polka" eignet sich durch ihre klare Gliederung gut zum Umsetzen in einen Tanz. Die Bezeichnung „Polka" deutet im Übrigen ja auch bereits darauf hin, dass der Komponist an eine Tanzform dachte. Wenn bis zu diesem Zeitpunkt folgerichtig gearbeitet wurde, haben die Kinder bereits alle Voraussetzungen erarbeitet, die eine Tanzumsetzung erleichtern: Sie haben bereits das Metrum der Musik durch eine Bewegungsgestaltung und die Begleitung erfahren, ebenso kennen sie die Abfolge der einzelnen Musikbausteine. Diese Kenntnis der Gliederung des Musikstückes ermöglicht einen bewussten Bewegungswechsel von Teil zu Teil.

*Requisiten*

Die Kinder tanzen das Thema „Schlittenausfahrt". Dazu werden einige Utensilien und Verkleidungsstücke benötigt. Die Kinder, die die Pferde sein werden, sind entweder ganz weiß, schwarz oder auch dunkelbraun angezogen, je nachdem, ob sie Schimmel, Rappe oder Brauner darstellen. Es reichen T-Shirt und (Strumpf-)Hosen in einer Farbe.

Dann werden aus Kreppapier in der entsprechenden Farbe Mähne und Schweif hergestellt. Für die Mähne werden kurze Schlingen aus Kreppapierstreifen zusammengefasst und unten – wie ein Blumenstrauß – mit einem

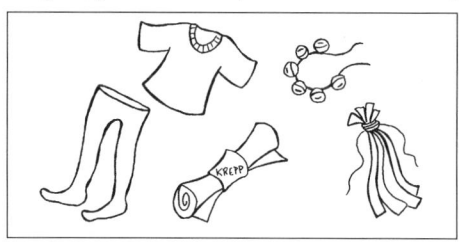

© Persen Verlag

71

Advent, Weihnachten, Winter

Band zusammengehalten. Dann werden die Schlingen aufgeschnitten, das Büschel auf den Kopf gesetzt und das Band unter dem Kinn des „Pferdchens" gebunden.

Der Schweif wird ebenso aus Krepppapierbändern durch ein Band zusammengehalten und das Band um die Taille und um die Fußgelenke je ein Schellenband gebunden. Ein einfaches Seilchen, den „Pferdchenkindern" um den Bauch gebunden, ersetzt die Zügel.

Hinter dem Pferdchen geht der Kutscher. Er hält die Zügelenden in der Hand. Er könnte einen Zylinder aus festerem Tonpapier tragen und als Peitsche in der Hand einen langen Stock, an dem eine Schnur hängt.

Es wäre sicher möglich, dass die Kinder mit dem, was sie bereits gelernt haben, die Choreografie für diesen Tanz nach und nach selbstständig erarbeiten können, vielleicht auch nur einzelne Teile. Hier ist eine Choreografie (siehe S. 90) vorgeschlagen, die aber natürlich nach Belieben und Können der Kinder verändert werden kann.

Sollte die Klasse groß sein, können sich die Kinder auch in „Tänzer" und „Musiker" aufteilen. Dann spielen einige den Spiel-mit-Satz und die anderen tanzen dazu.

## Zusatzangebote

*Sprechvers*

### „Zwerglein Knickeknack"

Der folgende Sprechvers passt gut zur Thematik des Liedes vom „Nussknacker".
Die genaue Aussprache der Konsonanten k – ck – kn ist eine gute Sprechübung dieser Laute und Lautfolgen. Die Kinder sollen den Vers auswendig sprechen und vor allem die Wörter mit „kn" deutlich aussprechen. Anschließend kann der Vers mit den gleichen Instrumenten begleitet werden wie das Lied vom Nussknacker (siehe S. 74).

**Zwerglein Knickeknack**
*(von Alfons Baur)*

*Was sagt das Zwerglein Knickeknack,*
*Knickknack mit dem Nüssesack?*
*Ich kann hacken,*
*ich kann knacken,*
*kann die kleinen Nüsse knacken,*
*kann sie in mein Säcklein packen.*
*Huckepack, huckepack,*
*Knickknack mit dem Nüssesack.*

### „Es singt in mir"

Das folgende Lied (siehe S. 91) eignet sich besonders für die Woche vor den Weihnachtsferien, weil der Text schon sehr auf das Weihnachtsfest ausgerichtet ist.
Methodisch kann man mit den stets wiederkehrenden Texteinwürfen beginnen, da die Kinder dann genau auf die anderen Teile hören müssen und so das ganze Lied schneller lernen. Den Schluss des Liedes bildet der Kehrreim: „drum freue ich mich so, heio, heio, drum freue ich mich so". Dabei ist darauf zu achten, dass die Kinder ihre Stimme bewusst leicht und fröhlich einsetzen, um den allgemeinen Ausdruck des Liedes deutlich zu machen. (Das Wort „Rumor'n" muss vorab erklärt werden.)

*Aufgaben-Aufbau*

❶ Texteinwürfe „heio, heio, heio" singen, nachsingen
❷ Kehrreim des Liedes „drum freue ich mich so, heio, heio, drum freue ich mich so" singen bzw. nachsingen
❸ Lied wird vorgesungen, Kinder setzen mit Texteinwürfen und dem Kehrreim ein
❹ Lied wird von verschiedenen Gruppen gesungen: Text/Texteinwürfe und Kehrreim
❺ Kinder denken sich eine Begleitung für Einwürfe, Kehrreim und Text aus
❻ Lied wird mit den bekannten Instrumenten und Körperinstrumenten begleitet

Advent, Weihnachten, Winter

# Der Nussknacker

(Text und Melodie: Anneliese Read)

*Strophe ①*
Ich habe einen Knackermann,
der knackt mir alle Nüsse an.
Schau, seine Zähne sind gesund
und seine Augen kugelrund.

*Kehrreim:*
Knicke-Knacke, Knicke-Knacke, Knicke-Knackermann,
knacke mir doch meine Nüsse,
knack' sie alle an!
Große Nüsse, kleine Nüsse, das ist einerlei.
Ist die Nuss auch noch so dick,
du knackst sie, eins – zwei – drei!

*Strophe ②*
Was trägt er denn, der Knackermann?
Er hat 'ne rote Hose an.
Hütchen und Jacke, die sind braun.
Ist er nicht lustig anzuschau'n?

*Kehrreim:*
Knicke-Knacke, Knicke-Knacke …

*Strophe ③*
Seht euch den dicken Schnurrbart an,
den braucht ein richt'ger Knackermann.
Zum Nüsse knacken ist der Stock,
der hängt an seinem Kragenrock.

*Kehrreim:*
Knicke-Knacke, Knicke-Knacke …

*Strophe ④*
Und ist die letzte Nuss geknackt,
wagt er ein Tänzchen, schön im Takt.
Beine und Hände, schaut ihn an!
So tanzt ein Knicke-Knackermann!

*Kehrreim:*
Knicke-Knacke, Knicke-Knacke …

© Persen Verlag

**KOPIERVORLAGE**

Advent, Weihnachten, Winter

# Der Nussknacker

(Text und Melodie: Annliese Read, Melodie-Bearbeitung Refrain: Dagmar Kuhlmann)

*Strophe ②*
Was trägt er denn, der Knackermann?
Er hat 'ne rote Hose an.
Hütchen und Jacke, die sind braun.
Ist er nicht lustig anzuschau'n?

*Strophe ③*
Seht euch den dicken Schnurrbart an,
den braucht ein richt'ger Knackermann.
Zum Nüsse knacken ist der Stock,
der hängt an seinem Kragenrock.

*Strophe ④*
Und ist die letzte Nuss geknackt,
wagt er ein Tänzchen, schön im Takt.
Beine und Hände, schaut ihn an!
So tanzt ein Knicke-Knackermann!

Advent, Weihnachten, Winter

# Der Nussknacker (Begleitung)

Strophen

| Instrumente | Text und Anschlagzeichen |
|---|---|
| ✗ / Triangel | *Ich habe einen Knackermann, der knackt mir alle Nüsse an.* |
| ✗ ✗ / Holzblock | *Schau, seine Zähne sind gesund und seine Augen kugelrund.* |

Kehrreim

| Instrumente | Text und Anschlagzeichen |
|---|---|
| ✗ / Triangel | *Knicke, knacke, knicke, knacke, Knicke-Knackermann,* |
| ✗ / Triangel | *knacke mir doch meine Nüsse, knack sie alle an!* |
| ✗ ✗ / Holzblock | *Große Nüsse, kleine Nüsse, das ist einerlei.* |
| ✗ ✗ / Triangel / Holzblock | *Ist die Nuss auch noch so dick, du knackst sie, eins – zwei – drei!* |

© Persen Verlag  KOPIERVORLAGE

Advent, Weihnachten, Winter

# Der Nikolaus kommt

Szene ①    Es ist der 6. Dezember. Die Familie sitzt im Wohnzimmer am Tisch.
Am Adventskranz brennt eine Kerze. Sie knistert leise.
Alle warten auf den Nikolaus.
Lea sagt: „Es liegt doch kein Schnee. Der Nikolaus kann doch gar nicht mit dem Schlitten zu uns kommen."
Mama beruhigt sie: „Da fällt dem Nikolaus sicher etwas anderes ein.
Erst einmal singen wir für ihn ein Lied."

Szene ②    Auf einmal sagt Tim: „Pssst! Ich höre etwas! Kann das der Nikolaus sein?"
Er läuft zum Fenster.
Zuerst ganz leise hört man in der Straße Pferde traben.
Sie werden immer lauter.
Man hört die Räder einer Kutsche rollen.
Vor dem Haus werden sie langsamer.
Die Pferde gehen im Schritt.
Dann bleiben sie stehen.
Tim läuft zum Fenster.
Er ruft: „Es ist der Nikolaus in einer großen Kutsche!
Da sind auch ganz viele Pakete drin."

Szene ③    Die Pferde schütteln ihre Köpfe und prusten.
Der Nikolaus steigt aus und nimmt einen großen Sack.
Der plumpst erst laut auf die Erde.
Dann kommt der Nikolaus mit dem dicken Sack auf der Schulter mit schweren Schritten zum Haus.
Im Sack rumpelt und klirrt es geheimnisvoll.

Szene ④    Er klopft laut an die Haustüre.
Der Opa öffnet ihm und sagt: „Komm herein, lieber Nikolaus.
Wir haben schon auf dich gewartet."
Nikolaus stapft herein und lässt den Sack auf die Erde fallen.
Er greift hinein.
Papier raschelt und große und kleine Nüsse fallen auf den Tisch.
„Könnt ihr denn auch ein Lied singen?", fragt er Lea und Timo.
Die beiden Kinder singen.
„Das höre ich gerne", sagt er.
Da greift der Nikolaus wieder in den Sack.
Es raschelt und knistert.
Er legt einige Päckchen auf den Tisch.
„Im nächsten Jahr komme ich wieder."
Dann geht der Nikolaus hinaus.

Szene ⑤    Der Sack plumpst in die Kutsche.
Nikolaus schnalzt mit der Zunge,
und die Pferde galoppieren laut und schnell an.
Die Räder rollen.
Sie werden immer leiser.
Dann sind sie verschwunden.

Szene ⑥    Lea und Timo packen ihre Päckchen aus.
Papier raschelt und knistert.
Einige Nüsse kullern über den Tisch.
Alle schauen zu und freuen sich.

KOPIERVORLAGE

Advent, Weihnachten, Winter

# Wenn es dunkel wird in unsrer kleinen Stadt

(Text und Melodie: Anneliese Read)

① 
Wenn es dunkel wird in unsrer kleinen Stadt,
in der Weihnachtszeit, in der Weihnachtszeit,
wenn es dunkel wird in unsrer kleinen Stadt,
in der schönen Weihnachtszeit.

② 
Wenn es dunkel wird in unsrer kleinen Stadt,
in der Weihnachtszeit, in der Weihnachtszeit,
leuchten in den Straßen Lichter-Sterne auf,
in der schönen Weihnachtszeit.

③ 
In dem Bäckerladen unsrer kleinen Stadt,
in der Weihnachtszeit, in der Weihnachtszeit,
duftet es nach Printen und nach Marzipan,
in der schönen Weihnachtszeit.

④ 
Und im Spielzeugladen unsrer kleinen Stadt,
in der Weihnachtszeit, in der Weihnachtszeit,
fahren Züge, Autos, schau nur, welche Pracht,
in der schönen Weihnachtszeit.

⑤ 
Auf dem großen Marktplatz unsrer kleinen Stadt,
in der Weihnachtszeit, in der Weihnachtszeit,
steht ein Tannenbaum und leuchtet in der Nacht,
in der schönen Weihnachtszeit.

⑥ 
Und die Glocken läuten in der kleinen Stadt,
in der Weihnachtszeit, in der Weihnachtszeit,
rufen dich und mich: mach fürs Christkind dich bereit,
in der schönen Weihnachtszeit.

**Das sind die Bausteine des Liedes.**
Fülle und male sie aus.

|  |  |  |  |
|---|---|---|---|
|  |  |  |  |

© Persen Verlag

**KOPIERVORLAGE**

Advent, Weihnachten, Winter

# Wenn es dunkel wird in unsrer kleinen Stadt

(Text und Melodie: Anneliese Read)

1. Wenn es dun-kel wird in uns-rer klei-nen Stadt, in der Weih-nachts-zeit, in der Weih-nachts-zeit,

wenn es dun-kel wird in uns-rer klei-nen Stadt, in der schö-nen Weih-nachts-zeit.

② 
Wenn es dunkel wird in unsrer kleinen Stadt,
in der Weihnachtszeit, in der Weihnachtszeit,
leuchten in den Straßen Lichter-Sterne auf,
in der schönen Weihnachtszeit.

③ 
In dem Bäckerladen unsrer kleinen Stadt,
in der Weihnachtszeit, in der Weihnachtszeit,
duftet es nach Printen und nach Marzipan,
in der schönen Weihnachtszeit.

④ 
Und im Spielzeugladen unsrer kleinen Stadt,
in der Weihnachtszeit, in der Weihnachtszeit,
fahren Züge, Autos, schau nur, welche Pracht,
in der schönen Weihnachtszeit.

⑤ 
Auf dem großen Marktplatz unsrer kleinen Stadt,
in der Weihnachtszeit, in der Weihnachtszeit,
steht ein Tannenbaum und leuchtet in der Nacht,
in der schönen Weihnachtszeit.

⑥ 
Und die Glocken läuten in der kleinen Stadt,
in der Weihnachtszeit, in der Weihnachtszeit,
rufen dich und mich: mach fürs Christkind dich bereit,
in der schönen Weihnachtszeit.

Advent, Weihnachten, Winter

# Eine Muh, eine Mäh

(Text: W. Alfredo, Musik: W. Lindemann)

*Kehrreim:*
Eine Muh, eine Mäh, eine Täterätätä.
Eine Tute, eine Rute,
eine Hopp-hopp-hopp-hopp,
eine Didel-dadel-dum,
eine Wau-wau-wau,
Rata-tsching-derata-bum!

*Strophe ①*
Wenn der Weihnachtsbaum uns lacht,
wenn die Glocke bim-bam macht,
kommt auf leisen Sohlen
Ruprecht an verstohlen.
Zieht mit vollen Säcken ein,
bringt uns Bäcker-Leckerein
und packt unter Lachen
aus die schönsten Sachen.
Kommt, Kinder, seht euch satt,
was er für Schätze hat:

*Strophe ②*
Wenn der Schnee zum Berg sich türmt,
wenn es draußen friert und stürmt,
um die Weihnachtslichter
fröhliche Gesichter.
Alle Stuben blitzeblank,
denn es kommt mit Poltergang
durch die Luft, die kalte,
Ruprecht an, der Alte.
Und hustend, prustend, dann
zeigt uns der Weihnachtsmann:

## Das sind die Bausteine

Male sie aus.

| 1 | 2 | 3 | 4 | 5 | 6 |
|---|---|---|---|---|---|
|   |   |   |   |   |   |

| 7 | 8 | 9 | 10 | 11 |
|---|---|---|----|----|
|   |   |   |    |    |

Advent, Weihnachten, Winter

# Eine Muh, eine Mäh

(Text: W. Alfredo, Musik: W. Lindemann)

1. Wenn der Weihnachtsbaum uns lacht, wenn die Glocke bim-bam macht, kommt auf leisen Sohlen Ruprecht an verstohlen. Zieht mit vollen Säcken ein, bringt uns Bäcker-Leckerein und packt unter Lachen aus die schönsten Sachen. Kommt, Kinder, seht euch satt, was er für Schätze hat:

2. Wenn der Schnee zum Berg sich türmt, wenn es draußen friert und stürmt, um die Weihnachtslichter fröhliche Gesichter. Alle Stuben blitzeblank, denn es kommt mit Poltergang durch die Luft, die kalte, Ruprecht an, der Alte. Und hustend, prustend, dann zeigt uns der Weihnachtsmann:

Refrain: Eine Muh, eine Mäh, eine Täterätätä. Eine Tute, eine Rute, eine Hopp-hopp-hopp-hopp, eine Didel-dadel-dum, eine Wau-wau-wau, Ratatsching-de-ra-ta-bum. Eine bum. wau, Ratatsching-de-ra-ta-bum.

*D. S. con Rep. al* ⊕ – ⊕

KOPIERVORLAGE

Advent, Weihnachten, Winter

# Eine Muh, eine Mäh

(Text: W. Alfredo, Musik: W. Lindemann)

1. Wenn der Weih-nachts-baum uns lacht, wenn die Glo-cke bim-bam macht,
2. Wenn der Schnee zum Berg sich türmt, wenn es drau-ßen friert und stürmt,

kommt auf lei-sen Soh-len Rup-recht an ver-stoh-len. Zieht mit vol-len Sä-cken ein,
um die Weih-nachts-lich-ter fröh-li-che Ge-sich-ter. Al-le Stu-ben blit-ze-blank,

bringt uns Bä-cker- Le-cke-rein und packt un-ter La-chen aus die schöns-ten
denn es kommt mit Pol-ter-gang durch die Luft, die kal-te, Rup-recht an, der

Sa-chen. Kommt, Kin-der, seht euch satt, was er für Schät-ze hat:
Al-te. Und hus-tend, prus-tend, dann zeigt uns der Weih-nachts-mann:

Refrain: Ei-ne Muh, ei-ne Mäh, ei-ne Tä-te-rä-tä-tä. Ei-ne Tu-te, ei-ne
Ru--te, ei-ne Hopp-hopp-hopp-hopp, ei-ne Di-del-da-del-

© Persen Verlag  **KOPIERVORLAGE**

Advent, Weihnachten, Winter

D. S. con Rep. al ⊕ – ⊕

KOPIERVORLAGE

Advent, Weihnachten, Winter

# Eine Muh, eine Mäh (Choreografie)

*1. Aufstellung vor der Musik:*
- Die Kinder stehen in einer Reihe hintereinander, wie zuvor beschrieben. Die Hände sind in die Taille gestützt.

*2. Vorspiel:*
- Mit dem Trommelrhythmus gehen die Kinder los bis zu ihrem Platz auf der Bühne. Es muss vorher ausprobiert werden, wie nahe sie sich zuvor aufstellen müssen, damit sie beim Beginn der gepfiffenen Melodie an ihrem Platz stehen können.
- Dann klatschen und schnipsen sie auf die Musik bis zum gesungenen Kehrreim.

*3. Kehrreim:*
- Kehrreim bis *Täterätätä* – ebenso
- *Eine Tute, eine Rute* – die imaginäre „Tute" mit einer Hand an die Lippen halten, danach mit der imaginären Rute in die Luft schlagen
- *eine Hopp-hopp-hopp-hopp* – 4 Schritte vorwärts gehen, *rechts* beginnen
- *eine Didel-dadel-dum* – 4 Schritte wieder zurück, *links* beginnen
- *eine Wau-wau-wau,* – Wiederholen wie zuvor
- *Rata-tsching-derata-bum* – Wiederholen wie zuvor

*4. Zwischenspiel:*
- Trompetensignal – mit 4 Schritten nach *rechts* drehen, Hände in die Taille stützen

*5. Strophe* ①
- bis *die schönsten Sachen* – rechten Fuß ausstellen, wieder heransetzen (im Rhythmus laut zählen: *raus – ran*), dann linken Fuß ausstellen, wieder heransetzen
- ab *Kommt, Kinder* – mit 4 Schritten wieder zur Mitte drehen
- *was er …* – auf der Stelle treten

Advent, Weihnachten, Winter

*6. Kehrreim:*
- wie zuvor im Kehrreim

*7. Zwischenspiel:*
- Trompetensignal – mit 4 Schritten nach *links* drehen, Hände in die Taille gestützt

*8. Strophe* ②
- bis *der alte* – Hände auf die Schulter des Vordermannes gelegt, rechten Fuß vorsetzen, heranziehen, linken Fuß vorsetzen, heranziehen
- ab *und fröhlich ...* – mit 4 Schritten wieder zur Mitte drehen
- *der liebe ...* auf der Stelle treten

*9. Kehrreim*
- wie zuvor im Kehrreim

*10. Nachspiel*
nach der gepfiffenen Melodie – Abmarsch wie vorher Aufmarsch, Kinder gehen hintereinander, Hände sind in die Taille gestützt

**KOPIERVORLAGE**

Advent, Weihnachten, Winter

# Endlich ist der Winter da

(Text und Melodie: Anneliese Read)

①
Flocken fallen auf die Erde nieder,
decken Gras und Blumen, decken alles zu.
Flocken fallen auf die Erde nieder,
endlich ist der Winter da, der Winter da!

②
Kinder, holt den Schlitten aus dem Keller;
denn wir wollen rodeln, kommt doch mit hinaus!
Kinder, holt den Schlitten aus dem Keller;
endlich ist der Winter da, der Winter da!

③
Sausen wir den großen Berg hinunter,
immer immer schneller, hei, das macht uns Spaß!
Sausen wir den großen Berg hinunter;
endlich ist der Winter da, der Winter da!

④
Wirft der Schlitten dich auch manchmal runter,
mache dir nichts draus, steh einfach wieder auf!
Wirft der Schlitten dich auch manchmal runter;
endlich ist der Winter da, der Winter da!

Advent, Weihnachten, Winter

# Endlich ist der Winter da (zwei Notationen)

(Text und Melodie: Anneliese Read)

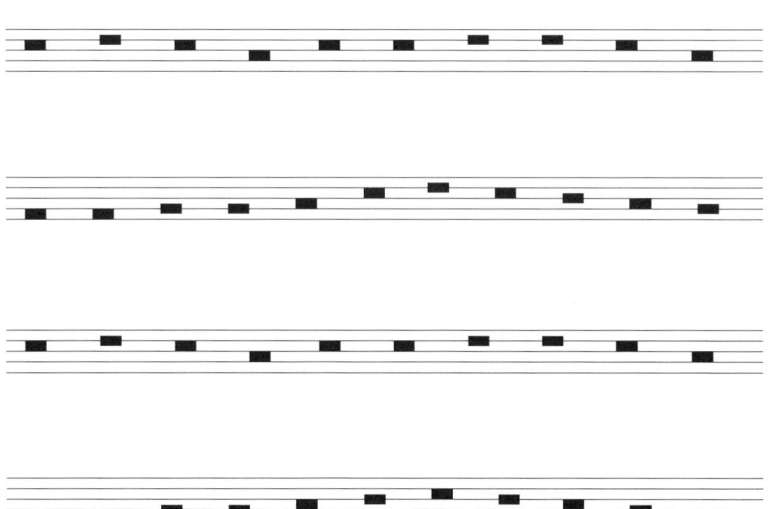

Advent, Weihnachten, Winter

# Endlich ist der Winter da

(Text und Melodie: Anneliese Read)

① Flocken fallen auf die Erde nieder, decken Gras und Blumen, decken alles zu.
Flocken fallen auf die Erde nieder, endlich ist der Winter da, der Winter da!

②
Kinder, holt den Schlitten aus dem Keller;
denn wir wollen rodeln, kommt doch mit hinaus!
Kinder, holt den Schlitten aus dem Keller;
endlich ist der Winter da, der Winter da!

③
Sausen wir den großen Berg hinunter,
immer immer schneller, hei, das macht uns Spaß!
Sausen wir den großen Berg hinunter;
endlich ist der Winter da, der Winter da!

④
Wirft der Schlitten dich auch manchmal runter,
mache dir nichts draus, steh einfach wieder auf!
Wirft der Schlitten dich auch manchmal runter;
endlich ist der Winter da, der Winter da!

© Persen Verlag

KOPIERVORLAGE

Advent, Weihnachten, Winter

**Waldi, der Coda-Dackel**

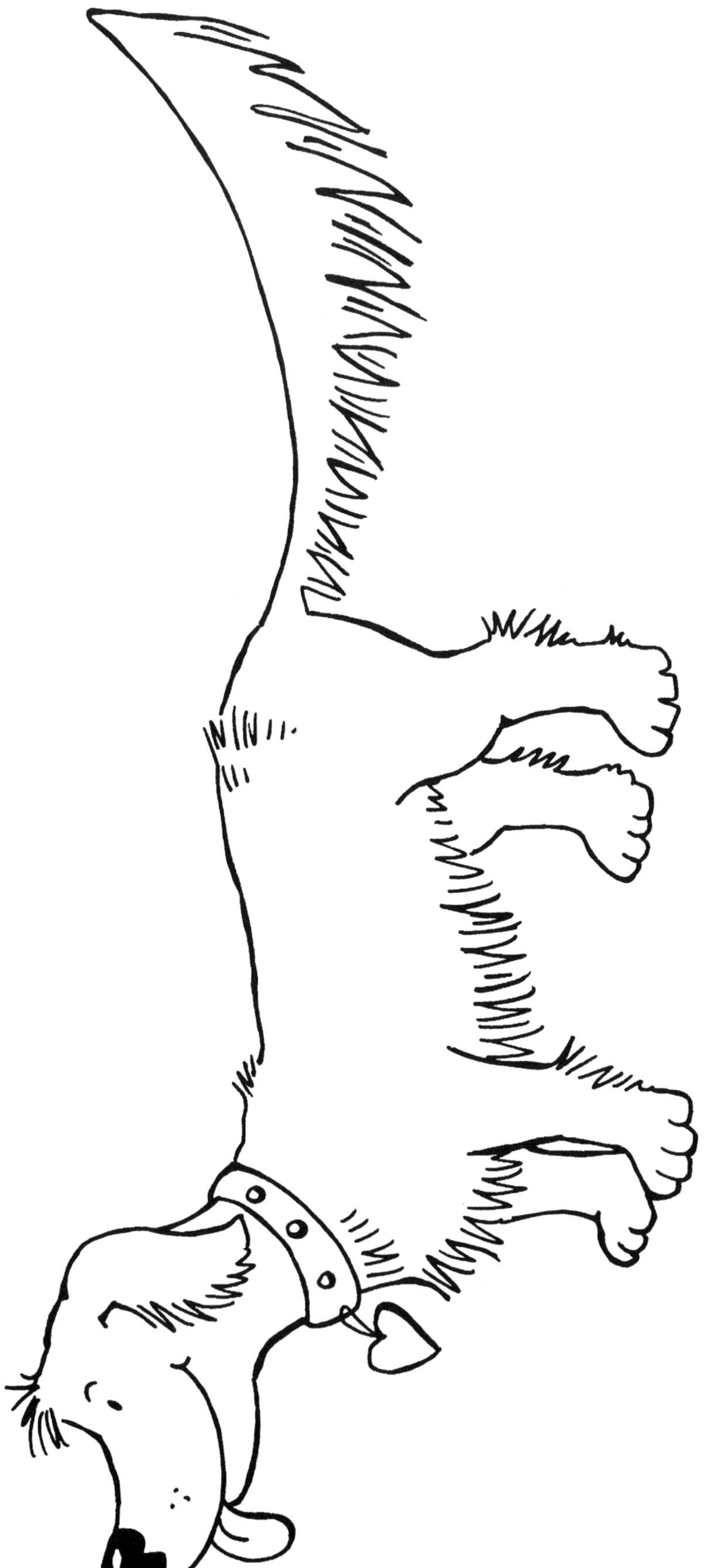

Advent, Weihnachten, Winter

# Die „Amboss-Polka" von Albert Parlow

**Das sind die Bausteine unserer Schlittenausfahrt-Musik:**

| Einleitung | | | | | | |
|---|---|---|---|---|---|---|

| Zwischen-spiel | | | | | | |
|---|---|---|---|---|---|---|

| Zwischen-spiel | Coda |
|---|---|

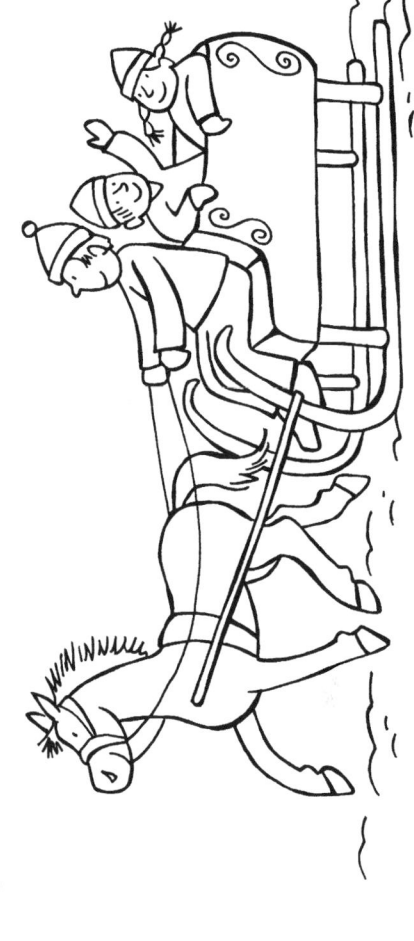

**So oft kommen die einzelnen Bausteine im Musikstück vor:**

Teil A \_\_\_\_-mal.

Teil A' \_\_\_\_-mal.

Teil B \_\_\_\_-mal.

Teil C \_\_\_\_-mal.

Teil D \_\_\_\_-mal.

Teil E \_\_\_\_-mal.

© Persen Verlag

**KOPIERVORLAGE**

Advent, Weihnachten, Winter

# Amboss-Polka (Spiel-mit-Satz/Choreografie)

| Instrumente | Bausteine und Spielweise | | | | |
|---|---|---|---|---|---|
| ✗ ⌒ (Becken/Schellen) | A | A' | A | A' | |
| | ♩♩♩… (durchlaufend mit der Musik)<br>♩♩♩… (durchlaufend mit der Musik) | | | | |
| ⬡ ⌒ (Holzblock/Schellen) | ∼∼ B ∼∼ | C | | | |
| ✗ ⌒ | A | A' | | | |
| | ♩♩♩… (durchlaufend mit der Musik)<br>♩♩♩… (durchlaufend mit der Musik) | | | | |
| ⚲ ✗ (Triangel/Becken) | D | E | D | E | D |
| | ♩♩… | ♩♩… | | | |
| ✗ ⌒ | A | A' | Coda | | |
| | ♩♩♩… (durchlaufend mit der Musik)<br>♩♩♩… (durchlaufend mit der Musik) | | mit der Musik langsamer werden<br>mit der Musik langsamer werden | | |

| | | |
|---|---|---|
| Teil A + A' | Die „Pferdchen" traben nach der Musik in einem großen Kreis, die „Kutscher" laufen hinterher. | |
| Teil B | Pferde und Kutscher bleiben stehen, die Kutscher immer noch hinter den Pferden. Jedes Pferd scharrt erst mit dem rechten „Huf" über den Boden, dann mit dem linken. | |
| Teil C | Die Pferde schütteln sich erst zur rechten Seite, dann zur linken. Die „Vorderhufe" schlagen dabei in die Luft (wie ein steigendes Pferd). Der Kutscher zeigt die Richtung jeweils mit der Peitsche an. | |
| Teil D | Die Pferdchen laufen mit 8 Schritten zuerst einen Kreis rechts herum, dann links herum. Der Kutscher zeigt die Bewegung an mit der sich drehenden Peitsche. | |
| Teil E | Die Pferdchen laufen erst 8 Schritte seitwärts nach rechts, dann nach links. Der Kutscher zeigt die Richtung mit der Peitsche an. | |
| Coda | Die Pferdchen und Kutscher laufen mit der Musik immer langsamer, bleiben am Schluss stehen, scharren noch einmal mit einem Huf und die Kutscher nehmen den Hut ab und verbeugen sich. | |

**KOPIERVORLAGE**

Advent, Weihnachten, Winter

# Es singt in mir und klingt in mir

(Text: Rolf Krenzer, Musik: Detlev Jöcker, aus: Kleine Kerze leuchte,
© Menschenkinder Verlag und Vertrieb GmbH, Münster)

① 
Es singt in mir und klingt in mir,
heio, heio, heio,
denn Weihnachten steht vor der Tür,
drum freue ich mich so, heio, heio,
drum freue ich mich so!

② 
Ein Päckchen kommt zu uns nach Haus,
heio, heio, heio.
Bald packen wir das Päckchen aus,
drum freue ich mich so, heio, heio,
drum freue ich mich so!

③ 
Im Keller steht, ihr glaubt es kaum,
heio, heio, heio,
seit gestern schon der Weihnachtsbaum,
drum freue ich mich so, heio, heio,
drum freue ich mich so!

④ 
Das Haus ist voller Plätzchenduft,
heio, heio, heio,
und Tannenduft liegt in der Luft,
drum freue ich mich so, heio, heio,
drum freue ich mich so!

⑤ 
Ich traue kaum noch meinen Ohr'n,
heio, heio, heio,
im Weihnachtszimmer ein Rumor'n,
drum freue ich mich so, heio, heio,
drum freue ich mich so!

⑥ 
Ein Glöckchen klingt, es ist soweit!
Heio, heio, heio.
Und so beginnt die Weihnachtszeit,
drum freue ich mich so, heio, heio,
drum freue ich mich so!

# 4 Frühling

| | |
|---|---|
| **Stundenthemen** | 1. Straßenmusikanten<br>2. Im Frühling kommt der Osterhase<br>3. Sonne im Mai |
| **Inhalte und Ziele** | – Bildbetrachtung und -beschreibung: „Drei Musikanten" (Pablo Picasso)<br>– Lied lernen und durch Stimm-Aktionen verändern: „Drei Chinesen mit dem Kontrabass"<br>– Kennenlernen von Metallrasseln:<br>  a) Schellenkranz<br>  b) Schellenstab<br>– Basteln von Kronkorkenrasseln<br>– Begleiten des Liedes mit den bekannten Instrumenten<br>– Malen zum Thema<br><br>– Gedicht erarbeiten und darstellen: „März"<br>– Verklanglichung des Gedichtes: „März"<br>– Lied „Schaut nur, schaut!"<br>– Erfassen des Melodieverlaufs (traditionelle Notation) und der Binnenstruktur des Liedes<br>– Trommeln kennenlernen<br>– Trommelkonzert der Feldhasen<br><br>– Parameter Stimmung einführen: fröhlich – traurig<br>– Vergleich zweier Hörwerke<br>– Darstellung des Stimmungsgehalts beider Hörwerke über Malen<br>– Lied „Sonne im Mai"<br>– Erfassen der Melodiestruktur<br>– Gestalten des Liedes mit Bewegung<br>– Begleiten des Liedes mit Instrumenten |
| **Fächerverbindungen** | 1. Kunst, Deutsch, Sachunterricht<br>2. Deutsch, Sachunterricht<br>3. Kunst |

**Überblick: Was sollten die Kinder am Ende dieser Arbeitseinheiten können?**

| Rhythmik | Stimme/Lied | Instrumente | Musik umsetzen | Fachwissen |
|---|---|---|---|---|
| Lieder singen, sich dazu bewegen oder sich auf bekannten Instrumenten begleiten | Verschiedene Stimmlagen und ihren Stimmausdruck imitieren und karikieren | Instrumente kennen und nutzen: Schellenkranz, Schellenstab, Trommeln | Darstellen des Liedinhaltes über Mimik und Gestik: „Drei Chinesen mit dem Kontrabass" | Piktogramme kennen: Schellenkranz, Schellenrassel, verschiedene Trommeln |
| | Tierlaute imitieren | Dazugehörige Piktogramme und Klangerzeugung kennen | Musik einem Bild entnehmen: „Drei Musikanten" | Binnenstruktur des Liedes erkennen und Melodieverlauf verfolgen: „Schaut nur, schaut"/„Sonne im Mai" |
| Kurze und lange Silben in Wörtern erkennen und auf Trommelinstrumenten nachspielen | Liedtext auf verschiedenen Vokalen singen | Herstellen von Kronkorkenrasseln | Verbindung vom Bild zum Lied herstellen | |
| | Körperhaltung beim Singen | Lieder mit den bekannten Instrumenten begleiten: „Drei Chinesen mit dem Kontrabass"/„Schaut nur, schaut"/„Sonne im Mai" | Nachgestalten der Bildszenerie und eines Liedtextes in eigener Darstellung mit Musik | Grafische Notation lesen und abspielen: Trommelkonzert/Gedicht: „März"/Lieder |
| Grundschlag zum Lied klatschen: „Sonne im Mai" | Lieder singen: „Drei Chinesen mit dem Kontrabass"/„Schaut nur, schaut"/„Sonne im Mai" | | Darstellen eines Gedichtes: „März" | Parameter Stimmung (fröhlich – traurig) in einer Musik erkennen und im Bild ausdrücken |
| Tanzen zum Lied: „Sonne im Mai" | | | Verklanglichen des Gedichtes „März" | |
| | | | Bewegungen mit Trommeln umsetzen | |

Frühling

## 1. Straßenmusikanten

| | |
|---|---|
| **Inhalte und Ziele** | – Bildbetrachtung und -beschreibung: „Drei Musikanten" (Pablo Picasso)<br>– Lied lernen und durch Stimmaktionen verändern: „Drei Chinesen mit dem Kontrabass"<br>– Kennenlernen von Metallrasseln:<br>  a) Schellenkranz<br>  b) Schellenstab<br>– Basteln von Kronkorkenrasseln<br>– Begleiten des Liedes mit den bekannten Instrumenten<br>– Malen zum Thema |
| **Aufgaben** | ❶ Bildbetrachtung: „Drei Musikanten" (Pablo Picasso)<br>❷ Lernen des Liedes „Drei Chinesen mit dem Kontrabass"<br>❸ Darstellen des Liedinhaltes über Mimik und Bewegung<br>❹ Arbeiten mit der Text- und Bildfolie des Liedes: Singen mit Text- und Stimmveränderungen („Chinesenoper")<br>❺ Kennenlernen von Schellenkranz und Schellenstab, Einführung der entsprechenden Piktogramme und Anschlagzeichen<br>❻ Basteln von Kronkorkenrasseln<br>❼ Begleiten des Liedes „Drei Chinesen" mit den bisher bekannten Instrumenten<br>❽ Vorführen des Liedes als Straßenmusikantengruppe<br>❾ Malen der eigenen Straßenmusikantengruppe |
| **Medien** | OHP, Schellenkranz, Schellenstab, Piktogramme für Schellenstab/Schellenkranz, Instrumente, Bastelmaterial: Kronkorken/Drehverschlüsse, dünner Draht und Spanndraht für Zäune (kunststoffummantelt) |
| **CD** | HB 32. „Drei Chinesen mit dem Kontrabass" |
| **Kopien** | Liedblatt und Blanko-Begleitpartitur „Drei Chinesen mit dem Kontrabass" (S. 112f.) |
| **Folien** | „Drei Musikanten" von Pablo Picasso (Farbfolie, S. 173), Liedblatt „Drei Chinesen mit dem Kontrabass" (S. 112), evtl. Textvorlage für „Chinesenoper" (S. 114, 1-mal) |
| **Arbeitsformen** | Einzel- und Gruppenarbeit, Sitzkreis |
| **Dauer** | 3 Stunden |

### Vorbemerkungen

Dieses Kapitel beschäftigt sich thematisch mit dem Frühling. Sollte das vorige Kapitel „Winter" bereits früh erarbeitet sein, würde sich der Beginn dieses Kapitels mit dem Thema „Straßenmusikanten" auch bereits für den Februar eignen. Dann passt das spaßige Lied der „Drei Chinesen" gut für eine Aufführung bei einer Karnevals- bzw. Faschingsfeier.

*Vorbereitung*

Pablo Picassos Bild „Drei Musikanten" (S. 173) wird als Farbfolie zum Arbeiten benötigt. Auch das Liedblatt „Drei Chinesen mit dem Kontrabass" (S. 112) und die Textvorlage für die „Chinesenoper" (S. 114) muss vorab als Folie kopiert werden. Die Kinder erhalten das Liedblatt als Kopie für die Mappe. Pro Gruppe wird noch ein Textblatt bzw. eine Begleit-Partitur zum Aufschreiben der Begleitung benötigt.

Die Piktogramme von Schellenkranz und/oder Schellenstab müssen angefertigt werden. Die Materialien für das Basteln der Kronkorkenrasseln werden gesammelt. Die Kinder bringen Kronkorken oder auch metallene Drehverschlüsse von Flaschen mit. Wichtig: Sie sollen bereits zu Hause in der Mitte durchbohrt worden sein. (Das geschieht am einfachsten mit einem Schraubenzieher oder einem spitzen Meißel.) Im Baumarkt wird sowohl dünner Draht und – je nach Bedarf – 1 oder 1½ m Spanndraht für Zäune gekauft. Dieser Draht ist von Kunststoff ummantelt und man kann ihn gut biegen. Zum Basteln benötigt man eventuell eine kleine Zange, die beim Biegen der Enden gute Dienste leisten kann.

Frühling

## Stundenverlauf

> **INFO**
>
> „Drei Musikanten" von Pablo Picasso
> Pablo, eigentlich Ruiz y Picasso, wurde am 25. 10. 1881 in der spanischen Stadt Málaga geboren und starb am 8. 4. 1973 in Mougins (bei Cannes). Auch sein Vater war Maler. Die Familie zog 1895 nach Barcelona. Dort begann er mit 15 Jahren seine künstlerische Ausbildung, die er 1896 in Madrid fortsetzte. Neben seiner Malerei arbeitete er 1917–1924 für das Russische Ballett Diaghilews: Er entwarf Bühnenausstattungen und Kostüme. Picasso legte sich nie auf einen Stil fest, weder in seinen Bildern noch in seinen zahlreichen Plastiken. Er durchlebte als Maler verschiedene Perioden (z. B. „Rosa" und „Blaue Periode"), malte in unterschiedlichsten Stilen (z. B. Kubismus, Neoklassizismus, Surrealismus). Viele seiner Bilder sind in der ganzen Welt bekannt. 1936 wurde er Direktor des berühmten Museums „Prado" in Madrid. Er war einer der bedeutendsten Maler des 20. Jahrhunderts.
> Das vorliegende Bild „Drei Musikanten" malte er 1921 mit Ölfarben auf Leinwand. Es ist recht groß (200,7 × 222,9 cm) und hängt im „Guggenheim-Museum of Modern Art" in New York.

❶ Die Folie mit dem **Bild „Drei Musikanten"** wird aufgelegt.

**Arbeitsauftrag**  *Schau dir das Bild an. Es wurde von einem der berühmtesten Maler der Welt gemalt: Pablo Picasso. Erzähle, was du auf dem Bild entdeckst.*

Möglicherweise finden die Kinder das Bild erst einmal „komisch", weil sich die Figuren darauf aus mehreren Flächen zusammensetzen. Diese Beobachtungen werden bestätigt. Die Kinder werden mit Sicherheit den Flötenspieler mit dem Clownshut entdecken, auch den Gitarristen im karierten Anzug und den dritten Mann, der das Notenblatt hält. Möglicherweise ist er ein Sänger. Unter der Bank, auf dem der weiß gekleidete Flötenspieler zu sitzen scheint, kann man den Körper, die Beine und den Schwanz eines großen Hundes entdecken. Seine Brust und den Kopf sieht man wie einen Schatten an der Wand. Die Musikanten stehen anscheinend in einer Nische. Der Hund lässt die Vermutung zu, dass sie sich nicht auf einer Bühne befinden. Zwei der Musiker tragen Kostüme, die an Clowns erinnern (der weiße und der karierte Anzug). Also käme als Ort vielleicht ein *Zirkus* in Frage.

Die Kinder stellen Überlegungen an, wo sie musizieren. Da es nicht genau zu sehen ist, können mehrere Möglichkeiten gelten. Sollten die Kinder auf die Idee kommen, dass sie auf der Straße spielen, kann auch die Vorstellung von *Straßenmusikern* unterstützt werden.

Die Kinder nennen die Farben, die Picasso benutzt hat, und versuchen alle Formen zu erkennen, die man auf diesem Bild entdecken kann. Überwiegend sind sie eckig, auch viele Geraden hat er gemalt. Es sind nur wenige runde Formen zu sehen.

**Arbeitsauftrag**  *Schau das Bild noch einmal genau an. Suche dir zwei andere Kinder aus. Versucht dann einmal, euch so wie die Musiker auf dem Bild hinzustellen und sie nachzumachen.*

Die Aufgabe, das Bild darzustellen, zwingt die Kinder zuerst einmal zu einer sehr genauen Beobachtung. Sie können sich immer durch den Vergleich mit dem Bild korrigieren. Zugleich ist dieses eine gute Vorübung zur späteren Aufgabe, ein eigenes Bild zu malen.

**Arbeitsauftrag**  *Überlege einmal, wo du – außer im Fernsehen – schon überall Musiker spielen gesehen und gehört hast.*

Die Kinder werden ganz unterschiedliche Gelegenheiten und Orte nennen, wahrscheinlich aber auch Straßenmusikanten auf der Straße.

Frühling

*Arbeitsauftrag*  *Erzähle, welche Instrumente die Straßenmusiker hatten, die du gesehen hast, und auch, wie sie angezogen waren.*

Die Antworten werden so unterschiedlich ausfallen, wie die Möglichkeiten, Straßenmusiker zu erleben. Gemeinsam ist diesen Gruppen, dass es nur wenige Personen sind, die dort zusammen musizieren. Manche Musiker haben, vor allem wenn sie alleine sind, einen oder zwei Hunde dabei.
Damit ist die Bildbetrachtung erst einmal abgeschlossen.

❷ Nun lernen die Kinder das Lied **„Drei Chinesen mit dem Kontrabass"** kennen. Es ist sehr gut möglich, dass sie es bereits aus dem Kindergarten oder von Geschwistern kennen.

Zuerst betrachten die Kinder die Folie des Liedblatts (siehe S. 112), auf dem die drei Chinesen mit ihrem Kontrabass auf der Straße zu sehen sind. Sie beschreiben die Gruppe und werden gewiss eine Verbindung zu Picassos „Drei Musikanten" herstellen können. Der Kontrabass wird beschrieben und benannt.
Aus der Grafik können die Kinder die Handlung ersehen und sie erzählen. Möglicherweise erkennen die Kinder bereits (entweder durch die Grafik oder durch Lesen), um welches Lied es sich hier handelt.
Da die Melodie so eingängig ist, wird es nicht lange geübt, sondern gleich gesungen. Am Ende der Stunde werden auch die Kinder das Lied singen können, die es vorher gar nicht kannten.

❸ Der Text wird sofort mimisch-gestisch umgesetzt:

| Text | Gestaltung |
| --- | --- |
| *Drei* | drei Finger in die Höhe strecken |
| *Chinesen* | Zeigefinger ziehen die Augenlider zu Schlitzen auseinander |
| *mit dem Kontrabass* | mit dem imaginären Bogen über Bass-Saiten streichen |
| *saßen auf der Straße* | halb in die Hocke gehen, Hände auf die Knie stützen |
| *und erzählten sich was.* | in der Hocke bleiben, mit beiden Händen in Mundhöhe Plapperbewegungen imitieren |
| *Da kam die Polizei:* | Marschbewegungen am Platz, Hand salutierend an die Stirn |
| *„Ja, was ist denn das?"* | Hände in die Seiten stemmen, Kopf schütteln |
| *Drei Chinesen mit dem Kontrabass!* | lächeln, Bewegungen wie zu Beginn |

Die Bewegungsabfolge wird beibehalten, wenn das Lied zuerst einmal wiederholt wird. Dann wird das bekannte Auswechseln der Vokale im Lied begonnen. Auch das werden die meisten Kinder bereits kennen. Da sie aus dem Deutschunterricht bis zu diesem Zeitpunkt bereits alle Vokale kennen, ist dies eine lustige Wiederholungsübung. Aus „Drei Chinesen mit dem Kontrabass ..." wird z. B. nun:

– Dra Chanasan mat dam Kantrabass ...
– Dro Chonoson mot dom Kontroboss ...
– ebenso mit: e, i, u, ä, ö, ü, au, ei und eu

Damit wird die Sprechmuskulatur gut trainiert! Die Bewegungsfolge wird dabei immer wiederholt.
Am Schluss werden nur noch die Bewegungen gezeigt und es wird gar nicht gesungen. Dann haben die Kinder nämlich den Text so *verinnerlicht*, dass sie ihn nicht mehr laut singen müssen, um ihn darstellen zu können.

❹ Nun beginnt das, was die Verfasserin im Unterricht immer die **„Chinesenoper"** genannt hat. Das Lied wird nämlich in eine *Geschichte eingebunden*. Das ergibt die Möglichkeit, die Stimme sehr unterschiedlich einzusetzen und einige ihrer Verwand-

Frühling

lungsfähigkeiten auszuprobieren. Hier wird dann jeweils die Mimik und Gestik der handelnden Personen imitiert, wobei der Lehrerin eine Vorbildfunktion zukommt. Aus den vielfältigen Situationen entstehen die vielfältigen Sing- und Darstellungsmöglichkeiten. Dabei kann auch jeder noch eigene Ideen einbringen.

Nun wird die Folie der Textvorlage aufgelegt. Die verschiedenen Personengruppen werden angeschaut und beschrieben. Während die folgende Geschichte (siehe S. 114) erzählt und dargestellt wird, wird immer noch einmal auf entsprechende Grafiken gezeigt. Auch später, wenn das Lied ohne die Geschichte wiederholt wird, kann man durch Zeigen auf der Folie schnell die erwünschten Darstellungs- bzw. Singweisen angeben.

*Arbeitsauftrag*

*Unser Lied ist sehr bekannt. Auch deine Eltern und Großeltern und andere Leute kennen es. Ich erzähle nun eine Geschichte, was mit dem Lied schon passiert ist. Höre genau hin, wer das Lied singt, und singe es so wie sie. Mache auch die Bewegungen der Leute dabei nach.*

❺ Möglicherweise haben die Kinder beim Beschreiben der von ihnen erlebten Straßenmusikanten auch **Tamburin** oder **Schellenkranz** genannt. In Ermangelung der Fachausdrücke werden diese Instrumente von Kindern oft als „Schütteldinger mit Schellen" bezeichnet. *Tamburine* sind mit Fell bespannt. Im Holzrahmen sind Schellenpaare angebracht. Bei den *Schellenkränzen* fehlt dagegen die Fellbespannung. Sie bestehen nur aus dem Holzrahmen, in dem mehrere Schellenpaare aufeinanderschlagen.

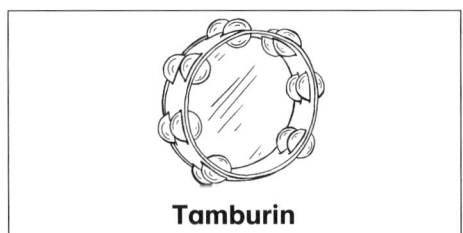

In dieser Stunde wird nur der *Schellenkranz* näher betrachtet und ausprobiert. Die Kinder erkennen dabei die Klangerzeugung durch Schütteln oder Schlagen. Bei der Bewegung schlagen die Schellenpaare (kleine gewölbte Metalldeckel) aufeinander und erzeugen den Klang. Es entsteht ein **Bewegungsklang**.

*Piktogramme*

Die **Piktogramme** für den Schellenkranz und seine Anschlagszeichen werden zu den anderen gehängt.

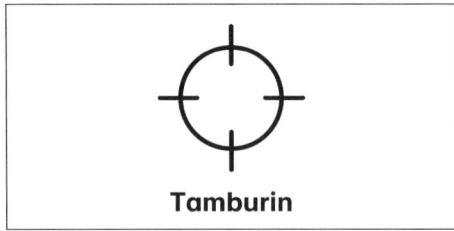
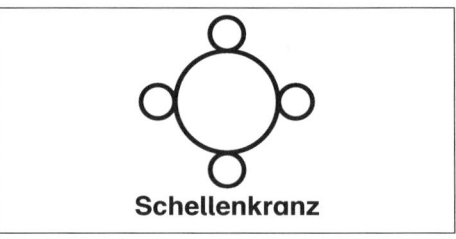
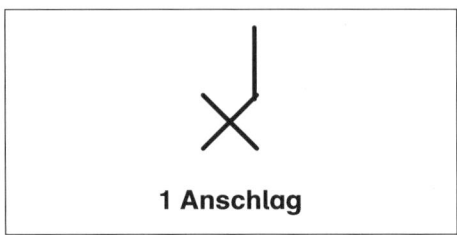
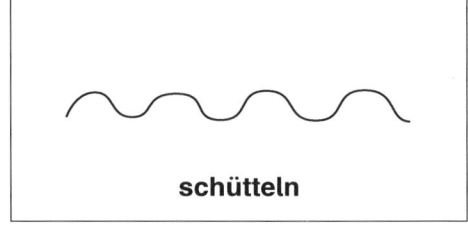

Manchmal gibt es im Instrumentarium auch einen **Schellenstab**. Er wird entsprechend betrachtet und ausprobiert. Hier sind die Schellenpaare in den Querstreben des Holzstabes befestigt. Man schlägt ihn so in die Handfläche, dass die Schellen aufeinanderfallen können. Man kann ihn aber auch *schütteln*, dann entsteht ein leicht zitternder Klang. Auch der Schellenstab erzeugt einen Bewegungsklang.

Frühling

*Piktogramme*  Nun werden noch das **Schellenstab-Piktogramm** und sein Anschlagszeichen vorgestellt und im Unterrichtsraum angebracht.

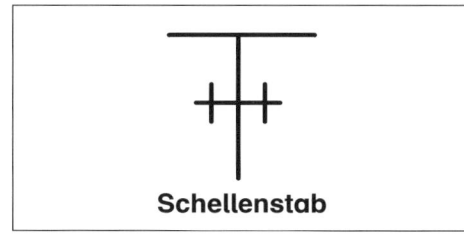

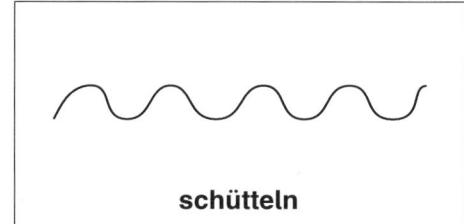

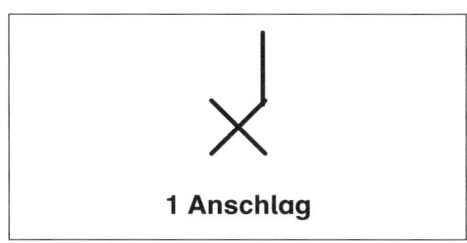

❻ Auch ein Schellenstab bzw. ein Schellenkranz kann durch **selbst gebastelte Metallrasseln** ersetzt werden. Sie klingen zwar meist nicht so laut wie die „echten" Rasseln, dafür kann man sie aber auch in einer größeren Anzahl herstellen und danach einsetzen.

Für die Herstellung benötigt man viele Kronkorken, die bereits durchbohrt sind (siehe Vorbereitungstipps auf S. 93). Alternativ kann man auch metallene Schraubverschlüsse entsprechend vorbereiten. Die dicken Drähte werden auf etwa 25 cm abgekniffen und zu einem Halbkreis gebogen. Die beiden Enden dreht man zu einem kleinen Kreis zusammen. Nun befestigt man im einen den dünnen Draht, zieht paarweise mehrere Kronkorken oder Schraubverschlüsse darauf und befestigt ihn im gegenüberliegenden Drahtkreis. Man muss darauf achten, dass jedes Kronkorken- bzw. Drehverschlusspaar mit der geschlossenen Fläche aneinanderliegt (gewissermaßen Rücken auf Rücken).

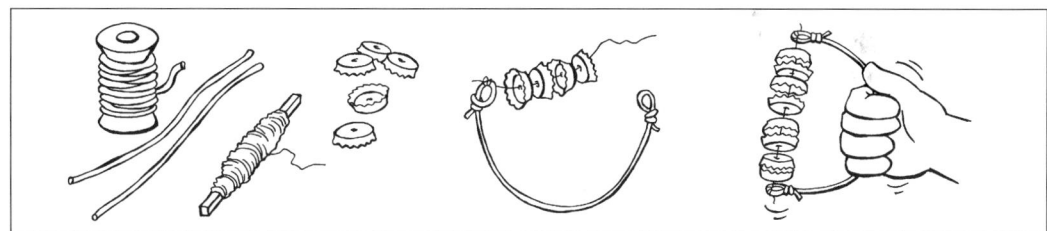

Wenn die Instrumente fertig sind, wird ihre Handhabung ausprobiert.

❼ Nun ist das bisher bekannte Instrumentarium wieder durch einen neuen Klang erweitert worden. Die Kinder wählen tischweise Instrumente aus, mit denen sie das Lied von den **„Drei Chinesen" begleiten** können. Dabei werden aber nun vor allem die neuen Instrumente eingesetzt. Die Begleitung wird vermutlich im Gesangs-Rhythmus erfolgen, bedarf daher keiner vorherigen Übung. Es ist dabei vorerst nur wichtig, dass sich die Kinder in den Klang einhören, um ihn später bewusster einsetzen zu können.

❽ Die Kinder erhalten die Aufgabe, selbst eine **Straßenmusikantengruppe darzustellen**.

*Arbeitsauftrag*  *Wir haben nun so viel von den Straßenmusikanten gesprochen und gesungen, jetzt sollt ihr einmal selber Straßenmusikanten sein.*
*Dazu singt ihr das Lied von den „Drei Chinesen" und begleitet euch dazu.*

Wie auf dem Bild und in dem Lied bilden jeweils drei Kinder eine Gruppe. Diese Gruppen suchen sich aus den Instrumentenkörbchen Instrumente aus, mit denen sie das Lied von den „Drei Chinesen" begleiten wollen.

Frühling

Jede Gruppe erhält ein Arbeitsblatt, auf dem eine Blanko-Begleitpartitur vorbereitet ist. Dort können sie mit den Instrumenten- und Anschlagzeichen notieren, wie sie das Lied begleiten wollen.

Auch hier wird wieder durch *Kriterien gelenkt* gearbeitet. Mögliche Kriterien könnten sein:

Kriterien

1. *Mit* dem Lied spielen
2. *Zusammen* und *abwechselnd* spielen

Natürlich werden zuvor die Kriterien gemeinsam erarbeitet:

Arbeitsauftrag

*Was ist beim Begleiten des Liedes wichtig?*
*Wie kann man das Lied mit drei Instrumenten begleiten?*

Das bedeutet zuerst, dass man *mit* dem Lied spielt, d. h. keine Pausen zwischendrin macht, um zu spielen. Das zweite Kriterium entsteht aus der Überlegung der Möglichkeiten, wie man das Lied überhaupt mit drei Instrumenten begleiten kann. Da ergibt sich natürlich:

– das Zusammenspiel aller drei Instrumente (Tutti)
– das Zusammenspiel zweier Instrumente in unterschiedlicher Kombination
– das *alleinige* Spiel eines Instruments (Solo)
– auch das Nacheinander des Instrumenteneinsatzes ist möglich
– theoretisch gäbe es auch eine Generalpause (= alle Instrumente schweigen; allerdings ist das Lied dafür wohl etwas kurz)

Alle Kombinationsmöglichkeiten werden vorab erarbeitet, damit die Kinder mit diesen Leitlinien in die Erarbeitungsphase gehen können. Vermutlich reicht die Zeit von etwa 15 Minuten für das Ausdenken und Aufschreiben der Begleitung und das Üben für die Vorführung aus. Die Vorführungen werden dann nach den besprochenen Kriterien beurteilt. Die zuschauenden und zuhörenden Kinder geben den vorführenden Gruppen eventuell noch Tipps zur Verbesserung ihres Vortrages.

❾ Nachdem alle Gruppen vorgeführt haben, wird rekapituliert, welche Instrumente die einzelnen Gruppen ausgewählt hatten. Nun sollen die Kinder **ihre Gruppe malen**.

Vorher betrachten die Kinder noch einmal Picassos Bild. Es wird sehr deutlich darauf hingewiesen, dass er die Personen ganz groß gemalt und sie in den Mittelpunkt des Bildes gesetzt hat. Das ganze Bild ist ausgefüllt. Man kann die Instrumente gut erkennen. Die Kriterien für die Bilder sollten im Arbeitsauftrag genannt werden.

Arbeitsauftrag

*Male deine Gruppe.*
*Male so groß, dass dein Blatt ausgefüllt ist.*
*Achte darauf, dass man die Kinder und die Instrumente erkennen kann.*

Das zweite Kriterium ist wichtig, weil jeder, der einmal mit Kindern dieses Alters gemalt hat, die Erfahrung machen konnte, dass sie meist nur den unteren Rand bemalen, den mittleren Bereich aussparen und oben lediglich die Sonne und ein paar Wolken erscheinen lassen. Beim ersten Kriterium ist die Aufforderung zum genauen Hinsehen enthalten. Egal, ob die Kinder mit Wachs- oder Wasserfarben malen, sind die Farben und die Art der Kleidung sowie der Instrumente zu beachten. Schon daran kann man erkennen, was dargestellt wird. Es bleibt den Kindern aber frei, so zu arbeiten wie Picasso (mit flächigen Versetzungen) oder so, wie sie es sehen und darstellen können.

In der Präsentationsrunde werden die Bilder jeder Gruppe besprochen und geprüft, ob die Kinder die Kriterien eingehalten haben und man die Gruppenmitglieder erkennen kann. Wieder helfen Tipps der anderen Kinder dabei, die Bilder möglicherweise anschließend noch einmal zu verbessern. Letztendlich werden alle Bilder gruppenweise zusammen aufgehängt.

Frühling

## 2. Im Frühling kommt der Osterhase

**Inhalte und Ziele**
– Gedicht erarbeiten und darstellen: „März"
– Verklanglichung des Gedichtes „März"
– Lied „Schaut nur, schaut!"
– Erfassen des Melodieverlaufs (traditionelle Notation) und der Binnenstruktur des Liedes
– Trommeln kennenlernen
– Trommelkonzert der Feldhasen

**Aufgaben**
1. Gedichtblatt „März" anschauen, darüber erzählen
2. Inhalt des Gedichtes verstehen (über Grafik, Vorlesen oder Selberlesen)
3. Inhalt des Gedichtes körperlich-gestisch darstellen
4. Verklanglichungsmöglichkeiten überlegen
5. Verklanglichungsarbeit nach Kriterien
6. Lied „Schaut nur, schaut!" lernen
7. Melodieverlauf (traditionelle Notation) markieren und strukturieren
8. Lied begleiten
9. Trommeln kennenlernen, sehen, anfassen, darauf und damit spielen
10. „Trommelkonzert der Feldhasen" auf Trommelinstrumenten spielen

**Medien** CD und CD-Player, OHP, Bausteinkarten, Trommeln, Handtrommel, Kartontrommeln, Wortkarten mit „Oster-Wörtern"

**CD** HB 33 ff.: „Schaut nur, schaut!"

**Kopien** Gedicht- und Arbeitsblatt „März" (S. 115 f.), Liedblatt „Schaut nur, schaut!" (S. 117), Arbeitsblatt „Trommelkonzert der Feldhasen" (S. 119)

**Folien** Folie „Schaut nur, schaut!" (S. 117), Folie mit Abbildungen von Feldhase und Kaninchen (S. 170)

**Arbeitsformen** Einzel-, Gruppenarbeit, Sitzkreis

**Dauer** 4 Stunden

## Vorbemerkungen

Das Osterfest ist eines der Feste, auf das sich besonders die kleineren Kinder freuen. Selbst wenn sie nicht mehr an den Osterhasen glauben, suchen sie gerne nach Eiern und Süßigkeiten. Im Musikunterricht ist es die Zeit der Frühlings- und Osterlieder und auch der Geschichten vom Osterhasen. Das Lied „Schaut nur, schaut!" wurde ausgewählt, weil einerseits sein Text den Vorstellungen der Kinder vom Osterhasen entspricht, der Süßigkeiten und bunte Eier versteckt, und es andererseits eine klar strukturierte Melodie hat, die gut zu begleiten ist.

*Vorbereitung*

Für die Arbeit mit dem Gedicht „März" muss es für jedes Kind kopiert werden, ebenso benötigen sie die Liedblätter für das Lied „Schaut nur, schaut!". Für das Lied werden noch zwei Folien vorbereitet: eine mit dem Melodieverlauf, die andere mit der Liedbegleitung.

Wenn sich die Kinder für eine Verkleidung bei der Darstellung des Gedichtes entscheiden, müssen die Kostüme dafür hergestellt bzw. bereitgelegt werden.

Für die Arbeit mit den Trommeln müssen wahrscheinlich alle Trommeln eingesammelt werden, die es an der Schule gibt. Normalerweise sind es nicht so viele, dass für jedes Kind eine zur Verfügung steht. Man kann sie für das „Trommelkonzert der Feldhasen" durch Kartontrommeln ergänzen. Für das Konzert werden zur Vorbereitung Wortkarten mit verschiedenen Wörtern (s. S. 105) benötigt.

Frühling

## Stundenverlauf

❶ ❷ Einem Gespräch mit den Kindern, was sich im Vorfrühling (Begriff muss wahrscheinlich erklärt werden) in der Natur bereits beobachten lässt, folgt das Austeilen des Gedichtblattes "März" von Elisabeth Borchers. Aus der Grafik erkennen die Kinder den Gedichtinhalt, sofern sie zu diesem Zeitpunkt das Gedicht noch nicht über den Text selbstständig erlesen können. Da das Textverständnis jedoch für die nachfolgende Gestaltung unumgänglich ist, wird es über die Grafik, das Erlesen und Vorlesen (am besten durch Kinder) erreicht.

❸ Der Gedichtinhalt wird nun zur Grundlage einer kleinen Szene. Mehrere Kinder stellen im Spiel dar, was in der Natur im März laut Gedicht passiert.
Nicht nur das Schicksal des Schneemanns wird nachempfunden, auch die anderen Geschehnisse werden in der Darstellung gezeigt. Da die Überlegungen für die Darstellung gemeinsam gemacht werden, eignet sich ein *Sitzkreis* für diese Besprechungen.

*Kriterium*   *Achte darauf, dass man aus den Bewegungen genau sehen kann, was passiert.*

Erst einmal stellen die Kinder fest, wie viele Kinder man braucht, um das Gedicht in eine Szene umsetzen zu können: 1 Sprecher, 1 Schneemann, die Sonne, 3 „Grüns", mehrere Vögel. Die anderen Kinder der Klasse werden später nötig sein, um diese Szene klanglich zu untermalen.

*Kostüme*   Die Kostüme werden aus Krepppapier hergestellt. Das ist erfahrungsgemäß die preiswerteste Lösung: weißes für den Schneemann, grünes für die „Grüns", gelbes für die Sonne, z. B. graues, braunes, schwarzes (Farben je nach Ideen!) für die Vögel. Dazu wird zuerst das Krepppapier in Streifen geschnitten. Mit einer dicken Nadel werden diese Streifen dann auf einen stärkeren Faden gezogen. Die Papierbahnen fallen dann lose um den Körper. Man kann sie befestigen, indem man auch am unteren Rand einen Faden durchzieht. (Achtung: Das schränkt die Bewegungsfähigkeit ein!)
Eine andere Möglichkeit ist die Herstellung eines „Hemdes" aus Krepppapier. Dazu misst man die Größe des Kindes, indem man eine Papierbahn von der Schulter bis zur Taille oder zu den Füßen abmisst und sie dann doppelt nimmt. Oben am Umschlagrand wird eine Öffnung für den Kopf geschnitten. Die Seiten werden festgetackert.
Die Sonne erhält einen Strahlenkranz aus gelbem Tonpapier, der mit einem Bindfaden oder Hutgummi – links und rechts am Strahlenkranz – befestigt wird (Papier lochen, Faden durchziehen). Tonpapiermanschetten, die um die Handgelenke gelegt werden, laufen über den Handrücken in Strahlen aus. Damit kann die Sonne dann den Schneemann kräftig bescheinen, wenn sie die Hände in seine Richtung hält, und auch die Vögel „vor ihm hertreiben".

❹ ❺ Dieses Gedicht eignet sich gut zur Verklanglichung. Nachdem die Kinder den Textinhalt bereits über das Lesen und vor allem die Darstellung verinnerlicht haben, werden sie genügend Ideen zur Verklanglichung entwickeln.

*Arbeitsauftrag*   *Überlege, wie man aus dem Gedicht ein Klanggedicht machen kann.*

Ein paar Ideen werden dazu gemeinsam entwickelt, quasi als „Anschub" für die Arbeit. Beispiel: Das „Kleinerwerden" wird durch ein Instrument dargestellt, das immer leiser (decrescendo) spielt. Zwei oder drei Ideen werden gesammelt und ausprobiert. Die Kinder werden feststellen, dass sie einerseits *Bewegungen und Abläufe* darstellen können (= *rhythmisch-programmatische* Verklanglichung), andererseits Personen bzw. Dinge (= *symbolische* Verklanglichung).
Dann werden die Kriterien überlegt, nach denen gearbeitet werden kann. Möglich wären:

Frühling

*Kriterien*   *Achte darauf, dass die Instrumente die Geräusche im Gedicht nachahmen.*
*Achte darauf, dass man die Bewegungen im Gedicht hören kann.*

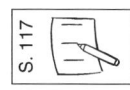 Dann gehen die Kinder in ihre Gruppen, erhalten ihr Arbeitsmaterial (Arbeitsblatt und Instrumente) und beginnen mit der Arbeit. Produktion, Präsentation und Reflexion erfolgen nach dem bereits bekannten Ablauf (vgl. S. 26).

 ❻ ❼ Für die Erarbeitung des Osterhasenliedes **„Schaut nur, schaut"** wird zuerst wieder das Liedblatt (mit der Melodie) betrachtet und zu der Grafik erzählt. Wer den **Text** schon lesen kann, liest ihn vor.

 Dann wird die Folie mit der **Melodie** aufgelegt. Wie bereits bekannt, wird der Melodieverlauf mit einem Folienstift durch Verbinden der Notenköpfe verfolgt. Möglicherweise fallen den Kindern dann die Sprünge im A-Teil gleich auf. Das erleichtert das anschließende Hören, weil sie charakteristische Auffälligkeiten darstellen.

 Dann werden wieder von der CD die einzelnen Liedteile gehört. Die Kinder versuchen, die Teile herauszuhören und zeigen sie. Die Reihenfolge des Hörbeispiels ist: B A' A.
Dann hören die Kinder das ganze Lied, während ein Kind den Verlauf des Notenbeispiels mitzeigt (das können auch mehrere Kinder tun).

Da sie es nun schon mehrmals gehört haben, wird ihnen das Mitsingen zum Lied keine Probleme mehr bereiten.
Die Folie wird noch einmal betrachtet, um die **Bausteine** miteinander zu vergleichen. Sie sind so untereinandergeschrieben, dass man schnell feststellen kann, welche Teile gleich und welche unterschiedlich sind. So kann man die Bausteine benennen und mit den Karten legen.

| (rot) | (rot mit weißem Strich rechts oben) | (blau) | (blau) | (rot mit weißem Strich rechts oben) |
|---|---|---|---|---|
| A | A' | B | B | A' |

 ❽ Bislang haben die Kinder sich die Begleitungen zu ihren Liedern selbst ausgedacht. Hier wird sie ihnen nun vorgegeben, damit auch das Abspielen einer nicht von ihnen selbst ausgedachten Notation geübt wird. Da die **Begleitung** sehr einfach gestaltet ist, werden die meisten Kinder sie bald auswendig spielen können.
Die benötigten Instrumente werden bereitgelegt und verteilt. Es ist gleichgültig, ob es sich dabei um die „echten" oder die selbst gebastelten handelt. Es ist organisatorisch zu überlegen, ob die eine Hälfte der Klasse singt und die andere begleitet. Da es den Kindern zumeist schwerfällt, zu singen und gleichzeitig zu begleiten, kann man diese Aufführungsform dann mit den beiden Gruppen abwechselnd üben.
Erst wenn das Lied mit allen drei Strophen von allen Kindern sicher auswendig gesungen werden kann, sollte es auch von der ganzen Klasse gemeinsam begleitet werden. Achten Sie, wie beim Singen aller Lieder, auf die Körperhaltung und die sorgfältige Aussprache! Besonders bei den schnelleren B-Teilen ist das Sprechen schwieriger!
❾ In der Reihe der bisher kennengelernten Schlaginstrumente fehlen die **Trommeln und Pauken**. Bislang wurden sie durch unterschiedlich klingende Kartons ersetzt. Nun lernen die Kinder „richtige" Trommeln kennen. Je nachdem, welche Trommeln in der Schule vorhanden sind, unterscheiden sie sich zumeist nur in der Größe. Die Bauart der im Unterricht der Grundschule gängigen Trommelinstrumente ist meist gleich oder ähnlich. Es kommen infrage: Handtrommeln, kleine Trommeln, Pauken und Bongos. Die Trommeln gehören zur Gruppe der *Fellklinger* oder *Membranofone*, d. h., die Tonerzeugung bedarf einer Membran (in der Regel aus Fell). Da der Ton durch einen Schlag zustande kommt, gehören sie auch zu den *Schlaginstrumenten*. Mittlerweile werden für den Schulbedarf auch Trommelinstrumente mit Kunststofffellen hergestellt, sie haben aber keinen so schönen Klang wie die mit Tierfell bezogenen. Grundsätzlich bestehen

Frühling

Trommeln aus einem Fell, das über einen Holzrahmen gespannt und von Seilen oder Metallklammern straff gehalten wird. Bei Pauken sind die Felle über einen Kessel gespannt. Sie sind unterschiedlich groß und können auf bestimmte Töne gestimmt werden, was für den Unterricht in der Grundschule zumeist jedoch ohne Belang ist. Auch auf Bongos werden durch ihre unterschiedliche Größe zwei verschiedene Töne erzeugt. Man hält sie zwischen den Knien und schlägt sie mit den Händen.

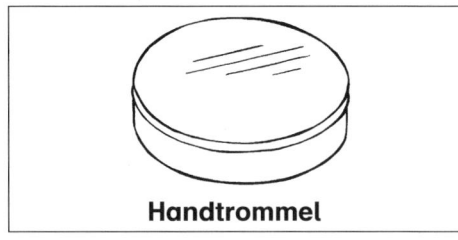
Handtrommel

Kleine Trommel

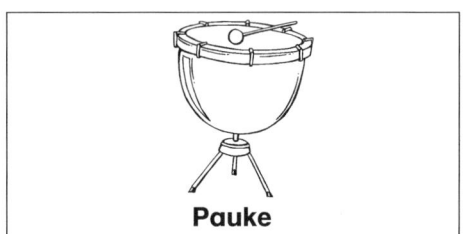
Pauke

Bongos

*Hinweis*

Zuerst muss man den Kindern erklären, dass es sich um Instrumente handelt, die bei unsachgemäßem Gebrauch sehr schnell kaputt gehen und dass die Reparatur überaus kostspielig ist. Das ist auch mit ein Grund dafür, dass bislang nur Kartontrommeln benutzt wurden. Die Koordination der Schulanfänger ist häufig noch nicht so gut ausgebildet. Kinder klopfen dann häufig mit voller Kraft auf Trommeln und zerstören dabei unwillentlich das Fell.

Da sie mittlerweile aber mit unterschiedlichen Instrumenten aus robusterem Material umgegangen sind, kann man sie zu diesem Zeitpunkt gut an die Arbeit mit Trommeln heranführen. Lediglich das Basteln eigener Trommeln wird auf einen späteren Zeitpunkt verschoben.

Irgendein Trommelinstrument gibt es an jeder Schule, auch wenn es vielleicht nur die Handtrommel für den Sportunterricht ist. Die Kinder betrachten das Instrument, befühlen es und erzählen etwas zu seiner Beschaffenheit. Dann wird mit der Hand oder einem weichen Schlägel daraufgeschlagen. Der so entstehende Klang ist ein **Punktklang**, obwohl das Fell deutlich nachschwingt. Es ist wichtig, dass alle Kinder ein Trommelinstrument in die Hand bekommen, um ein haptisches Empfinden für das Fell und die anderen Materialien zu entwickeln.

Man kann einer Trommel sehr unterschiedliche Töne entlocken, je nachdem, wie man das Fell zum Klingen bringt. Man kann darauf reiben: mit einem oder mehreren Fingern oder der ganzen Hand. Man kann darauf mit einem oder mehreren Fingern leise oder lauter klopfen. Die Töne erklingen verschieden, je nachdem, ob man am Rand oder in die Mitte mit der Hand klopft. Die Kinder sollen möglichst viele Möglichkeiten ausprobieren und so die **Vielseitigkeit ihrer Klangerzeugung** feststellen können. Alle Handhabungen werden vorgeführt, Klangeigenschaften besprochen und ihre **Piktogramme** festgehalten.

*Piktogramme*

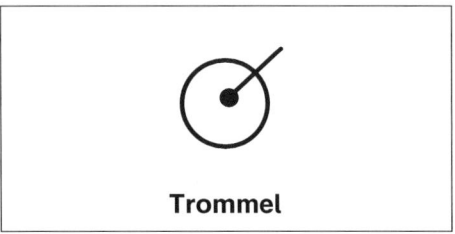
Trommel

Pauke

Frühling

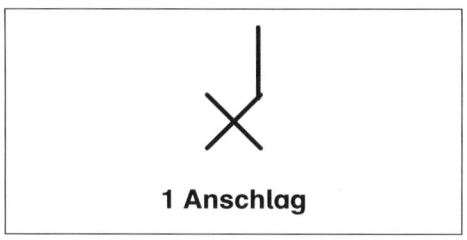
**1 Anschlag**

**reiben**

Auch die **Handtrommel-Piktogramme** und ihr Anschlagzeichen (x̣) werden angeschaut. Die wichtigsten Handhabungen außerhalb der „korrekten" werden daruntergehängt. In den weiteren Jahren werden sie vielleicht noch ergänzt. Die Kinder können auch versuchen, zwischen den Kartontrommeln diejenige(n) herauszuhören, die mit der nun benutzten „echten" Trommel eine klangliche Gemeinsamkeit hat.

*Piktogramme*

**Handtrommel – mit der flachen Hand geschlagen**

**Handtrommel – mit den Fingern am Rand geschlagen**

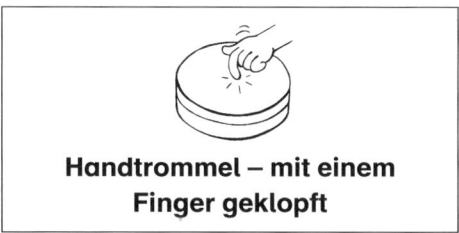
**Handtrommel – mit einem Finger geklopft**

**Handtrommel – mit den Fingernägeln über das Fell gekratzt**

**❿** In der nun folgenden musikalischen Umsetzung **„Trommelkonzert der Feldhasen"** können die neu erworbenen Kenntnisse eingesetzt werden. Dabei ist es möglich, die Kartontrommeln noch einmal mitzubenutzen. Um den Kindern eine Vorstellung von der nun folgenden Arbeit zu ermöglichen, benötigen sie Hintergrundinformationen. Diese können sie nicht nur im Musikunterricht erhalten, sondern auch im Sachunterricht. Da der Osterhase ja ein der Saison entsprechendes Thema ist, Kinder andererseits (Feld-)Hasen kaum kennen, erhalten sie die entsprechenden Informationen. Dazu können Abbildungen auf Folie gezogen werden, damit man besser über Kaninchen und Hasen sprechen bzw. ihre Unterschiede feststellen kann.

Frühling

| | Feldhasen | Kaninchen |
|---|---|---|
| **INFO** | größerer, länglicher Schädel, längere Ohren, längere Beine | kleinere, rundliche Schädelform, kürzere Ohren, kürzere Beine |
| | graubraunes Fell ||
| | Feldhasen begegnen einem nur einzeln, wenn man sie überhaupt sieht. Sie sind, wenn es darauf ankommt, hervorragende Springer und Läufer (bis 80 km/h schnell!). | Man sieht sie auf den Wiesen gemeinsam fressen und hoppeln. |
| | Die Jungen kommen auf dem Feld in einer Mulde zur Welt. Sie werden mit Fell, Zähnen und sehr gut funktionierenden Ohren und Augen geboren. Nach zwei bis drei Wochen überlässt sie die Mutter sich selber. | Kaninchen werden in einem mit der Bauchwolle der Mutter weich gepolsterten Nest in der Wurfhöhle eines Kaninchenbaus unter der Erde geboren. Sie kommen nackt, blind und taub zur Welt. Erst nach 10 Tagen beginnen sie zu sehen, zu hören und zu krabbeln. Die Mutter nährt sie 4 Wochen lang. |
| | Besonderes Kommunikationsverfahren: Sie trommeln mit den Hinterläufen auf den Boden. | |

Das Vorbild für den Osterhasen ist nicht das Kaninchen, sondern der Feldhase. Für die folgende Arbeit ist vor allem die Information wichtig, dass sie Nachrichten austauschen, indem sie mit den Hinterläufen auf den Boden trommeln. Der dabei entstehende Klang wird nun durch die Trommeln nachempfunden.

Eine weitere Information gehört noch dazu: Auch die Naturvölker gaben Nachrichten durch Trommeln weiter. So kann also eine bestimmte Trommelrhythmik den Rhythmus von Worten wiedergeben.

*Arbeitsauftrag*  *Die Feldhäsin gibt ihren Kindern mit dem Trommeln eine Botschaft. Es ist so, als würde sie sprechen. Die kleinen Feldhasen verstehen, was sie meint. Das hört sich an wie ein Trommelkonzert.*
*Wir machen jetzt auch ein Feldhasen-Trommelkonzert.*
*Ich sage euch ein Wort. Ihr schlagt dann so auf eure Trommel, wie ihr das Wort gehört habt. Dann sprecht ihr das Wort noch einmal.*

Folgende Wörter werden nacheinander gesprochen und getrommelt:
Os – tern, Os – ter – ei – er, Ha – se, Huhn, Schnup – per – na – se, su – chen, Os – ter – has, hop – peln, Os – ter – nest, Ei, Ei – er – far – be, ren – nen, Os – ter – fest, Os – ter – ei

*Arbeitsauftrag*  *Ich sage die Wörter noch einmal. Dann schlagt ihr sie sofort nach, ohne zu sprechen.*

Wiederholung: Diese Übung dient dazu, das rhythmische Empfinden der Kinder zu sensibilisieren. Sie lernen, zwischen kurzen und langen Silben zu unterscheiden, wie sie ja auch bereits den Parameter Tondauer (kurz – lang) in der Musik kennengelernt haben.

*Arbeitsauftrag*  *Das ist eine Aufgabe für „Ohren-Detektive"! Ich schlage jetzt zwei Wörter auf der Trommel, spreche aber nicht dabei. Vielleicht könnt ihr herausfinden, welche Worte es waren. Sagt auch, woran ihr die Worte erkannt habt.*

Die Antwort wird sein, dass sie sie an den kurzen und langen Wortteilen erkannt haben. Die Piktogramme für lang und kurz werden noch einmal angeschaut. Es wird darauf ver-

Frühling

wiesen, dass es kurz oder lang nicht nur bei Klängen bzw. in der Musik gibt, sondern auch bei Worten/in der Sprache.

Nun werden die vorbereiteten Wortkarten gezeigt, um sie nach der *Anzahl* und *Kürze/Länge* der Silben zu ordnen. Schließlich hängen sie in folgender Aufteilung zusammen:
- Ostern – Hase – suchen: — — —
- Huhn – Ei: —
- hoppeln – rennen: – –
- Schnuppernase – Eierfarbe: – – — —
- Osterfest – Osternest: — – –
- Osterei – Osterhas: — – —

Dann werden die Karten umgedreht. Auf der Rückseite stehen die Wörter nur mit ihren Längezeichen.

Mehrere Kinder dürfen sich je eine Längezeichenkarte aussuchen und sie auf der Trommel umsetzen. Dann raten sie, um welche Wörter es sich handeln kann. Zur Kontrolle darf die Karte umgedreht werden. Wurde es nicht erraten, darf dieses Kind ein anderes fragen, bis das Rätsel gelöst ist. Dann wird das Wort noch einmal getrommelt und gesprochen. Nun werden die Karten in einer neuen Reihenfolge aufgehängt. Alle Kinder spielen die Längezeichen gemeinsam ab.

*Arbeitsauftrag* *Suche dir zwei Zeichenkarten aus. Denke dir zu den Zeichen neue Wörter aus, die dazupassen. Sprich sie und begleite dich auf der Trommel dazu.*

*Arbeitsauftrag* *Denke dir ein Wort aus. Sage es dem Kind ins Ohr, das neben dir sitzt. Es trommelt das Wort nach. Ein anderes Kind legt dazu die richtige Karte.*

Die Aufgabe kann noch erweitert werden, indem die Kinder selber Längezeichen auf ein Blatt Papier aufschreiben. Dazu werden dann die passenden Worte gefunden und getrommelt.

Diese Vorarbeiten werden es der ganzen Klasse ermöglichen, eine vorgegebene Partitur abzuspielen. Dazu wird die Klasse in zwei Trommelgruppen eingeteilt. Zur Vereinfachung ist die Partitur in zwei Farben aufgeschrieben. Eine Gruppe spielt die graue, die andere die schwarze Notation.

Man könnte die Trommeln – gleichgültig, ob Felltrommeln oder Kartontrommeln – vorher nach Klanghöhen ordnen. Dann spielt eine Gruppe auf den höheren, die andere auf den tieferen Trommeln. So wird noch ein zusätzlicher Klangeffekt erreicht.

Während die Kinder spielen, wird entlang der Partitur gezeigt, wo die Kinder gerade spielen. So erfahren die Kinder auch ganz praktisch, wie wichtig der Dirigent ist.

Frühling

## 3. Sonne im Mai

| | |
|---|---|
| **Inhalte und Ziele** | – Parameter Stimmung: fröhlich – traurig |
| | – Vergleich zweier Hörwerke |
| | – Darstellung des Stimmungsgehalts beider Hörwerke über Malen |
| | – Lied „Sonne im Mai" |
| | – Erfassen der Melodiestruktur |
| | – Gestalten des Liedes mit Bewegung |
| | – Begleiten des Liedes mit Instrumenten |
| **Aufgaben** | ❶ Hörender Vergleich zweier Musikstücke |
| | ❷ Parameter fröhlich – traurig erkennen, benennen |
| | ❸ Malen nach Musik: „Fröhlich-traurig-Bild" |
| | ❹ Lernen des Liedtextes „Sonne im Mai" mit darstellender Bewegung |
| | ❺ Melodieerarbeitung des Liedes |
| | ❻ Bewegungsgestaltung zum Lied |
| | ❼ Formteile des Liedes erarbeiten |
| | ❽ Begleiten des Liedes mit Instrumenten |
| **Medien** | CD und CD-Player, OHP, Orff-Instrumente, Triangel (oder Gläser) und Schellenrassel (oder Kronkorkenrassel), 3 rote Karten, 3 blaue Karten (verschiedene Blautöne) |
| **CD** | HB 36: „Gavotte für Flöte und Orchester D-Dur" von François Joseph Gossec |
| | HB 37: „A London Symphony" von Ralph Vaughan Williams |
| | HB 38 ff.: „Sonne im Mai" |
| **Kopien** | Textblatt „Sonne im Mai" (S. 120) |
| **Folien** | Begleitung zu „Sonne im Mai" (S. 121) |
| **Arbeitsformen** | Einzelarbeit, Stehkreis, Sitzkreis |
| **Dauer** | 3 Stunden |

## Vorbemerkungen

Es gibt viele traditionelle Bräuche, mit denen der Monat Mai begrüßt wird. Je nach Lebensumfeld werden die Kinder eines ersten Schuljahres einen Maibaum kennen (das Aufstellen eines Maibaumes an einem zentralen Platz am Wohnort oder an einem Haus), Tanzfeste, Liedtraditionen und vieles mehr. Diese Kenntnisse und Erfahrungen der Kinder werden im Unterricht zusammengetragen, gleichzeitig die Veränderungen in der Natur beobachtet. Die Gründe für das Bedürfnis der Menschen, den Mai zu feiern, sind für Kinder dieser Altersstufe im Gespräch erkennbar. Der Musikunterricht trägt mit dem Lied „Sonne im Mai" und der Bewegungsgestaltung zur fröhlichen Stimmung bei. Das Lernen des Textes und der Melodie kann zunächst am Platz erfolgen. Bei der endgültigen Gestaltung mit Bewegung sollten die Kinder genügend Platz haben, um umeinander herumgehen und -hüpfen zu können. Eventuell kann dafür auch ein Flur genutzt werden.

*Vorbereitung*

Es werden die Stimmungs-Piktogramme „fröhlich" und „traurig" vorbereitet und das Liedblatt „Sonne im Mai" für die Kinder kopiert. Die Instrumente zur Begleitung des Liedes werden durch einige Gläser ergänzt. Bisher haben die Kinder die drei Parameter Tempo (schnell – langsam), Lautstärke (laut – leise) und Tondauer (kurz – lang) kennengelernt. Sie alle kann man hören. Der in diesem Kapitel zu er- bzw. bearbeitende Parameter bezieht sich jedoch auf den *emotionalen* Gehalt, den man hörend *empfinden* muss. Es geht um den Parameter Stimmung (traurig – fröhlich).

Diese Gefühlsgegensätze werden über zwei sehr unterschiedliche Hörwerke erarbeitet, die sowohl vom Zeitpunkt ihrer Entstehung als auch vom gesamten Ausdruck weit auseinanderliegen. Jedoch lassen sich manche Phänomene aus dem Gegensatz heraus besonders gut verstehen. Beim ersten Werk handelt es sich um die „Gavotte für Flöte

Frühling

und Orchester D-Dur" von François Joseph Gossec und beim zweiten um „A London Symphony – Bloomsbury Square on a November afternoon" von Ralph Vaughan Williams.

## Stundenverlauf

❶ ❷ Zur Einführung des **Parameters Stimmung (fröhlich – traurig)** dient ein **Vergleich zweier Hörwerke**. Für den Parametervergleich werden zwei Hörwerke eingesetzt. Zunächst wird die „Gavotte" von Gossec gehört, dann „A London Symphony" von Williams, jeweils in Ausschnitten, da die Gesamtwerke zu lang sind.

> **INFO**
> 
> „Gavotte für Flöte und Orchester D-Dur" von François Joseph Gossec
> Der französische Komponist und Dirigent François Joseph Gossec wurde am 17. 1. 1734, also im Zeitalter des Barock, in Vergnies (Belgien) geboren und starb am 16. 2. 1829 in Paris. Er wurde Direktor der Pariser Oper, beteiligte sich an der Revolution. Unter anderem bearbeitete er die französische Nationalhymne, die „Marseillaise", in der Form, in der sie noch heute erklingt. Vor allem aber komponierte er neben Kammer-, Chor-, Sakral- und Theatermusik etwa 60 Symphonien.
> Die Gavotte ist ursprünglich ein französischer Tanz, der später zu einem Satz der Suite wurde.

*Hörauftrag*

*Höre dir das Musikstück an. Überlege, welche Musikzeichen dazu passen würden.*

Beim Hören von Gossecs **„Gavotte"** wird stumm auf die Parameterkarten verwiesen. Die gesamte Komposition dauert fast 3 Minuten, darum wurde hier – mit Rücksicht auf die Konzentrationsfähigkeit der Kinder – nur ein Ausschnitt von 0:55 Minuten gewählt. Das ist ausreichend, um den Kindern den Ausdruck der Musik zu vermitteln.

*Arbeitsauftrag*

*Musik kann uns etwas erzählen. Überlege, was für eine Geschichte dir diese Musik erzählt hat: Ist sie spannend, aufregend, traurig, fröhlich, böse oder noch anders?*

Vermutlich werden die Kinder sofort sagen, dass die Musik fröhlich klingt. Dann wird das vorbereitete Piktogramm „fröhlich" gezeigt. Wenn man dann untersucht, *warum* die Musik so fröhlich klingt, sagen die Kinder wahrscheinlich, dass die Flöte so lustig spielt. Wenn sie dann mithilfe der Parameter beschreiben sollen, wie die Töne der Flöte klingen, werden sie zur richtigen Aussage kommen: *kurze* Töne. Manche Kinder empfinden sie auch als schnell, obwohl eher im mittleren Tempo gespielt wird.

*Piktogramme*

Frühling

> **INFO**
>
> „A London Symphony – Bloomsbury Square on a November afternoon"
> von Ralph Vaughan Williams
>
> Der englische Komponist und Dirigent Ralph Vaughan Williams wurde am 12. 10. 1872 (Zeit des Im-/Expressionismus) in Down Ampney (Gloucestershire) geboren. Sein Vater war Geistlicher. Mit 18 Jahren begann er sein Musik-Studium an der Royal Academy of Music in London. Er lernte aber auch bei und von anderen Komponisten wie Max Bruch in Berlin und Maurice Ravel in Paris. Er komponierte unermüdlich und schuf sehr unterschiedliche Werke: Opern, Ballette, Sinfonien, Konzerte, andere Orchesterwerke, Kammer-, Orgel- und Klaviermusik, Chorwerke und Filmmusik. Unter anderem gab er 1906 ein neues Kirchengesangbuch heraus.
>
> „A London Symphony" ist die 2. Symphonie von Ralph Vaughan Williams. Sie gilt als das Werk, das er wohl am häufigsten überarbeitet hat. Er schloss sie zuerst 1913 ab, änderte sie aber 1918, 1920 und 1933. Diese letzte Version veröffentlichte er dann 1936. Thema der Symphonie ist die Großstadt London. Der hier zu hörende Ausschnitt ist Teil des 2. Satzes, überschrieben mit: „Bloomsbury Square on a November afternoon".

Nun hören die Kinder das zweite Werk.

*Hörauftrag*

*Ihr hört jetzt noch eine Musik. Auch sie erzählt uns etwas. Versuche herauszufinden, was für eine Art Geschichte sie uns erzählt.*

Die gesamte Aufnahme von Williams' **„A London Symphony"** hat eine Länge von 13:25 Minuten. Hier ist wiederum nur ein Ausschnitt zu hören von 0:53 Minuten. Auch hier dürfte es für einen Höreindruck ausreichen. Mit Sicherheit wird es den Kindern leichter fallen, diese Musik zu beschreiben. Die Geschichte, die diese Musik erzählt, ist traurig. Sie wirkt darum traurig, weil sie langsam und leise ist und lange Töne hat. Es wäre an dieser Stelle noch zu früh, die Information über die beiden Tongeschlechter Dur und Moll zu geben. Es reicht aus, wenn die Kinder den emotionalen Gehalt der Musik erspüren und ausdrücken können.

Das zugehörige Piktogramm für „traurig" wird neben das erste gehängt.

Anschließend werden beide Stücke noch einmal nacheinander gehört und hörend miteinander verglichen. Dann ist Gelegenheit, um über andere Einzelheiten zu sprechen, die vorher nicht erwähnt wurden.

❸ Damit der emotionale Eindruck der beiden Musikstücke noch vertieft wird, bietet sich an dieser Stelle das **Malen zur Musik** an. Je nach Erfahrung der Kinder im Kunstunterricht können die Kinder mit Wachsmalstiften oder Wasserfarben ein **„Fröhlich-traurig-Bild"** malen.

*Arbeitsauftrag*

*Nimm dein Malblatt und knicke es einmal in der Mitte.*
*Dann falte es wieder auseinander.*
*Nun hörst du die fröhliche Musik noch einmal.*
*Male auf die linke Seite deines Blattes, was dir zu der Musik einfällt.*
*Es kommt nur auf die Farben an. Es ist egal, was du malst.*

Die Musik der „Gavotte" kann dazu mehrere Male gespielt werden. Die Kinder drücken über die Farbe den Stimmungsgehalt der Musik aus. Sie werden wahrscheinlich ausschließlich helle Farben (Gelb, Hellblau, Hellgrün) wählen. In der anschließenden Reflexion wird die Farbwahl aus der Musik her begründet. Es wird nur die linke Seite bis zum Knick bemalt. Damit ist der erste Teil der gesamten Aufgabe bewältigt. In der nächsten Stunde wird sie weitergeführt und beendet.

Frühling

Anschließend werden alle Bilder in den Kreis gelegt und zur Musik betrachtet. Es werden Gemeinsamkeiten und Unterschiede genannt. Die Gemeinsamkeiten werden überwiegen.

*Arbeitsauftrag*

*Nun hörst du die traurige Musik noch einmal. Male jetzt auf der rechten Seite des Blattes. Es kommt beim Malen wieder nur auf die Farben an. Es ist egal, was du malst.*

Auch „A London Symphony" wird mehrmals gespielt. Diesmal werden die Kinder dunkle Farben wählen (Grau, Dunkelblau, Dunkelgrün, evtl. dunkles Lila). In der anschließenden Reflexion bei der Betrachtung der Bilder im Kreis begründen sie ihre Farbwahl. Wieder werden Gemeinsamkeiten und Unterschiede genannt.

Anschließend werden alle „Fröhlich-traurig-Bilder" im Klassen- oder Musikraum aufgehängt. Daneben finden die zugehörigen Piktogramme vorerst ihren Platz.

*Hinweis*

❹ Da die meisten Kinder im 1. Schuljahr auch zu diesem Zeitpunkt noch keine längeren Texte lesen können, dienen beim Lernen des Textes sowohl Bewegungsgestaltung als auch die Illustration eines Textblattes dem schnelleren Behalten.

> **INFO**
>
> „Sonne im Mai"
> Das Lied „Sonne im Mai" ist ein Lied aus Israel mit dem Titel „Simiadech".
> Der Originaltext lautet: „Leg deine Hand in meine Hand, ich bin dein und du bist mein. Hej, hej, Galija, wunderschöne Tochter der Berge." Das Lied ist in Liederbüchern auch unter dem Titel „Galija" mit einem deutschen Text (von H. Falk) bekannt. Dessen Text wurde hier so abgeändert, dass er für die Grundschule geeignet ist.
> Das Lied ist leicht zu lernen, macht Freude beim Singen und lässt sich ebenso gut durch Bewegung gestalten wie einfach begleiten. Das liegt u. a. daran, dass das Lied ganz klar in zwei Formteile gegliedert ist.
> Der Schluss hat durch den nach allen Strophen gleichbleibenden Text: „Hei, hei, fallala, Kinder, kommt, der Mai ist da!" Kehrreimcharakter (Kehrreim = Refrain). Die beiden Anfangszeilen sind also jeweils die eigentlichen Strophen.
> Der deutsche Originaltext von H. Falk ist an folgenden Stellen geändert:
> – Kehrreim: „Hej, hej, Galija, Mädchen, komm, der Mai ist da!"
> – 3. Strophe: „Tanzen im Mai, Tanzen im Mai lockt alle die schönen Mädchen herbei."

Es wird der **Liedtext** von **„Sonne im Mai"** gleichzeitig mit der Bewegung vorgetragen. Auf diese Weise findet zugleich eine Einübung der abschließenden Bewegungsgestaltung zum Lied statt. Der Refrain wird im Metrum (= Grundschlag) geklatscht, also nicht auf jeder Silbe.

| **Strophe** ① | *Sonne im Mai, Sonne im Mai* | *lockt alle die schönen Blumen herbei.* |
|---|---|---|
| **Bewegung** | mit beiden Händen einen Kreis in der Luft formen | mit den Fingern seitlich neben dem Körper das Wachstum aus der Erde anzeigen |

| **Strophe** ② | *Singen im Mai, Singen im Mai* | *lockt alle die fröhlichen Lieder herbei.* |
|---|---|---|
| **Bewegung** | beide Hände rechts und links neben den Mundwinkel halten (wie lautes Rufen) | mit beiden Händen Bewegung des Heranwinkens machen |

Frühling

| **Strophe** ③ | *Tanzen im Mai, Tanzen im Mai* | *lockt alle die Kleinen und Großen herbei.* |
|---|---|---|
| **Bewegung** | mit beiden Händen in der Luft kreisen | mit der rechten Hand herwinken, danach in einer fließenden Bewegung tief (= „Kleine") und hoch (= „Große") zeigen |

| **Refrain** | I: *Hei, hei, fallala, Kinder kommt, der Mai ist da!* :I |
|---|---|
| **Bewegung** | ♩ ♩ ♩ ♩ ♩ ♩ ♩ ♩<br>x x x x x x    x x<br>auf den mit x gekennzeichneten Silben klatschen |

**❺** Im Gegensatz zum Text wird die **Melodie** des Kehrreims (Refrains) zuerst gelernt, weil er nach allen Strophen gleich bleibt. So können alle Kinder diesen Teil des Liedes schon sicher singen, wenn sie sich am Anfang noch sehr auf den Text der Strophen konzentrieren müssen. Der Schluss des Liedes weist einen Unterschied auf: Die Wiederholung endet auf dem (tieferen) Schlusston, beim ersten Singen dieses Teils erklingt ein höherer Ton. Auf beide Töne kann man durch Anzeigen mit den Händen aufmerksam machen und die Kinder auch nach dem Unterschied fragen.

Das Metrum der Refrainmelodie ist den Kindern schon vom Klatschen des Textes her bekannt. Schon beim Vorsingen wird deshalb mitgeklatscht.
Die Melodie der Strophen enthält auch eine Wiederholung: „Sonne im Mai, Sonne im Mai". Man kann diesen Teil erst summen, dann wiederholen. So werden die Kinder die Melodiewiederholung ebenso erkennen wie die des Textes.
Auch beim Singen gestalten die Kinder das Lied mit den zuvor geübten Bewegungen. So wird das Körper-Gedächtnis weiterhin trainiert.

**❻** Die Kinder kommen zusammen und stellen sich zum **Tanzen** in einen Kreis. Die Lehrerin steht entweder mit den Kindern im Kreis (bei ungerader Anzahl) oder außerhalb (bei gerader). Die Kinder singen das Lied und machen dabei die vorher eingeübten Bewegungen dazu. Beim Refrain klatschen sie im 1. Teil wie zuvor, dann bilden sie Paare und haken sich mit dem rechten Arm an den rechten Arm des Partnerkindes und hüpfen mit ihm einen Kreis rechts herum am Platz, bei der Wiederholung nehmen sie den linken Arm und hüpfen links herum.
Eine Ausnahme bildet die 3. Strophe. Hier wird nicht die Bewegung gemacht, die beim Einüben des Textes ausgeführt wurde. Die Kinder stellen sich in der sogenannten Handstern-Fassung auf, d. h. sie bilden Paare und legen die rechte Hand auf die rechte des Partnerkindes und gehen dann in dieser Fassung rechts herum. Sie hocken sich bei den „Kleinen" hin und recken sich bei den „Großen".
Nachdem die Kinder das Lied nun schon singen können und danach getanzt haben, wird das Erkennen der **Liedbausteine** keine Schwierigkeit mehr bereiten. Dazu werden 3 rote Karten für den Refrain und 3 unterschiedlich blaue für die 3 Strophen benötigt. Die Bausteinkarten werden an die Tafel geheftet oder frei auf den Boden gelegt.

*Arbeitsauftrag*   *Finde heraus, wie viele Teile das Lied hat. Überlege zuerst, welcher Teil ohne Veränderung immer wiederholt wird. Nenne den Text.*

Die Kinder werden den Refraintext nennen. Vielleicht werden sie dann den Begriff „Kehrreim" schon nennen. Sonst werden sie daran erinnert. Die drei roten Karten werden von ihnen ausgesucht und hingelegt oder aufgehängt. Die Refrainteile werden noch einmal gesungen. So erklingt, was die Kinder als Bausteine herausgefunden haben.

*Arbeitsauftrag*   *Summe die Melodie leise. Überlege, wie der Text der anderen Teile heißt. Was stellst du fest?*

Frühling

Die Kinder stellen fest, dass die Melodie dieser Teile zwar gleich ist, sich der Text aber unterscheidet. So wird als Grundfarbe Blau gewählt, was die Gleichheit der Melodieteile anzeigt, jedoch wegen der Unterschiedlichkeit der Texte unterschiedliche Blautöne. Auch diese Bausteinkarten werden an die entsprechende Stelle gehängt oder gelegt und die Gesamtzahl der Bausteine – sechs – festgestellt:

| 1. Strophe (blau 1) | Refrain (rot) | 2. Strophe (blau 2) | Refrain (rot) | 3. Strophe (blau 3) | Refrain (rot) |

Anschließend wird das Arbeitsblatt „Sonne im Mai" (S. 120) ausgemalt, evtl. beschriftet.

❼ Da die Kinder das Lied schon gesungen und dazu getanzt haben, gibt es nun noch eine dritte Möglichkeit: **Begleiten**. So können sich die Kinder – auch bei einer eventuellen Aufführung – selber entscheiden, wie sie mit dem Lied umgehen wollen.

Die entsprechenden Instrumente: Triangel und Schellenstäbe, alternativ auch Gläser (angeschlagen mit Holzstiften) und Kronkorkenrassel, werden in die Mitte des Sitzkreises gelegt. Entweder entscheiden die Kinder, wie sie zur Begleitung des Liedes eingesetzt werden oder sie begleiten es nach dem hier angegebenen Vorschlag.

Dazu wird ihnen der **Begleitvorschlag** auf einer Folie (S. 121) gezeigt, dann brauchen sie ihn nur abzuspielen. Das ist sicherlich ein kürzerer Weg als die eigene Erfindung. Jede Lehrerin kann entscheiden, welchen Ansatz sie wählt.

Beide Möglichkeiten der Begleitung verlangen die Kenntnis der beiden Klang- bzw. Anschlagsmöglichkeiten beider Instrumente und deren grafische Notation:
– Schlag (x) und
– Tremolo (∼∼∼∼)

## Zusatzangebot

*Bewegungs- und Stimmklangspiel*

**„Das Gänseblümchen"**

Bewegungsspiele bieten eine gute Möglichkeit, die Kinder nach anstrengenden Arbeitsphasen wieder zu lockern und zu entspannen. Es ist wichtig, dass sie zwischendrin immer einmal wieder bei sich sein können. Das folgende Spiel eignet sich besonders gut dazu. Der Text (siehe S. 122) wird mit ruhiger Stimme langsam gesprochen und den Kindern immer wieder Gelegenheit geboten, in einer Position innezuhalten, bis die nächste Bewegung folgt.

(Das vorliegende Bewegungs- und Stimmklangspiel wurde weiterentwickelt nach einer Idee aus: „Auf den Schwingen der Bewegung und der Phantasie", Auer Verlag)

Frühling

# Drei Chinesen mit dem Kontrabass

(Text und Melodie: Volksgut)

Drei Chinesen mit dem Kontrabass

saßen auf der Straße und erzählten sich was.

Da kam die Polizei: „Ja, was ist denn das?"

Drei Chinesen mit dem Kontrabass!

KOPIERVORLAGE

© Persen Verlag

Frühling

# Drei Chinesen mit dem Kontrabass (Begleitung)

Male hier die Instrumente auf, die ihr ausgewählt habt:

| Instrumente | Text und Spielweise |
|---|---|
|  | *Drei Chinesen mit dem Kontrabass* |
|  | *saßen auf der Straße und erzählten sich was.* |
|  | *Da kam die Polizei: „Ja, was ist denn das?"* |
|  | *Drei Chinesen mit dem Kontrabass!* |

© Persen Verlag

KOPIERVORLAGE

113

Frühling

# Die Chinesenoper

*Eines Tages hatte die Klasse 1 das Lied von den drei Chinesen gesungen. Das hörte eine Frau, die auf dem Weg zur Chorprobe mit ihrem **Kirchenchor** war. Sie sagte: „Das können wir auch singen." Und schon sang es der ganze Chor.*

Kinder singen – übertrieben – wie sie sich einen Frauenchor vorstellen: hoch und etwas mit der Stimme zitternd.

*Weil in der Kirche die Fenster offen standen, hörten es die **alten Männer**, die auf der Bank davor saßen. Sie sagten: „Das Lied kennen wir auch noch!" Und schon sangen es auch die alten Männer.*

Kinder singen entsprechend.

*Ein paar **sehr vornehme Damen** gingen über den Platz. Sie hörten das Lied und flüsterten: „Das kennen wir auch!" Weil sie aber so vornehm waren, konnten sie es auch nur vornehm und ganz leise singen.*

Kinder singen entsprechend, wahrscheinlich mit etwas spitzen Mündern.

*Aber einige **Jungen**, die zum Fußballspielen gingen, hörten die vornehmen Damen trotzdem und mussten furchtbar lachen. Sie sangen, mussten aber immer wieder zwischendrin lachen. Und darum hörte sich das Lied diesmal sehr lächerlich an.*

Kinder singen, lachen aber immer wieder laut zwischendrin.

*Ein Trupp **Soldaten** marschierte am Fußballplatz vorbei und hörte das lachende Lied. Sie meinten: „So singt man das aber nicht! Das muss sich viel zackiger anhören!" Und schon legten sie los:*

Kinder marschieren am Platz und singen dabei wie die Soldaten.

*Sie marschierten am **Kindergarten** vorbei. Die Kindergarten-Kinder fanden das Lied ganz toll. „Das singen wir jetzt auch!", riefen sie und freuten sich.*

Kinder singen nun noch höher und imitieren kleinere Kinder.

*Der **Dackel Waldi** war im Garten und hörte die Kindergarten-Kinder singen. „Das ist ein sehr schönes Hundelied!", dachte er und fing an zu singen. Das hörten die Nachbarshunde und machten mit.*

Kinder singen das Lied auf: „Wau, wau …"

*Fortsetzungsmöglichkeiten:*
- Die Katzen, die Mäuse, die Vögel usw. werden auch nachgemacht.
- Das Lied kommt zum Bauernhof. Dort „singen" es die Kühe, Schweine, Ziegen, Schafe, Hühner, Enten usw.
- Auch Frösche im Teich, die Bienen usw. singen das Lied.
- Es werden so viele Tiere nachgemacht, wie den Kindern einfallen und noch Lust zum Singen besteht.

*Abschluss:*
- Schließlich landet man wieder im Klassenzimmer, wo es zum Abschluss noch einmal „ordentlich" gesungen oder dargestellt wird.

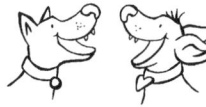

Frühling

# März

(von Elisabeth Borchers)

Es kommt eine Zeit,
da nimmt es ein böses Ende
mit dem Schneemann.

Er verliert seinen schwarzen Hut,
er verliert seine rote Nase,
und der Besen fällt ihm aus der Hand.
Kleiner wird er von Tag zu Tag.

Neben ihm wächst ein Grün
und noch ein Grün
und noch ein Grün.

Die Sonne treibt
Vögel vor ihm her.
Die wünschen dem Schneemann
eine gute Reise.

Frühling

# März

(von Elisabeth Borchers)

| Instrumente | Text und Spielweise |
|---|---|
| | Es kommt eine Zeit, da nimmt es ein böses Ende mit dem Schneemann. |
| | Er verliert seinen schwarzen Hut, er verliert seine rote Nase, |
| | und der Besen fällt ihm aus der Hand. |
| | Kleiner wird er von Tag zu Tag. |
| | Neben ihm wächst ein Grün und noch ein Grün und noch ein Grün. |
| | Die Sonne treibt Vögel vor ihm her. |
| | Die wünschen dem Schneemann eine gute Reise. |

Frühling

# Schaut nur, schaut

(Text und Melodie: Magdalena Kemlein)

① 
Schaut nur, schaut, wer sitzt denn dort im Grase?
Schaut nur, schaut, wer sitzt denn dort im Gras?
Das ist der kleine Osterhas'
mit seiner weißen Schnuppernas'.
Schaut nur, schaut, wer sitzt denn dort im Gras?

② 
Kommt nur, kommt, was liegt hier unterm Busche?
Kommt nur, kommt, was liegt hier unterm Busch?
Im Hasennest ein buntes Ei,
und Zuckerwerk ist auch dabei.
Kommt nur, kommt, was liegt hier unterm Busch?

③ 
Dank dir, Dank, du lieber Osterhase.
Dank dir, Dank, du lieber Osterhas'.
Wir singen dir dies Liedchen schön,
im nächsten Jahr „Auf Wiederseh'n!"
Dank dir, dank, du lieber Osterhas'.

**Trage die Namen der Liedbausteine ein und male sie bunt.**

|  |  |  |  |  |
|--|--|--|--|--|
|  |  |  |  |  |

© Persen Verlag

**KOPIERVORLAGE**

Frühling

# Schaut nur, schaut (Begleitung)

(Bearbeitung: Dagmar Kuhlmann)

Instrumente:

   Klanghölzer             Triangel

   Rassel               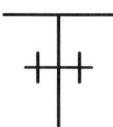   Schellenstab

| Instrumente | Text und Spielweise |
|---|---|
| △ ⟊ ✕ | Schaut nur, schaut, wer sitzt denn dort im Grase? |
| △ ⟊ ✕ | Schaut nur, schaut, wer sitzt denn dort im Gras? |
| ✕ ♀♀ | Das ist der kleine Osterhas' mit seiner weißen Schnuppernas'. |
| △ ⟊ ✕ ♀♀ | Schaut nur, schaut, wer sitzt denn dort im Gras? |

Strophen 2 und 3 werden ebenso begleitet.

Frühling

# Trommelkonzert der Feldhasen

(Dagmar Kuhlmann)

| Höher klingende Trommeln | — — — |
| --- | --- |
| Tiefer klingende Trommeln | — — — |

| Höher klingende Trommeln | — — — — — |
| --- | --- |
| Tiefer klingende Trommeln | — — — — — |

| Höher klingende Trommeln | — — — — — — — — — |
| --- | --- |
| Tiefer klingende Trommeln | — — — — — — — — — |

Frühling

# Sonne im Mai

(Lied aus Israel, deutscher Text: H. Falk , Textbearbeitung: Dagmar Kuhlmann)

① 
Sonne im Mai, Sonne im Mai
lockt alle die schönen Blumen herbei.
Hei, hei, fallala,
Kinder, kommt, der Mai ist da!
Hei, hei, fallala,
Kinder, kommt, der Mai ist da!

② 
Singen im Mai, Singen im Mai
lockt alle die fröhlichen Lieder herbei.
Hei, hei, fallala,
Kinder, kommt, der Mai ist da!
Hei, hei, fallala,
Kinder, kommt, der Mai ist da!

③ 
Tanzen im Mai, Tanzen im Mai
lockt alle die Kleinen und Großen herbei.
Hei, hei, fallala,
Kinder, kommt, der Mai ist da!
Hei, hei, fallala,
Kinder, kommt, der Mai ist da!

**Das sind die Bausteine des Liedes:**

| | | | | | |
|---|---|---|---|---|---|
| | | | | | |

| | | | | | |
|---|---|---|---|---|---|
| | | | | | |

KOPIERVORLAGE

Frühling

# Sonne im Mai

1. Son-ne im Mai, Son-ne im Mai lockt al-le die schö-nen Blu-men her-bei.
2. Sin-gen im Mai, Sin-gen im Mai lockt al-le die fröh-li-chen Lie-der her-bei.
3. Tan-zen im Mai, Tan-zen im Mai lockt al-le die Klei-nen und Gro-ßen her-bei.

1.–3. Hei, hei, fal-la-la, Kin-der, kommt, der Mai ist da!

Hei, hei, fal-la-la, Kin-der, kommt, der Mai ist da!

## Begleitvorschlag zum Lied „Sonne im Mai"

**Instrumente:**

△ Triangel / ⌴ Glas

╫ Schellenstab / ⌂ Kronkorkenrassel

**Spielweise:**

1 Anschlag ⨯

Tremolo ∼∼∼→

| Instr. | Text und Spielweise |
|---|---|
| △ | Strophen:<br>① Sonne im Mai, Sonne im Mai  lockt alle die schönen Blumen herbei.<br>② Singen im Mai, Singen im Mai  lockt alle die fröhlichen Lieder herbei.<br>③ Tanzen im Mai, Tanzen im Mai  lockt alle die Kleinen und Großen herbei.<br>⨯   ⨯   ∼∼∼→ |
| ╫<br>△ | Refrain:<br>Hei, hei, fallala, Kinder, kommt, der Mai ist da!<br>⨯ ⨯ ⨯ ⨯<br>⨯   ⨯ |
| ╫<br>△ | Hei, hei, fallala, Kinder, kommt, der Mai ist da!<br>⨯ ⨯ ⨯ ⨯   ∼∼∼→<br>⨯   ⨯   ∼∼∼→ |

© Persen Verlag

**KOPIERVORLAGE**

Frühling

## Das Gänseblümchen

Die Kinder stehen in der Klasse an einem selbst gewählten Ort.

*Es ist noch ganz früh am Morgen. Die Gänseblümchen auf der Wiese haben ihre Blüten noch ganz fest geschlossen.*

Die Kinder halten Hände und Arme wie eine lange spitze Tüte über dem Kopf.

*Nun kommt die Sonne, scheint auf die Wiese, und die Blüten entfalten sich ganz langsam. Den ganzen Tag über halten die Gänseblümchen ihre Blumengesichter in die Sonne.*

Die Kinder halten die Arme ausgestreckt und heben ihre Gesichter nach oben.

*Ab und zu kommt eine Biene zu Besuch.
Man hört sie herankommen. Dann setzt sie sich auf ein Gänseblümchen. Nun ist sie ganz still.
Dann fliegt sie fort zur nächsten Blüte.*

Die Kinder ahmen das Herankommen der Biene mit Summgeräuschen nach. So können sie beim Herankommen und Fortfliegen der Biene eine Crescendo- und Decrescendo-Gestaltung üben.
Hierbei ergeben sich zwei Stimmklangspiel-Möglichkeiten:
Alle Kinder machen das Summen der Biene nach oder jeweils nur eines, bis mehrere Kinder die Biene haben summen lassen.

*Nun wird es Abend. Die Sonne geht fort, und die Blüten der Gänseblümchen schließen sich ganz langsam wieder.*

Die Kinder halten wieder Hände und Arme wie eine lange spitze Tüte über dem Kopf.

**KOPIERVORLAGE**

# 5 Sommer

| | |
|---|---|
| **Stundenthemen** | 1. Waldkonzert<br>2. Sommer im Garten<br>3. Bald gibt's große Ferien! |
| **Inhalte und Ziele** | – Kuckuck und Kuckucksruf kennenlernen, mit der Stimme imitieren<br>– Lied „Kommt die liebe Sommerzeit": Textinhalt erarbeiten, singen, Liedstruktur erkennen<br>– Instrument Glockenspiel kennenlernen<br>– Parameter Tonhöhe einführen: hoch – tief<br>– Instrument Metallofon kennenlernen<br>– Flaschen als Klangerzeuger erforschen<br>– Lied „Kommt die liebe Sommerzeit" mit bekannten Instrumenten begleiten<br>– Hörwerkausschnitt „Der Kuckuck" kennenlernen<br>– Eigene instrumentale Gestaltung zum Thema „Der Kuckuck im Wald"<br>– Kennenlernen der Holzblocktrommel<br>– Instrumentale Gestaltung zum Thema „Specht": Wald-Konzert<br><br>– Lied „Im Sommer geht's zum Sommerball" singen, Text, Melodie und Liedstruktur erarbeiten<br>– Umsetzen des Liedinhaltes in Darstellung<br>– Instrument Guiro kennenlernen<br>– Lied begleiten<br>– Klänge im Garten<br>– Sumministrumente herstellen und einsetzen<br>– Gedicht „Wie tanzen die Mücken?" verklanglichen<br>– Hörwerkausschnitt „Dança dos mosquitos" kennenlernen<br>– Malen zum Hörwerk<br><br>– Gedicht „10 000 große Pausen" mit verteilten Rollen sprechen<br>– Lied „Wandern in der Sommerzeit": Text, Melodie und Liedstruktur erarbeiten<br>– Begleiten des Liedes mit bekannten Instrumenten<br>– Sprech-Blödeleien: Sprechverse mit Stimme und Instrumenten<br>– Lied und Tanz „Urlaub"<br>– So singen die Kinder in unserem Ferienland |
| **Fächerverbindungen** | 1. Sachunterricht, Deutsch<br>2. Sachunterricht, Kunst<br>3. Deutsch, Sport |

**Überblick: Was sollten die Kinder am Ende dieser Arbeitseinheiten können?**

| Rhythmik | Stimme/Lied | Instrumente | Musik umsetzen | Fachwissen |
|---|---|---|---|---|
| Lieder singen, sich dazu bewegen | Kuckucksruf nachahmen | Instrumente kennen- und handhaben lernen: Glockenspiel, Metallofon | Malen nach Musik: „Dança dos mosquitos" | Kuckucksruf/ Kuckucksterz kennen und auf Instrumenten finden |
| | Sommerlieder auswendig singen, Texte deutlich sprechen | | Bewegungsrichtung einer Musik darstellen | |
| | Einfache fremdsprachige Lieder singen | | Kuckucksruf auf Instrumenten nachahmen | |
| Sich zu unterschiedlichen Hörwerken rhythmisch bewegen | Insektentöne nachahmen und gestalten | Flaschen als Klangerzeuger | Instrumentale Gestaltung zum Thema „Kuckuck" | Arbeit mit Parametern |
| | | Holzblocktrommel | Verklanglichen des Gedichtes „Wie tanzen die Mücken?" | |
| Nach vorgegebener Choreografie tanzen | Sprechverse und Zungenbrecher sprechen, mit der Stimme unterschiedlich gestalten | Guiro | | Parameter Tonhöhe (hoch – tief) kennen |
| | | Sumministrumente | Gestalten von Nonsens-Versen | |
| Sprechverse rhythmisch begleiten und ausgestalten | | Lieder mit Instrumenten begleiten | Tanz zum Lied „Urlaub" | Liedstrukturen erkennen |

Sommer

## 1. Waldkonzert

| | |
|---|---|
| **Inhalte und Ziele** | – Kuckuck und Kuckucksruf kennenlernen, mit der Stimme imitieren |
| | – Lied „Kommt die liebe Sommerzeit": Textinhalt erarbeiten, singen, Liedstruktur erkennen |
| | – Instrument Glockenspiel kennenlernen |
| | – Parameter Tonhöhe einführen: hoch – tief |
| | – Instrument Metallofon kennenlernen |
| | – Flaschen als Klangerzeuger erforschen |
| | – Lied „Kommt die liebe Sommerzeit" mit bekannten Instrumenten begleiten |
| | – Hörwerkausschnitt „Der Kuckuck" kennenlernen |
| | – Eigene instrumentale Gestaltung zum Thema „Der Kuckuck im Wald" |
| | – Kennenlernen der Holzblocktrommel |
| | – Instrumentale Gestaltung zum Thema „Specht": Waldkonzert |
| **Aufgaben** | ❶ Kuckucksruf aus anderen Vogelstimmen heraushören |
| | ❷ Betrachten des Kuckucksbildes |
| | ❸ Kuckucksruf nachahmen, dazu verschiedene Tonhöhen und Parameter Lautstärke (laut – leise) und Tempo (schnell – langsam) nutzen |
| | ❹ Lied „Kommt die liebe Sommerzeit" lernen: Text erarbeiten, Kuckucks-Aberglauben am Text erklären |
| | ❺ Erarbeiten der Melodie |
| | ❻ Liedstruktur erkennen |
| | ❼ Instrument Glockenspiel kennenlernen: Aussehen, Materialien |
| | ❽ Unterschiedliche Klänge und Töne mit dem Glockenspiel hervorbringen |
| | ❾ Parameter Tonhöhe (hoch – tief) erkennen, Piktogramme betrachten, erklären, Kuckucksruf auf dem Glockenspiel spielen |
| | ❿ Instrument Metallofon kennenlernen: Aussehen, Materialien, Vergleich mit Glockenspiel herstellen |
| | ⓫ Töne auf Flaschen spielen |
| | ⓬ Lied „Kommt die liebe Sommerzeit" mit bekannten Instrumenten begleiten |
| | ⓭ Hörwerkausschnitt „Der Kuckuck" kennenlernen |
| | ⓮ Eigene instrumentale Gestaltung zum Thema „Der Kuckuck im Wald" |
| | ⓯ Instrument Holzblocktrommel kennenlernen und für die Imitation des Spechts einsetzen |
| | ⓰ Gelenkte Improvisation zum Thema „Waldkonzert" |
| **Medien** | CD-Player, CD, Bausteinkarten, OHP, Instrumentenkarten „Glockenspiel" und „Metallofon" samt Anschlagzeichen, mehrere Glockenspiele, mindestens 1 Metallofon, 1 Holzblocktrommel, mehrere Flaschen aus hellem Glas, 1 Trichter und 1 Wassergefäß pro Gruppe, Parameterkarten für „hoch" und „tief", bisher genutztes Instrumentarium |
| **CD** | HB 41: Kuckuck (und andere Vogelstimmen) |
| | HB 42 f.: „Kommt die liebe Sommerzeit" |
| | HB 44: Glockenspiel Glissando – Tremolo – Schichtklang = Cluster – Einzelklang |
| | HB 45: Metallofon Glissando – Tremolo – Schichtklang = Cluster – Einzelklang |
| | HB 46: „Der Kuckuck" aus „Die Vögel" von Ottorino Respighi |
| | HB 47: Schwarzspecht (Klopfen) |
| **Kopien** | Liedblatt „Kommt die liebe Sommerzeit" (S. 151) |
| **Folien** | „Kuckuck" (S. 171, farbig), „Schwarzspecht" (S. 171, farbig), Begleitblatt zu „Kommt die liebe Sommerzeit" (S. 152), „Kuckuckskonzert" (S. 153) |
| **Arbeitsformen** | Einzel- und Gruppenarbeit, Sitzkreis |
| **Dauer** | 5 Stunden |

Sommer

## Vorbemerkungen

Mittlerweile nähert sich das erste Schuljahr seinem Ende. Es ist Sommer. Die Kinder verbringen mehr Zeit draußen und erleben diese Jahreszeit durch die Schule und den nahenden Schuljahresabschluss sehr bewusst. Die Themen des Kapitels greifen diese Situation auf. Vor allem der erste Teil eignet sich sehr gut zum fächerverbindenden Arbeiten mit dem Sach- und Deutschunterricht.

*Vorbereitung*

Das Bild des Kuckucks, das Arbeitsblatt „Kuckuckskonzert" (siehe S. 153) und die Abbildung des Spechts werden auf Folie kopiert und mit der CD bereitgelegt. Es werden die Piktogramme „laut", „leise", „schnell", „langsam", „kurz" und „lang" benötigt. Die neuen Piktogramme für „hoch" und „tief" werden vorbereitet. Die Kinder erhalten die kopierten Liedblätter, auf denen auch die Noten der Melodie abgedruckt sind. Es werden daher auch die Notenkarten benötigt, ebenfalls die neuen Instrumentenkarten für Glockenspiel, Metallofon und Holzblocktrommel mit den Anschlagzeichen.

Es werden zum Begleiten alle bisher benutzten Instrumente gebraucht und zusätzlich Glockenspiele und Metallofone. Die Anzahl der Glockenspiele richtet sich nach der Anzahl der Arbeitsgruppen. Außerdem benötigen die Kinder pro Gruppe 8 Glasflaschen, 1 Trichter, 1 Wassereimer und ein Gießgefäß.

## Stundenverlauf

❶ ❷

*Arbeitsauftrag*

*Wir spielen das Spiel „Ohren-Detektive". Ihr hört einige Geräusche. Ich verrate euch nicht, was es ist. Ihr müsst es erraten. Sagt es erst, wenn ihr nichts mehr hört.*

Die Kinder nehmen ihre Hörhaltung ein, um den **Ruf des Kuckucks** (und andere Vogelstimmen) zu hören. Die Kinder werden sehr schnell erkennen, dass es sich hauptsächlich um den Kuckuck handelt, den man neben anderen Vogelstimmen sehr gut hört.

Dann wird die Kuckucksfolie aufgelegt, der Kuckuck betrachtet und beschrieben.

❸ Das Hörbeispiel des Kuckucksrufs wird noch einmal gehört. Die Kinder sollen nun den Klang beschreiben. Dazu werden die Parameterkarten benötigt. Sie werden wahrscheinlich die Karten „kurz", „schnell" und „laut" auswählen, um den Klang zu beschreiben.

Nach einem neuerlichen Hören sollen die Kinder leise den **Kuckucksruf nachahmen**. Dabei sollen sie so gut, wie es ihnen möglich ist, die Tonhöhe richtig abnehmen und wiedergeben. Dazu ahmen sie den Ruf zusammen mit dem Hörbeispiel nach.

Um den Tonunterschied darzustellen, nehmen sie die Hände zu Hilfe und zeigen den höheren und den tieferen Ton an. Es wird der Begriff „höher" und „tiefer" genannt, ohne darauf an dieser Stelle im Sinne der Parameter genau einzugehen.

Es wird ein **„Kuckucksspiel"** entwickelt. Dazu werden die Parameterkarten gezeigt. Die Kinder rufen den Ruf entsprechend lauter oder leiser, schneller oder langsamer. Die einzelnen Gruppen wechseln sich dabei ab.

❹ Das Liedblatt **„Kommt die liebe Sommerzeit"** wird ausgeteilt. Die Kinder betrachten die Illustrationen. Einige werden den Text bereits erlesen können. Dann wird auf den Inhalt der einzelnen Strophen eingegangen, der sich – mit Ausnahme der ersten Strophe – auf diverse Aberglauben im Zusammenhang mit dem Kuckuck bezieht. Der bekannteste davon ist wohl, dass man die Anzahl der zu erwartenden Lebensjahre der Anzahl der Kuckucksrufe entnehmen kann. In der dritten und vierten Strophe geht es um etwaigen Reichtum. Hier wird noch von „Pfennig" gesprochen. Man kann entweder den Pfennig als alte Währung erklären oder im Text durch „Euro" ersetzen.

Die Kinder sprechen den Text der ersten beiden Zeilen und klopfen dabei mit den Fingern aufeinander. Bei „-zeit" und „Kleid" werden später in der Melodie Viertelnoten

© Persen Verlag

# Sommer

gehalten, auch jetzt beim Sprechen die Finger verhalten aufeinanderklopfen. Ebenso werden die Viertelnoten und die halbe Note am Schluss des zweiten Liedteils betont. Damit ist durch das Sprechen bereits die Rhythmik des Liedes vorgeübt und bekannt.

❺ Nun werden die **Noten des Notenbildes** angeschaut und mit den Notenkarten verglichen. Auf diese Weise können sie benannt werden. Möglicherweise fällt den Kindern gleich auf, dass der Kuckucksruf in der Notation auch immer höher und tiefer notiert ist, so wie sie es vorher mit den Händen angezeigt hatten. Andernfalls wird daraus die Aufgabe formuliert:

*Arbeitsauftrag*   *Schau dir die Noten des Liedes genau an. Darin kann man einige Male den Kuckucksruf entdecken. Verbinde die Notenköpfe in einer Linie miteinander.*

Beim Verbinden werden die Kinder das regelmäßige Auf und Ab der Notenköpfe wahrscheinlich richtig als Kuckucksruf entdecken.

Das Lied wird so erarbeitet, wie es die Kinder bereits vorher im „Kuckucksspiel" begonnen haben. Jetzt wird aber jeweils nur ein Teil der Melodie vorgesungen, damit die Kinder ihn als **Echo** wiederholen. Dabei wird mit den Kuckucksrufen begonnen:
– „... und der Kuckuck, Kuckuck, Kuckuck ..."
– „... der Kuckuck ..."
– „... der Kuckuck schreit."

Bei „... der Kuckuck schreit" muss darauf geachtet werden, dass die langsameren Viertelnoten bei „Ku-ckuck" auch tatsächlich langsamer gesungen werden und „schreit" als halbe Note erst recht.

Die Kinder suchen die Stelle im Notenbild und verfolgen sie beim Singen.
Dann wird die erste Zeile gesungen:
– „Kommt die liebe Sommerzeit ..."
– „... trägt der Wald ein grünes Kleid ..."

Die Erarbeitungsweise entspricht der vorherigen. Schließlich wird das ganze Lied gesungen und im Notenbild verfolgt. Dann wird es mit der CD gesungen und bewusst auf die Haltung und die Atmung für „schönes" Singen geachtet.

❻ Die **Melodiestruktur** des Liedes kann am Notenbild erkannt werden, indem es auf Wiederholungen längerer Teile – hier beider Zeilen – überprüft wird. Da man keine Wiederholung findet, ist die Struktur einfach: A B . Durch die Wiederholung der Kuckucksrufe könnte man die zweite Zeile für einen Refrain halten, da aber nicht auch der Text wiederholt wird, wäre solch eine Einstufung falsch. Das Lied hat also **8 Bausteine**:

| A | B | A | B | A | B | A | B |
|---|---|---|---|---|---|---|---|
| 1. Strophe/*rot* | | 2. Strophe/*blau* | | 3. Strophe/*gelb* | | 4. Strophe/*grün* | |

Mit dem Ausmalen der Bausteine ist die Phase der Strukturerarbeitung abgeschlossen.

❼ Bislang hatten die Kinder nur praktisch mit Instrumenten zu tun, die vorwiegend rhythmisch und illustrierend eingesetzt wurden. Nun lernen sie erstmalig eines kennen, auf dem Melodien gespielt werden können: das **Glockenspiel**. Es wäre günstig, wenn in jeder Gruppe etwa je eins für zwei Kinder gemeinsam zur Verfügung stünde. Die Instrumente werden, vorerst ohne Schlägel, auf die Tische gestellt. Das Fehlen der Schlägel soll zuerst einmal dazu dienen, dass die Kinder sich die verschiedenen Materialien anschauen und sie mit den Händen erfühlen. Sie dürfen es auseinanderbauen, um auch einen Eindruck vom „Innenleben" (hohl) zu bekommen. Ohne Zweifel werden sie dann auch bald entdecken, dass man zum Spielen Schlägel braucht. Wahrscheinlich wissen aber einige Kinder, wie das Instrument heißt und wie es klingt, und können erst einmal (unkommentiert) erzählen.

Sommer

*Arbeitsauftrag*  *Dieses Instrument ist ein Glockenspiel. Schaut es euch an und überlegt, aus welchem Material es gemacht worden ist. Um es zu untersuchen, dürft ihr das Instrument auseinanderbauen.*

Nach einer *vorher vereinbarten Zeitspanne* berichten die Kinder dann von ihren Wahrnehmungen:
- Das Glockenspiel besteht aus verschiedenen Materialien: Holz, Metall und Gummi
- Es besteht aus verschiedenen Teilen: Kasten, Plättchen, Stiften in Gummihülsen und dünner Gummirolle zwischen Kasten und Plättchen, die sich um die Stifte herumwindet.
- Die Plättchen sind unterschiedlich groß und liegen auf der dünnen Gummirolle. Damit sie nicht wegrutschen, sind sie an einem Ende gelocht. Man hängt sie damit über je einen der Metallstifte, die am Rande des Kastens befestigt sind. Das andere Ende der Plättchen liegt zwischen zwei auf der gegenüberliegenden Seite angebrachten Stiften. Auf den Plättchen stehen Buchstaben.

Das Glockenspiel wird wieder zusammengebaut. Dabei stellen die Kinder fest, dass die Stäbe eine bestimmte Reihenfolge einhalten müssen: Sie werden nach ihrer Größe gelegt. Der Kasten ist an einem Ende schmaler als am anderen.

❽ Natürlich wissen die Kinder auch schon, dass man einen Gegenstand benötigt, um die Metallplättchen zum Klingen zu bringen. Sie bekommen für ihre **Klangexperimente** unterschiedliche Schlägel: Metallstäbe vom Triangel, Kork-, Stoff- und Watteschlägel, aber auch die „richtigen" mit einem Holzkopf. Die Kinder probieren aus, was wohl den für sie „besten" Klang hervorruft. Wenn sie sich nicht einigen können, sagt man ihnen, welcher Schlägel dafür eigentlich vorgesehen ist. Das Ausprobieren unterschiedlicher Schlägel ist aber deshalb wichtig, weil bei späteren Gelegenheiten eventuell auch einmal verfremdete Klänge erforderlich werden. Dann haben die Kinder bereits die Erfahrung gemacht, dass mit unterschiedlichen Schlägeln auch andere Klänge erzeugt werden können.

Einzelne Plättchen werden vom Kasten entfernt und auf der Tischplatte angeschlagen. Die Kinder merken auch hier, dass sich der Klang damit verändert und dass der Hohlraum des Kastens erst den schönen Klang ermöglicht. Der kleine Gummiwulst verhindert das direkte, großflächige Aufliegen der Plättchen und ermöglicht damit die Klangentfaltung.

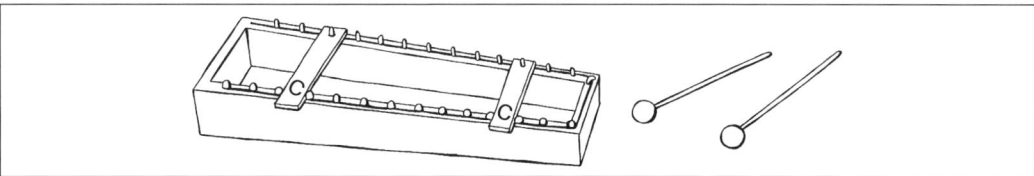

Weil die Töne auf Klangstäben erzeugt werden, gehört das Glockenspiel zur Gruppe der **Stabspiele**.

*Arbeitsauftrag*  *Probiert einmal aus, welche Töne ihr mit dem Instrument machen könnt.*

Sobald der Eindruck besteht, dass die Kinder zu Ergebnissen gekommen sind, wird diese Phase beendet. Ergebnisse werden wahrscheinlich sein:
1. Die Töne sind unterschiedlich. Die kleinen Plättchen erzeugen andere Töne als die großen. Man kann eine Melodie darauf spielen.
2. Die Plättchen haben verschiedene Buchstaben. Manche wiederholen sich.
3. Man kann durch unterschiedliche Anschläge unterschiedliche Lautstärken erreichen.
4. Die Klänge des Instruments sind Schwebeklänge.

Wenn die Kinder nicht von alleine darauf kommen, werden die fehlenden Möglichkeiten demonstriert und dann von den Kindern nachgemacht.

Sommer

5. Man kann mit dem Schlägelkopf von unten nach oben gleiten und umgekehrt. Das nennt man **Glissando**. Die dazugehörenden Anschlagzeichen sehen so aus: ↗ von den großen aufwärts zu den kleinen Plättchen und ↘ abwärts von den kleinen zu den großen Plättchen.
6. Wenn man den Schlägel auf einigen Plättchen hin- und herbewegt, nennt man das ein **Tremolo**. Das Anschlagzeichen dazu sieht so aus: ↔
7 Es gibt noch die Möglichkeit, einen Stab herauszunehmen und ihn quer mit den Fingern zu fassen. Man schlägt dann mit dem ganzen Stab quer über ein paar Plättchen. Das erzeugt einen sogenannten **Schichtklang = Cluster**. Das Zeichen dafür ist ein blockartiger Streifen: ▬
8. Schlägt man einen Stab einfach an, gilt das übliche Anschlagzeichen: ✗

Die Hörbeispiele erklingen noch einmal nacheinander. Dazu werden die jeweiligen Anschlagzeichen gezeigt. Schließlich werden die Hörbeispiele in unterschiedlicher Reihenfolge gespielt. Die Kinder müssen dazu die Zeichen zeigen und auch selber auf ihrem Instrument ausprobieren.

❾ Die Kinder hatten ja bereits festgestellt, dass sie auf dem Glockenspiel unterschiedliche Töne spielen können. Sie stellen das Instrument so vor sich hin, dass der schmalere Teil mit den kleinen Plättchen nach rechts zeigt und der breitere mit den größeren Plättchen nach links. Nun schlagen sie vom untersten bis zum obersten die Plättchen ganz langsam nacheinander an und versuchen, die Töne nachzusingen. Das wird nicht allen Kindern gelingen, vor allem nicht, wenn die Töne höher werden. Auf die Frage, warum sie nicht weitersingen können, werden die Kinder antworten, dass die Töne zu *hoch* („zu quietschig") sind und beim Singen nicht schön klingen.

Sie spielen nochmals die Tonfolge von unten nach oben und zeigen dabei die Tonhöhe gleichzeitig mit der linken Hand von unten nach oben. Also können Töne *hoch* oder *tief* klingen. Die Piktogramme des **Tonhöhen-Parameters** „hoch" und „tief" werden gezeigt.

*Piktogramme*

hoch

tief

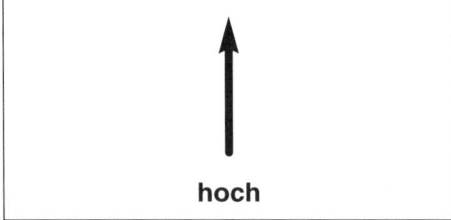
hoch

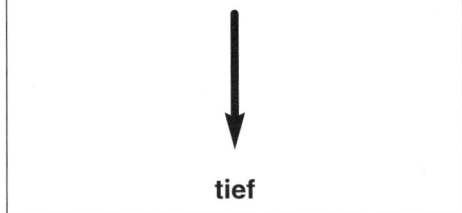
tief

Glissando aufwärts

Glissando abwärts

Sommer

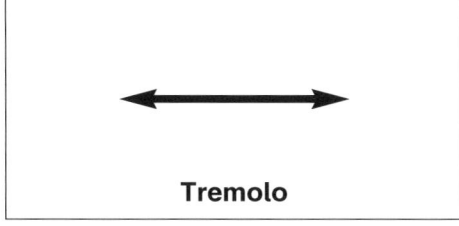
**Tremolo**

**Schichtklang (Cluster)**

Nun werden im Wechsel oder nacheinander hohe oder tiefe Töne gespielt.
Das Hören tieferer oder höherer Klänge ist im Alter dieser Kinder noch recht schwierig, sollte also immer wieder bei möglichen Anlässen geübt werden. Auch hier muss u. a. wieder ein gedanklicher Transfer geleistet werden: Mit „hoch" und „tief" handelt es sich um *räumliche* Begriffe, die auf Klänge übertragen werden müssen.
Als **praktische Umsetzung** des Tonhöhen-Parameters (hoch – tief) sollen die Kinder nun auf dem Glockenspiel den Kuckucksruf nachspielen. Man kann hier nicht absolut von „hoch und tief" sprechen, weil es nur um ein „höher oder tiefer" geht. (Das Glockenspiel erzeugt – verglichen mit beispielsweise einer Pauke – an sich nur höhere Töne.) Die Tondifferenzen sind in sich nicht groß, ebenso die kleine Terz beim Kuckucksruf. Dennoch sind die beiden Töne des Kuckucksrufs gut voneinander zu unterscheiden.

*Arbeitsauftrag*  *Wir singen noch einmal das Lied „Kommt die liebe Sommerzeit".*
*Dabei singen wir den Kuckucksruf lauter als die anderen Töne.*

Die Kinder singen das Lied zum Begleitplayback, da es dort bereits in der Tonart aufgenommen wurde, in der die Kuckucksrufe im Lied auch auf dem Glockenspiel begleitet werden können.
Damit die Kinder den Ruf im Ohr behalten, wird er noch einige Male alleine gesungen.

*Arbeitsauftrag*  *Versuche einmal, den Kuckucksruf auf dem Glockenspiel nachzuspielen. Wenn du es herausgefunden hast, schreibe die Töne auf, die du gefunden hast.*

Das Lied ist in der Tonart G-Dur (mit einem # = fis) notiert (s. S. 151) und wird auch so gespielt. Der Kuckucksruf wird hier mit den Tonfolgen [d] [h] (4-mal) und [c] [a] (1-mal) dargestellt. Sollten die Kinder den „Ton verlieren", wird er entweder noch einmal gesungen oder einmal – versteckt – gespielt. Die Kinder sollen den **Ruf über das Hören finden**. Nach und nach werden alle Kinder den Ruf spielen. Dann können sie auch den 2. Ruf ([c] [a]) suchen oder, wenn das zu lange dauert, nach Ansage spielen.
Das Lied wird noch einmal gesungen. Nun können die Kinder im Lied die Kuckucksrufe auf den Glockenspielen **begleiten**.

*Arbeitsauftrag*  *Wir spielen eine neue Runde des Spiels „Ohren-Detektive"!*
*Du sollst herausfinden, ob noch mehr Kuckucksrufe in deinem Glockenspiel „versteckt" sind.*

Die Kinder probieren aus. Sie können auf dem Glockenspiel weitere Rufe heraushören, und zwar die Tonfolgen [c] [a], [d] [h], [g] [e], [f] [d] oder, falls das [fis]-Plättchen aufliegt, statt dessen [a] [fis]. Einige Tonfolgen treten zweimal auf, mit 8 Tönen Abstand (das hängt vom Tonumfang des jeweiligen Glockenspiels ab).
Die Kinder machen beim Suchen noch die zusätzliche Erfahrung, dass sich die Namen der Töne nach dem 8. Ton wiederholen, sie aber dann tiefer bzw. höher klingen. Sie können die Plättchen aufeinanderlegen und stellen fest, dass die Plättchen mit den gleichen Tonnamen jedoch unterschiedlich hoch oder tief klingen. Daraus ergibt sich die folgende Erkenntnis:

*Erkenntnis*  *Je größer das Instrument, desto tiefer klingen in der Regel seine Töne.*

❿ Als nächstes Instrument lernen die Kinder das **Metallofon** kennen. Auch das Metallofon gehört zur Gruppe der Stabspiele. Die Erarbeitung geschieht konform der Erarbeitung des Glockenspiels (siehe ❼ und ❽).

Sommer

Die Hörbeispiele entsprechen – von der Tonhöhe abgesehen – denen des Glockenspiels. Die Kinder werden feststellen, dass die Klänge des Metallofons tiefer sind und die Plättchen dicker und größer. Einige Plättchen des Glockenspiels und die entsprechenden des Metallofons werden zum Vergleich neben- bzw. aufeinandergelegt. Auch der Kasten ist größer. Die Töne des Metallofons können oft lauter sein und klingen länger. Man stellt es fest, indem der gleiche Ton auf beiden Instrumenten gleichzeitig angeschlagen wird. Auch das Metallofon erzeugt *Schwebeklänge*.

*Piktogramme*

Das **Piktogramm** für das Metallofon wird neben das des Glockenspiels gehängt:

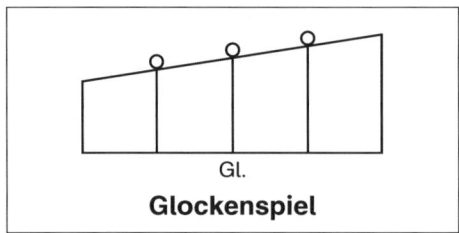
**Glockenspiel**

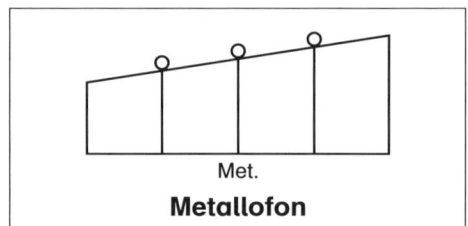
**Metallofon**

Ein Glockenspiel und ein Metallofon werden nebeneinandergestellt. Die Kinder sollen hören, wie die Tonhöhen der beiden Instrumente einzustufen sind. Dazu wird jeweils der tiefste und der höchste Ton beider Instrumente angeschlagen. Je nach Größe der beiden Instrumente kann es sein, dass der tiefste Ton des Glockenspiels der höchste des Metallofons ist.

Beim **Vergleich der beiden Instrumente** werden die Begriffe des Tonhöhen-Parameters (hoch – tief) eingesetzt. Die Kinder hängen beide Instrumentenkarten nebeneinander und dazu die entsprechenden Parameterkarten: „hoch" zum Glockenspiel und „tief" zum Metallofon.

Die Kinder versuchen, auch beim Metallofon den Kuckucksruf über das Hören herauszufinden. Auch hierbei werden sie die Erkenntnis vertiefen, dass die Namen der Töne gleich sind, jedoch tiefer klingen.

*Arbeitsauftrag*

*Wir spielen ein Kuckuckskonzert auf Glockenspielen und Metallofonen.*

Die Kinder erhalten das Blatt „Kuckuckskonzert" (siehe S. 153), schauen sich die Notation an, klären noch Fragen und spielen dann gemeinsam das „Konzert".

*Arbeitsauftrag*

*Wir spielen jetzt alle gemeinsam auf allen Instrumenten. Dazu gleiten wir mit den Schlägelköpfen leicht über die Plättchen, erst hinauf und dann wieder hinunter. Denkt euch einen Namen für die Klänge aus, die ihr dabei hört.*

Auf diese Weise ergibt sich ein schöner, fast sphärischer Klangeffekt im Klassenraum, wenn gleichzeitig auf allen vorhandenen Glockenspielen und Metallofonen **langsame Glissandi** von den Kindern gespielt werden. Die Namen dafür sind meistens „Himmelsmusik", „Sternenklänge", „Märchenmusik" oder Ähnliches. Die Kinder sollen ihre Vorstellungen jeweils mit den Klangeigenschaften begründen.

⓫ Um das genaue **Hören von Tonhöhen** zu üben, aber auch, um eine zusätzliche instrumentale Klangmöglichkeit zu schaffen, werden Flaschenspiele (= **Flaschen-Glockenspiele**) hergestellt. Dazu benötigt man pro Gruppe 6 bis 8 Glasflaschen (Milch- oder Wasserflaschen). Sie sollten aus durchsichtigem, möglichst weißem Glas sein. In einen Eimer wird Wasser gefüllt und daraus mit einem Gießgefäß Wasser entnommen. Durch einen Trichter wird später das Wasser in die Flaschen gefüllt.

Als Schlägel benutzt man einen Holzstift oder lässt sich im Baumarkt dünne Rundhölzer auf 20 cm Länge zurechtschneiden. Die leeren Flaschen werden nebeneinander auf den Gruppentisch gestellt und der Reihe nach angeschlagen.

*Arbeitsauftrag*

*Hört genau hin, wie die Flaschen klingen. Spielt dann auf dem Glockenspiel. Versucht herauszufinden, ob ihr einen Ton hört, der bei einer Flasche und dem Glockenspiel gleich klingt.*

130

Sommer

Bei diesem Versuch sind mehrere Kinder beteiligt. Sie müssen sehr gut hören, um die Gleichheit des Klanges feststellen zu können. Mit einem Stift wird der Notenname des Klangplättchens auf die gleich klingende Flasche geschrieben.

Eine Flasche wird zu Demonstrationszwecken vor alle Kinder gestellt. Ein Kind schlägt die Flasche regelmäßig an. Währenddessen wird durch einen Trichter langsam Wasser in die Flasche gegossen. Die Kinder werden erstaunt feststellen, dass sich der Klang der Flasche mit dem Höhersteigen des Wassers verändert: Er wird tiefer. (Beim Überblasen wäre es interessanterweise umgekehrt. Dann würde er höher, je kürzer die schwingende Luftsäule wird.) Nun wird der entsprechende Ton auf dem Glockenspiel gesucht. Sollte das Glockenspiel zu hoch für den Klang der Flasche sein, wird zusätzlich ein Metallofon bereitgestellt.

*Arbeitsauftrag*

*Mit den Flaschen stellt ihr jetzt ein Flaschenspiel her, das sich fast so wie ein Glockenspiel anhört. Spielt noch einmal den ersten Kuckucksruf auf dem Glockenspiel. Füllt dann zwei Flaschen so, dass sie sich anhören wie der Klang der beiden Plättchen.*

Nun werden die Kinder mit ihren Flaschen und dem Glockenspiel experimentieren. Zuerst wird der erste Ton auf dem Glockenspiel ausgesucht. Dann wird eine Flasche so weit mit Wasser gefüllt, bis sie die entsprechende Tonhöhe erreicht hat. Der Name des Tons wird auf die Flasche geschrieben und ein Strich an die Stelle gemacht, an der das Wasser steht. So kann man später immer schnell nachfüllen, wenn das Wasser verdunstet oder ausgeschüttet worden ist.

*Hinweis*

Die Arbeit wird so lange fortgesetzt, bis die Flaschen die entsprechenden Kuckuckstöne erzeugen. Das ist eine ziemliche Anstrengung für die Kinder, weil diese Arbeit nur mit großer Konzentration durchzuführen ist, zumal die anderen Flaschen und Glockenspiele im Raum ebenfalls klingen. Darum sollte die Aufgabe abgebrochen werden, wenn die Kinder unaufmerksam oder unruhig werden. Sie wird in der nächsten Musikstunde weiter fortgesetzt. Auch eine vorsichtige räumliche Entzerrung mit Ausweichen auf den Flur o. Ä. kann erwogen werden. Wichtig ist für den Anfang, dass der *erste* Kuckucksruf auf den Flaschen nachgespielt werden kann.

*Arbeitsauftrag*

*Wir singen das Lied „Kommt die liebe Sommerzeit" noch einmal. Diesmal begleiten wir uns dabei auf den Flaschen.*

Das Lied „Kommt die liebe Sommerzeit" wird wieder zum Begleitplayback gesungen und beim Kuckucksruf diesmal von den Flaschentönen begleitet. Etwaige „Unsauberkeiten" der Töne können anschließend noch ausgeglichen werden.

❿ Nun haben die Kinder drei unterschiedliche Melodieinstrumente kennengelernt und sollen sie auch einsetzen. Der Kuckucksruf wird noch einmal wiederholt und das Lied „Kommt die liebe Sommerzeit" gesungen. Die Kuckucksrufe bei „... und der Kuckuck, Kuckuck, Kuckuck..." werden auf den drei Instrumenten nachgespielt. Dann wird das Lied noch einmal gesungen und diese Stelle von Glockenspielen, Metallofonen und Flaschentönen begleitet. Das ganze Lied wird nun noch mit den anderen Instrumenten begleitet, so wie es in der Partitur zu lesen ist.

❸ Nachdem die Kinder den Kuckucksruf nun mehrfach gehört, gesungen und instrumental gestaltet haben, hören sie einen Ausschnitt einer Komposition von Ottorino Respighi mit dem Titel: **„Der Kuckuck"**. Diese Komposition ist Teil einer größeren mit dem Namen: „Die Vögel".

Sommer

> **INFO**
>
> „Der Kuckuck" von Ottorino Respighi
> Ottorino Respighi wurde am 9. 7. 1879 in Bologna geboren und starb am 18. 4. 1936 in Rom. Schon als Kind spielte er Violine und Klavier. Er studierte in Italien, Russland (bei Rimski-Korsakow) und auch in Berlin (bei Max Bruch). Am römischen Konservatorium war er erst Lehrer, dann dessen Direktor. Nach zwei Jahren in diesem Amt widmete er sich nur noch seinen Kompositionen. Er schuf vor allem sinfonische Werke, aber auch Bühnenwerke, Kammermusik, Orchester- und Klavierlieder, auch Orgelwerke.
> Die Komposition „Die Vögel" entstand 1927. „Der Kuckuck" ist das letzte Stück des fünfteiligen Werkes. Hier wird nur mit einem Ausschnitt gearbeitet, da die Kinder dieser Altersstufe von der Gesamtlänge (3:46 Minuten) überfordert wären. Der Ausschnitt aus dem Hörwerk ist der Mitte der Komposition entnommen (Baustein C und D). Neben dem Anfang sind dieses die Teile der Komposition, die hauptsächlich aus dem Kuckucksmotiv bestehen. Das Motiv wird von den unterschiedlichen Orchesterinstrumenten gespielt.

**Hörauftrag** *Du hörst nun ein Musikstück. Ich verrate dir nicht, wie es heißt. Überlege, wie der Komponist es wohl genannt hat.*

*Track 46*

Es ist wahrscheinlich, dass die Kinder gleich auf den **Titel** kommen, wenn sie die ersten Takte des Ausschnitts gehört haben. Sie sollen ihre Meinung aus der Musik her begründen.

**Arbeitsauftrag** *Versuche zu erklären, warum du gleich auf die Idee gekommen bist, dass das Musikstück „Der Kuckuck" heißt.*

Wahrscheinlich werden die Kinder es so ausdrücken, dass man den Kuckuck ganz oft hört. Beim nochmaligen Hören sollen die Kinder versuchen zu zählen, wie oft man ihn hört. Es kommt dabei jedoch nicht auf die genaue Anzahl an, sondern nur auf den Eindruck, dass das Motiv fortwährend erklingt. Dabei werden die Kinder auch feststellen, dass es sich unterschiedlich anhört, weil es von unterschiedlichen Instrumenten gespielt wird. Sie werden wahrscheinlich die Flöte erkennen und Töne heraushören, die an den Klang des Metallofons erinnern. Ein weiterer Hörauftrag schließt sich an.

**Hörauftrag** *Höre dir das Stück noch einmal genau an. Versuche zu hören, ob man hier nur die Kuckucksrufe hört.*

Die Kinder werden feststellen, dass andere Instrumente dabei sind, die zu den Kuckucksrufen spielen. Die Kinder sollen nun überlegen, warum der Komponist nicht ausschließlich die Kuckucksmotive spielen lässt.
Sie werden an die Einspielung des echten Kuckucksrufes am Anfang erinnert, auf der man ja auch noch andere Vögel gehört hat.

**Hörauftrag** *Es wird noch einmal unser Hörbeispiel vom Anfang gespielt. Erzähle, was man darauf hört.*

Die Kinder werden wieder feststellen, dass man neben dem Kuckuck auch noch andere Vögel hört. So lässt auch der Komponist nicht nur Kuckucksrufe erklingen.

**Hörauftrag** *Achte beim Hören darauf, ob sich der Komponist leise und laute, langsamere und schnelle Teile für sein Musikstück ausgedacht hat.*

Die Parameter Tempo und Lautstärke sind, auch für die Kinder gut erkennbar, im Hörbeispiel enthalten. Diese Erkenntnis, wie eine Komposition ausgedacht wurde, ist wichtig für die letzte Aufgabe einer eigenen Gestaltung.

🔴 Die Kinder sollen sich nun selbst eine **Klanggestaltung** zum Thema „Der Kuckuck" ausdenken. Nachdem sie mit den Stabspielen bereits eine Kuckucksübung gespielt

Sommer

haben und hörten, wie ein Komponist das Thema gestaltet hat, haben sie schon einige Vorerfahrungen mit dem Thema, sodass sie gewiss einige Ideen dazu entwickeln werden.

Es ist aber angebracht, ein paar Ideen zu nennen: So könnten auch andere Vogelstimmen nachgemacht werden, man kann das Rauschen der Blätter oder das Fließen eines Baches hören oder das Laufen von Tieren. Man kann alle Instrumente, evtl. Wasserflötchen und andere Klangerzeuger benutzen und auch Geräusche mit dem Mund machen. Es wird in Gruppen gearbeitet.

Selbstverständlich werden vorab die Kriterien besprochen, nach denen die Gestaltung erfolgen soll. Es könnten sein:

*Kriterien*

– *Der Kuckuck muss gut zu hören sein.*
– *Die Musik soll spannend werden durch laute und leise Klänge, schnelle und langsamere Stellen.*

Die Kinder schreiben ihre Ideen auf ein Blatt des Zeichenblocks im Querformat. Das ist leichter, als auf einem DIN-A4-Blatt zu schreiben. Dabei sollen sie die ihnen bereits bekannte Einteilung nutzen:

| **Instrumente** | **Spielweise** |
|---|---|
|  |  |

**⑮** Es gibt außer dem Kuckuck noch einen Waldvogel, den man durch seine markante Lautgebung sofort erkennt: den **Specht**. Der Laie erkennt ihn weniger an seinen stimmlichen Äußerungen, obwohl auch diese sehr markant sind, sondern vor allem am Trommeln seines Schnabels auf den Baumstamm.

Weil wohl die wenigsten Kinder wissen, wie er aussieht, wird der **Schwarzspecht** erst einmal genau betrachtet (Bildfolie). Dem starken, spitzen Meißelschnabel wird besondere Aufmerksamkeit geschenkt; denn ihn braucht er ja, um aus dem Holz des Baumstamms Insekten und ihre Larven herauszupicken, seine Bruthöhle auszumeißeln und dabei auch die lauten Geräusche zu produzieren.

*Hörauftrag*

*Ihr werdet jetzt den Schwarzspecht so hören, wie ihr ihn auch im Wald schon von Weitem hören würdet. Beschreibt, wie es sich anhört.*

Die Kinder hören das **Klopfen des Schwarzspechtes**. Die Kinder werden natürlich sagen, dass es sich wie ein sehr schnelles Hämmern auf Holz anhört. Es wird klargestellt, dass hier nicht seine Stimme zu hören ist, sondern das Trommeln des Schnabels auf den Baumstamm.

Es schließt sich die Überlegung an, mit welchem Instrument man das Trommeln wohl nachmachen könnte. Es wird ausprobiert und wahrscheinlich festgestellt, dass ein Holzklang wahrscheinlich am besten zum Originalklang passt. Es ist wahrscheinlich, dass sie sich für die Klangstäbe oder die Nussklappern entscheiden. Ihnen fehlt als Klangcharakteristikum jedoch das Hohle des Tons. Zur Kontrolle hören die Kinder immer wieder das Geräusch von der CD.

Die **Holzblocktrommel** wird, vor den Kindern versteckt, zum Klingen gebracht, indem so schnell wie möglich mit dem Holzklöppel daraufgeschlagen wird. Das Spechttrommeln wird noch einmal mit dem Klang der Holzblocktrommel verglichen. Die Kinder werden feststellen, dass sich die Klänge sehr ähneln. Dann wird die Holzblocktrommel gezeigt und ihre Handhabung demonstriert:

Man legt sie auf die flache Hand und schlägt mit dem Holzschlägel darauf. Dabei darf der seitliche Schlitz (bei manchen auch auf jeder Seite ein Schlitz) nicht zugehalten wer-

© Persen Verlag

Sommer

den. Mehrere Kinder dürfen die Haltung und Spielweise ausprobieren, auch einmal den Klang bei verdeckten Schlitzen. Meistens sind in einem Schulinstrumentarium nicht mehr als zwei dieser Instrumente vorhanden, weil mehr nicht benötigt werden, denn sie haben einen hellen, scharfen und sehr durchdringenden Klang.

*Piktogramme*

Das **Holzblocktrommel-Piktogramm** wird zu den anderen Holzinstrumenten gehängt.

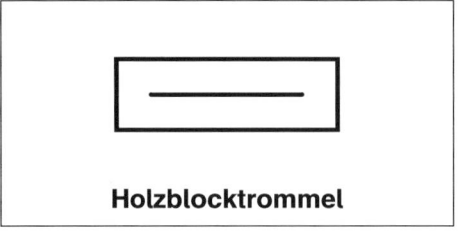

**Holzblocktrommel**

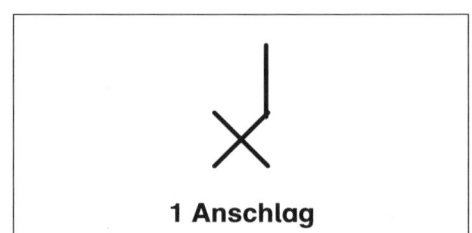

**1 Anschlag**

⓰ Nun wird das neue Instrument gleich mit einbezogen in eine **gelenkte Improvisationsübung**. Das bedeutet, dass die Kinder spontan eine Geschichte begleiten. Durch die Geschichte ist die Improvisation nicht ganz frei, sondern wird in einen bestimmten Ablauf gebracht, also gelenkt. Das hat aber den Vorteil, dass die Kinder trotz der Freiheit, ihre Einfälle musikalisch ausagieren zu können, nicht wahllos drauflosspielen dürfen. Das schafft eine gewisse Ordnung und ist daher für die Kinder leichter zu leisten. Das zuvor komponierte Kuckuckskonzert, das genauer Überlegungen und Zusammenstellungen bedurfte, bildet für diese Aufgabe eine gute Vorerfahrung.

Alle bisher bekannten Instrumente, einschließlich der Holzblocktrommel, stehen zur Verfügung. Die Kinder suchen sich aus, welches Instrument sie spielen möchten. Sollten Kuckucksflöten, die es manchmal im Handel gibt, Wasservogelflöten oder Blockflötenköpfe zur Verfügung stehen, werden sie ebenfalls eingesetzt.

*Arbeitsauftrag*

*Ihr hört jetzt eine Geschichte. Darin kommt vieles vor, was ihr schon kennt. Ihr macht zu dieser Geschichte mit euren Instrumenten Musik. Ihr dürft so spielen, wie es euch dazu einfällt. Wenn es nicht passt, spielt ihr nicht und hört still zu.*

Bei der Gestaltung wird darauf geachtet, dass die Parameter Lautstärke (laut – leise), Tempo (schnell – langsam) und Tondauer (kurz – lang) berücksichtigt werden. Die erzählende Person muss entsprechend Zeit zwischen den einzelnen Spielaktionen geben, damit die Kinder den Inhalt verstehen und umsetzen können. Durch kleine Handzeichen im Sinne eines Dirigates können die Aktionen verstärkt oder abgeschwächt werden (z. B. bei laut – leise, schnell – langsam usw.)

> **Das Waldorchester**
>
> Einleitung (ohne Instrumente):
> *An einem schönen, warmen Sommertag sagt morgens die Mutter: „Wir hören uns heute einmal ein besonderes Konzert an."*
> *Die Kinder sind erstaunt. „Ein Konzert? Wo ist das denn?"*
> *Die Mutter lacht und sagt: „Wartet es ab."*
> *Mit dem Auto fahren sie zum Waldrand und steigen aus.*
> *„Wo sind denn hier die Musiker?", fragen die Kinder.*
> *„Wir gehen jetzt in den Wald. Seid leise, dann könnt ihr sie gleich hören!"*
> *Und so gehen sie still in den Wald hinein.*
>
> Hauptteil (mit Instrumenten):
> *Ein schönes Konzert empfängt sie: Viele kleine und große Vögel zwitschern und singen. – – –*
> *Als sie weitergehen, werden sie auf einmal ganz still. – – –*
> *Dann fängt das Vogelkonzert wieder an und mittendrin, da hören sie den Kuckuck leise von Weitem rufen. Sie zählen mit: Er ruft 5-mal. – – –*

# Sommer

> *Neben ihnen springt ein Häschen aus dem Gebüsch und hoppelt davon. Der Wind bewegt leise die Blätter der Bäume. – – –*
> *Und dann trommelt der Trommler des Waldorchesters ganz laut: Der Specht baut wohl eine Höhle aus. – – –*
> *Als er Pause macht, sind die anderen Vögel wieder zu hören. – – –*
> *Und noch einmal ruft der Kuckuck. Nun hört man ihn lauter. – – –*
> *Alle bleiben stehen und zählen die Rufe mit den Fingern. – – –*
> *Ein Ast knackt! Da laufen die Kinder wieder zum Waldrand. – – –*
> *Zum Abschied singen alle Vögel noch einmal ganz laut.*

Diese (gelenkte) Improvisation fordert die Kinder zur spontanen Umsetzung einer musikalischen Idee auf, die beim Hören entsteht. Es ist in der Kürze der Zeit kein Überlegen und Abwägen möglich. Das gibt die Möglichkeit zur Beobachtung, wie sicher einzelne Kinder oder eine Klasse bereits in der Umsetzung von Text in Klang sind.

Sommer

## 2. Sommer im Garten

| | |
|---|---|
| **Inhalte und Ziele** | – Lied „Im Sommer geht's zum Sommerball" singen, Text, Melodie und Liedstruktur erarbeiten<br>– Kennenlernen der ganzen Note<br>– Umsetzen des Liedinhaltes in Darstellung<br>– Instrument Guiro kennenlernen<br>– Lied begleiten<br>– Klänge im Garten<br>– Summinstrumente herstellen und einsetzen<br>– Gedicht „Wie tanzen die Mücken?" verklanglichen<br>– Hörwerkausschnitt „Dança dos mosquitos" kennenlernen<br>– Malen zum Hörwerk |
| **Aufgaben** | ❶ Lied lernen „Im Sommer geht's zum Sommerball"<br>❷ Kennenlernen der ganzen Note<br>❸ Strukturerarbeitung<br>❹ Darstellen der Tiere im Lied<br>❺ Kennenlernen des Guiro<br>❻ Begleiten der lautmalerischen Liedteile<br>❼ Malen eines Gartenbildes<br>❽ Stimmklangspiel mit Gartengeräuschen<br>❾ Herstellen verschiedener Summinstrumente (Schwirrtierchen, Brummscheibe, Taschenkamm)<br>❿ Gedicht „Wie tanzen die Mücken?"<br>⓫ Begleiten des Gedichtes mit Klangerzeugern und Instrumenten<br>⓬ Kennenlernen des Musikstückes „Dança dos Mosquitos"<br>⓭ Malen zum Hörwerk |
| **Medien** | CD-Player, CD, OHP, Bausteinkarten, Guiro, Bastelmaterial für Instrumente (Wäscheklammern, Gummis [= Luftballonhälse], Korken, dünne Pappe, Kleber, Schnur, große Knöpfe oder gelochte Holzscheiben, Kämme, Pergament- oder Butterbrotpapier), flache Holzleisten, weißes Tonpapier, Malstifte, vorhandene Instrumente, evtl. Heulrohre |
| **CD** | HB 48 f.: „Im Sommer geht's zum Sommerball"<br>HB 50: „Dança dos mosquitos" von Heitor Villa-Lobos |
| **Kopien** | Textblatt von „Im Sommer geht's zum Sommerball" (S. 154), „Wie tanzen die Mücken?" (S. 156) |
| **Folien** | Text- und Liedblatt „Im Sommer geht's zum Sommerball" (S. 154 f.) |
| **Arbeitsformen** | Einzel- und Gruppenarbeit, Sitzkreis |
| **Dauer** | 4 Stunden |

## Vorbemerkungen

*Vorbereitung*

Das Lied- und das Textblatt zu „Im Sommer geht's zum Sommerball" werden auf Folie kopiert, das Textblatt für die Kinder auch auf Papier. Das neue Instrument, das Guiro, wird sowohl mit der entsprechenden Instrumenten- als auch Anschlagzeichenkarte bereitgelegt.

Als Bastelmaterial für die Schwirrtierchen werden folgende Dinge benötigt:

a) Wäscheklammern, deren Metallteile vorher entfernt werden, Korkenscheiben 1 cm dick, 1 cm vom Hals eines Luftballons, Klebstoff, dünne Pappe, feste Schnur.

b) Wenn man keine wirklich großen Knöpfe hat (Durchmesser etwa ab 4 cm), lässt man sich im Baumarkt sehr dünne Scheiben von einem dicken Rundholz schneiden. Es müssen zwei Löcher hineingebohrt werden. Dazu benötigt man noch dünne Schnur.

Sommer

c) Kämme und Pergament- oder Butterbrotpapier braucht man für das dritte Summinstrument.

Für die Darstellung des Liedes benötigt man flache Holzlatten (Baumarkt) und weißes, festeres (Ton-)Papier. Darüber hinaus werden zum Spielen und Darstellen alle bisher bekannten Instrumente benötigt.

## Stundenverlauf

❶ In der Sommerzeit halten sich Kinder zumeist mehr im Freien auf als zu anderen Jahreszeiten. So haben sie auch mehr Kontakt mit unterschiedlichen Tieren. Beim Lied **„Im Sommer geht's zum Sommerball"** (siehe S. 155) werden unterschiedliche Tiere mit ihren Stimmen vorgestellt, die lautmalerisch umgesetzt werden. Dank der besonderen Struktur des Liedes muss man am Schluss immer ein wenig auf die richtige Reihenfolge aufpassen. Das macht es aber auch spannender zu singen, weil immer andere Tierlaute mit entsprechendem melodischen Motiv zu beachten sind. Über die von der Lehrerin vorgemachten **Tierlaute** können die Kinder auch die Tiere identifizieren.

*Hörauftrag*

*Ihr hört jetzt ein paar Tiere „sprechen". Überlegt, welche Tiere es sein können:*
- *Quak, quak, quaaak (Frösche)*
- *Brumm, brumm, bruuumm (Käfer)*
- *Blubb blubb blubb blubb blubb blubb bluuubb (Fische)*
- *Summ summsumm summ summsumm summ summ summ (Bienen)*
- *Schna schnaschna schna schnaschna schna schna schna (Enten)*

Gewiss kommen die Kinder schnell darauf, dass es Frösche, Käfer, Fische, Bienen und Enten sind.

Als Vorübung zur **Rhythmik** dieses Liedteils werden die unterschiedlichen Lautlängen nach dem bereits bekannten System dargestellt und gesprochen, bis die Kinder die Silben auswendig sagen können. Klatschen unterstützt dabei das Sprechen:

| *quak*<br>*brumm* || *quak*<br>*brumm* || *quaaak*<br>*bruuumm* ||
|---|---|---|---|---|---|
| *blubb* | *blubb* | *blubb* | *blubb* | *blubb* | *blubb* | *bluuubb* |
| *summ*<br>*schna* | *summsumm*<br>*schnaschna* | *summ*<br>*schna* | *summsumm*<br>*schnaschna* | *summ*<br>*schna* | *summ*<br>*schna* | *summ*<br>*schna* |

Die Folie mit dem **Liedtext** „Im Sommer geht's zum Sommerball" wird aufgelegt.

*Arbeitsanweisung*

*Diese „Tiersprachen" kommen in einem Lied vor. Schaut einmal, ob ihr sie im Text wiederentdecken könnt. Das Lied heißt: „Im Sommer geht's zum Sommerball".*

Die Aufgabe fällt den Kindern nicht schwer, da die Illustration die Entdeckung erleichtert. Will man die Aufgabe erschweren, deckt man die Illustrationen ab. Der Text wird vorgelesen. Die bekannten Stellen sprechen alle Kinder mit. So merken sie sich auch die Reihenfolge der lautmalerischen Silben. Außerdem ist es eine Vorübung zur später folgenden Formerarbeitung.

Die Folie mit der **Liedmelodie** wird aufgelegt. Die Kinder erhalten später das illustrierte Textblatt.

*Arbeitsanweisung*

*Schaut euch die Melodie gut an und verbindet die Notenköpfe miteinander. Achtet darauf, ob sich Teile des Liedes wiederholen.*

© Persen Verlag

Sommer

Die Kinder stellen fest, dass das Lied aus unterschiedlichen Teilen besteht. Lediglich am Schluss gibt es Wiederholungen.

*Arbeitsanweisung*     *Betrachtet die Noten. Nennt die Namen der Noten.*

❷ Die bereits bekannten Noten: halbe Note, Viertelnote, Achtelnote werden noch einmal angeschaut und benannt. Auf diese Weise werden nun die Noten auf der Folie auch von den Kindern benannt. Dabei entdecken sie eine noch nicht bekannte Note: die **ganze Note**. Sie wird erklärt, das Aussehen beschrieben. Dann wird die aufgemalte Note (mit Bezeichnung) zu den anderen gehängt.

*Piktogramm*

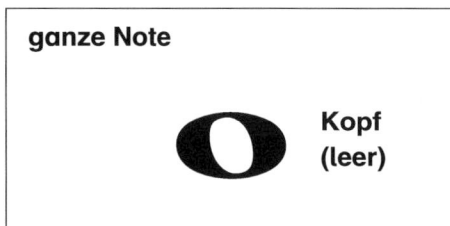

❸ Da die **Liedstruktur** auf den ersten Blick ziemlich unübersichtlich erscheint, sind neben der Notation die einzelnen Teile bereits benannt. Die Schwierigkeit besteht darin, dass die Zusammenstellung der einzelnen Bausteine am Ende jeder Strophe anders erfolgt. Besonders knifflig ist das in der 6. Strophe, wo die Endbausteine nacheinander erscheinen, jedoch nicht regelmäßig. So wird der Baustein D (Fische) nur einmal gesungen.
Nun gilt es, die Liedbausteine der einzelnen Strophen zusammenzustellen. Die Kinder arbeiten mit den Bausteinkarten, um die Liedstruktur darzustellen. Sie benötigen 6-mal Baustein A, 6-mal Baustein B, 6-mal Baustein C, 3-mal Baustein D, 6-mal Baustein E. Es ergibt sich der folgende **Formverlauf**:

| Strophe ① | A | B | C | C |   |   |   |
|---|---|---|---|---|---|---|---|
| Strophe ② | A | B | D | D |   |   |   |
| Strophe ③ | A | B | E | E |   |   |   |
| Strophe ④ | A | B | C | C |   |   |   |
| Strophe ⑤ | A | B | E | E |   |   |   |
| Strophe ⑥ | A | B | C | D | E | C | E |

❹ Zur **Darstellung des Liedes** werden alle Tiere möglichst groß mit Wachsmalstiften auf dünnen Karton gemalt, am besten auf weißes Tonpapier. Es ist egal, dass sie sehr unterschiedlich ausfallen werden. Alternativ kann man die hier abgebildeten Tiere auch auf dem Kopierer vergrößern und anschließend ausmalen lassen. Dann werden die Tierbilder ausgeschnitten und auf eine flache Holzlatte (etwa 1 m lang, Baumarkt) geklebt. Die Kinder stehen mit den Tierbildern in Gruppen zusammen und singen. Am Schluss jeder Strophe treten sie dann mit den entsprechenden Bildern vor und singen in deren „Tiersprache". In der 6. Strophe erfordert das einen schnellen Wechsel! Erzeugt das zu viel Unruhe, können die entsprechenden Bilder auch einfach nur hochgehalten werden.

❺ ❻ Ist das Lied genügend bekannt, wird es mit Instrumenten **begleitet**. Bei dieser Gelegenheit wird ein neues Instrument eingeführt: das **Guiro**.
Das Guiro gehört zur Gruppe der **Schrapinstrumente**, bei denen man einen Stab knatternd über einen eingekerbten Stab bzw. einen eingekerbten Kürbis zieht. Diese Instrumente gab es schon in der Steinzeit. Damals wurden auch Knochenstücke dafür

Sommer

benutzt. Sie wurden offenbar bei Bestattungsriten verwendet (z. B. bei den Aztekenkönigen). Diese Instrumente sind in unterschiedlichen Ausprägungen bei allen Naturvölkern zu finden. In moderner Fertigung wird statt eines Kürbis ein Stück gekerbtes Hartholz verwendet. Die meisten in der Schule befindlichen Instrumente sind hölzerne Röhren, haben aber auch vielfach die Form eines Fisches. Ein dazu mitgeliefertes kurzes, kräftiges Holzstückchen wird darübergezogen. Durch das Tempo und den Druck, mit dem dies geschieht, können Lautstärke und Klang variiert werden. Man kennt es aus der lateinamerikanischen Musik; es ist aber für die Grundschule gut geeignet, da sein Klang oft zu gebrauchen ist: Man kann z. B. Froschquaken darauf imitieren, das Öffnen einer Türe u. v. a. m., auch rhythmisch gebraucht bringt es interessante Effekte.

Wir kennen aus der Gruppe der Schrapinstrumente noch die Ratsche und in der „Skiffle"-Musik das Waschbrett.

Weitere Instrumente überlegen sich die Kinder zu den einzelnen Strophen. (Die Enten können z. B. mit der Nussklapper begleitet werden.) Da der Text am Beginn jeder Strophe gleich ist (wie beim Kehrreim), kann an dieser Stelle auch jeweils gleich begleitet werden, eventuell mit mehreren Instrumenten zusammen.

*Piktogramme*

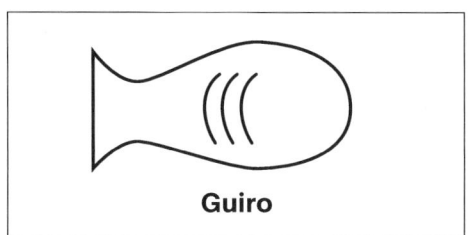
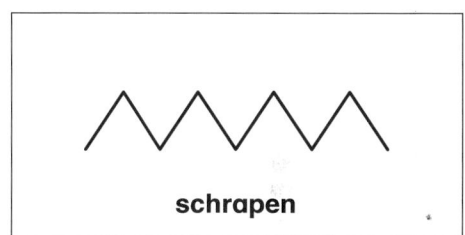

**❼** Da die Kinder zu dieser Zeit gewiss öfter Gelegenheit haben, im Garten oder auf einer anderen Wiese zu spielen, können sie darüber wahrscheinlich etwas erzählen. Sie beschreiben die verschiedenen Pflanzen, die darauf wuchsen, vielleicht auch die vielfältigen Insekten, die sich dort aufhalten. Die Wiese ist ein interessanter Ort zur Beobachtung und zum Hören verschiedener **Summ- und Schwirrtöne**. Die Kinder werden gewiss folgende Insekten nennen: Bienen, Hummeln, Wespen, Mücken, Fliegen, Käfer, Ameisen, vielleicht auch Grashüpfer oder Grillen, Schnecken, Frösche und Würmer.

Vielleicht kennen Kinder auch einige Beschäftigungen, die sich bei einem Aufenthalt auf einer Wiese ergeben: Ketten oder kleine Kränzchen aus Gänseblümchen machen, Schirmchen der Pusteblume fortblasen, einen kleinen Strauß aus Wiesenblumen pflücken, auf Grashalmen blasen, Fangen spielen, Tiere beobachten, im Gras liegen, die Wolken beobachten und daraus Gegenstände oder Tiere erkennen usw.

Viele dieser Tätigkeiten haben einen fast kontemplativen Charakter, sodass man bei ihnen zur Ruhe kommen kann. Es empfiehlt sich, einen Wiesenbesuch als kleinen Ausflug in die Umgebung zu planen.

Ein **Gespräch über die Wiese** bildet eine Grundlage für die folgende Aufgabe.

*Arbeitsauftrag*

*Male ein großes Wiesenbild. Male alle Wiesenpflanzen, die du kennst, hinein und alle Tiere, die man auf der Wiese, im Gras und über der Wiese sehen kann.*

*Kriterien*

*1. Achte darauf, dass das ganze Blatt ausgemalt wird.*
*2. Achte darauf, dass man Gras, Blumen und Insekten sieht.*

Wenn die Kinder ihr **Wiesenbild** gemalt haben, kommen sie zur Reflexion im Sitzkreis zusammen und legen die Bilder vor sich auf den Boden. Die Bilder werden erst einmal draufhin betrachtet, ob die Kriterien eingehalten worden sind. Eventuelle Tipps für Verbesserungen können anschließend gegeben werden. Die fertigen Bilder werden aufgehängt.

**❽** Die Bilder werden nochmals reflektiert.

Sommer

| Arbeitsauftrag | Schau dir dein Bild noch einmal an, besonders die Tiere, die du gemalt hast. Dann überlege, welche dieser kleinen Tiere Geräusche machen. Ahme sie mit der Stimme nach. |

Nach dieser Aufgabenstellung werden die Kinder vermutlich verschiedene **Summ-, Pfeif-, Zirp- und Schwirrgeräusche produzieren**.

| Hörauftrag | *Ein Kind führt die Geräusche vor, die die Tiere auf seinem Bild machen. Du musst raten, welche Tiere nachgemacht wurden. Wer sehr gut sehen und hören kann, errät vielleicht, welches Bild gemeint ist.* |

Diese Aufgabe ist natürlich besonders schwer, weil auf den meisten Bildern Insekten zu sehen sind. Wenn ein Kind meint, das Bild erraten zu haben, zeigt es auf dem Bild das entsprechende Tier. Eine Erweiterung der Aufgabe ist, die *Bewegungen* verschiedener Tiere auf Instrumenten darzustellen.

❾ Zur Nachahmung verschiedener Summ-, Schwirr- und Sirrgeräusche eignen sich sogenannte Schwirr- oder Summ- und Brumminstrumente.

> **INFO**
>
> **Schwirrhölzer** gehören ebenfalls zu den ältesten Instrumenten der Welt. Es muss sie schon vor 25 000 Jahren und bei allen Völkern der Erde gegeben haben. Damals wie heute reicht(e) ein einfaches flaches Holzbrettchen an einer langen Schnur (vor langer Zeit wahrscheinlich Tiersehnen): Beim Über-dem-Kopf-Drehen dreht sich das Brett um die eigene Achse und erzeugt so schwirrende Geräusche. Je nach Geschwindigkeit des Schwunges ändert sich die Höhe und Lautstärke des Tons.
> Auch **Summ- und Brummscheiben** liegt das Prinzip der Erzeugung von Tönen durch Luftbewegung zugrunde. Sie wurden z. B. in alter Zeit bei indianischen Fruchtbarkeitsriten in Südamerika eingesetzt. Zu diesen Instrumenten gehören übrigens auch Brummkreisel, mit deren weiterentwickelten Formen Kleinkinder oft spielen.

Die **Herstellung dieser Instrumente** ist so einfach, dass sie auch Grundschulkindern glückt. Ein einfaches *Schwirrholz* kann man herstellen, indem man eine sehr feine rechteckige Holzscheibe (etwa 11 x 6 cm) an einem Ende durchbohrt. Dort fädelt man eine Kordel durch und befestigt sie. Dann wirbelt man sie über dem Kopf. Achtung: Abstand einhalten!!

Ein ansprechenderes Äußeres hat ein *Schwirrtierchen*. Zum Basteln benötigt man je 1 Holzwäscheklammer, aus der man das Metallteil entfernt, 1 Korken, 1 Luftballon, 1 Stück Pappe und ein Stück Schnur. Vom Korken wird eine dicke Scheibe (etwa 1 cm) abgeschnitten und geteilt. Diese Hälften werden jeweils auf die gewellte Seite der Klammer aufgeklebt. Aus der Pappe wird entweder ein glattes Stück ausgeschnitten und in der Mitte geknickt (etwa 17 x 10 cm) oder ein Insekt (Biene o. Ä.) darauf gezeichnet, in der entsprechenden Größe ausgeschnitten und bemalt. Die Klammerhälften werden nun mit der glatten Seite auf den unteren Rand der Pappe geklebt. Dann wird vom Luftballonhals ein Stück in der Breite der Wäscheklammer abgeschnitten. Dieser so entstandene feste Gummiring wird nun von vorne nach hinten über die Klammern und die Korkenhälften gespannt. (Dabei brauchen einige Kinder gewiss Hilfe!) Zwischen die gefaltete Pappe wird noch die Schnur geklebt.

Eine *Summ- oder Brummscheibe* ist einfach herzustellen. Dazu benötigt man entweder einen sehr großen Knopf (etwa 4 cm Durchmesser) und ein langes Stück dünne Schnur oder man lässt sich im Baumarkt von einem dicken runden Holzstab (mindestens 4–5 cm Durchmesser) sehr dünne (etwa 5 mm) Scheiben abschneiden und locht sie in der Mitte zweifach. Dann zieht man ein langes Stück Schnur durch die Löcher. An beiden Seiten der Scheibe lässt man ein Stück der Doppelschnur hängen. Nun lässt man die Scheibe bzw. den Knopf in eine Richtung rotieren, bis die Schnur ganz aufgezwirbelt ist.

Sommer

Wenn man die Schnur wieder strafft, rotiert die Scheibe in die entgegengesetzte Richtung und erzeugt den feinen Summton.

In Spielzeugläden und auf der Kirmes kann man *Heulrohre* kaufen. Es sind geriffelte bunte Plastik-Schläuche, die man über dem Kopf dreht. Plastikrohre, die man beim Hausbau benötigt, sind ein Ersatz. Sie klingen aber meist nicht so zuverlässig schaurig-schön.

*Hinweis*

Beim Gebrauch der Schwirrinstrumente muss immer auf genügend Abstand zu Menschen oder Gegenständen geachtet werden. Wenn viele Kinder sie ausprobieren wollen, geht man dazu am besten auf den Flur oder in einen größeren Raum. In der Klasse kann man die Kinder erst einmal in verschiedene Ecken des Raumes verteilen.

Summtöne kann auch ein mit Pergament- oder Butterbrotpapier bezogener *Kamm* erzeugen. Man legt den Kamm in das geknickte Blatt Papier (zugeschnitten auf die Größe des Kamms). Dann hält man ihn sich vor die Lippen und summt oder bläst vorsichtig darauf. Das kitzelt sehr, was bei Kindern zu entsprechenden Reaktionen führt!

Nach dem Basteln der Instrumente werden sie zuerst ausprobiert. Wenn alle **Anwendungs- und Klangerzeugungsmöglichkeiten** erprobt worden sind, wird ein kleines Insektenkonzert improvisiert. Es empfiehlt sich, auch für die Schwirrtiere Piktogramme zu erfinden.

*Piktogramme*

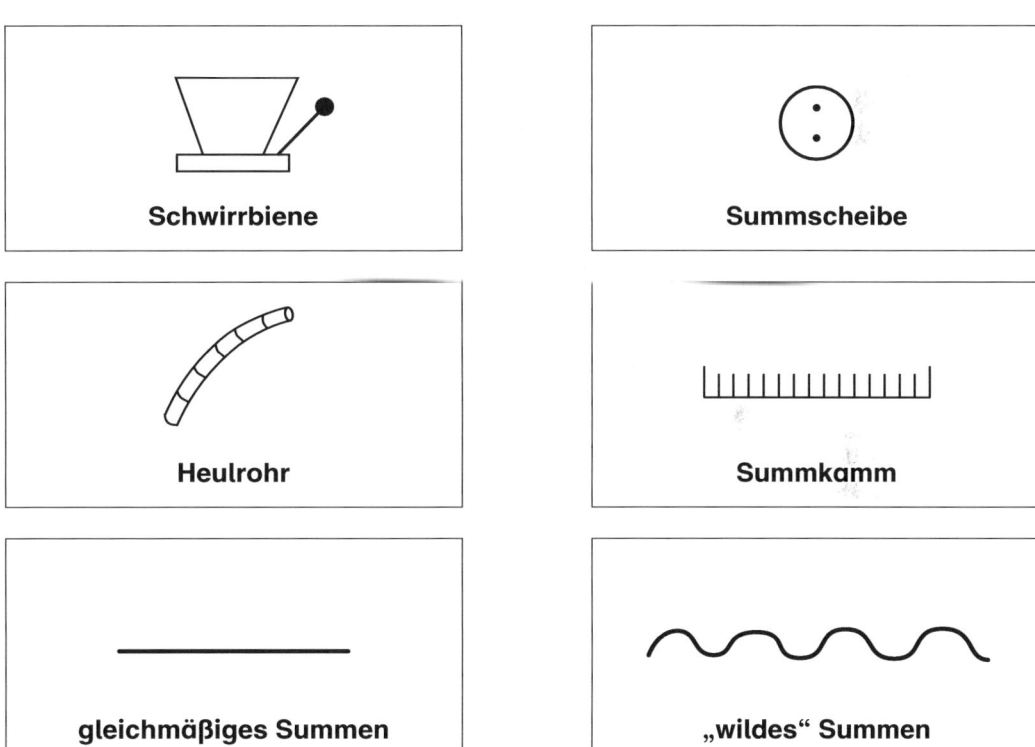

**(10)** Zu den Summ- und Sirrtieren gehören natürlich auch die Mücken, wie jeder bereits einmal erfahren hat, der eine Nacht mit einer Mücke im Schlafzimmer verbrachte! Dieser unangenehme Aspekt wird im folgenden Gedicht nicht so sehr angesprochen, man kann ihn aber bei Besprechung des Gedichts sicher mit erwähnen.

Das Gedicht **„Wie tanzen die Mücken?"** von Hoffmann von Fallersleben wird verteilt.

*Arbeitsauftrag*

*Lies das Gedicht und sage dann, wovon es erzählt.*

Das Gedicht beschreibt hauptsächlich die Bewegungen der Mücken. Ihr durchaus merkbares Belästigungspotenzial für Menschen wird nicht erwähnt. Im Gespräch über die Mücken wird es aber gewiss deutlich. Das Gedicht wird weiter erarbeitet und die Bewegungen der Mücken mit den Händen **nachgestaltet**. Das Gedicht wird dabei laut

Sommer

gelesen. Es können, je nach Fähigkeit der einzelnen Kinder, auch mehrere lesen. Die Illustrationen zum Gedicht erleichtern gewiss das Verständnis noch zusätzlich.

⓫ Anschließend wird überlegt, wie man das Gedicht mit Instrumenten durch Klänge untermalen und damit den Inhalt noch deutlicher machen kann. Zur **Verklanglichung** werden auch die Instrumenten- und Klangzeichen für die Summ- und Schwirrinstrumente benötigt. Diese Arbeit wird wieder in Gruppen geleistet, wobei folgende Verklanglichungskriterien zu beachten sind:

*Kriterien*

1. *Achte darauf, dass man die Geräusche der Mücken hören kann.*
2. *Achte darauf, dass man die Bewegungen der Mücken erkennen kann.*

Nach der Arbeitsphase erfolgen wieder Präsentation, Reflexion und Tipps.

⓬ Nachdem die Kinder das Gedicht verklanglicht haben, in dem mit Worten etwas über die Bewegung von Mücken erzählt wird, hören sie jetzt, wie das ein Komponist mit Instrumenten ausdrückt. Das Hörwerk heißt **„Dança dos mosquitos"**, der Komponist ist der Brasilianer Heitor Villa-Lobos.

> *INFO*
> 
> *„Dança dos Mosquitos" von Heitor Villa-Lobos*
> Heitor Villa-Lobos wurde am 5. 3. 1887 in Rio de Janeiro geboren und starb auch dort am 17. 11. 1959. Er bekam Cellounterricht, war im Übrigen Autodidakt, studierte dann aber später am Nationalen Musikinstitut in Rio. 1923 konnte er durch die Fürsprache von Arthur Rubinstein nach Europa kommen, reiste viel, blieb aber hauptsächlich in Paris. 1930 ging er wieder zurück nach Brasilien. Dort wurde er von der Regierung beauftragt, sich um die Musikerziehung in Schulen zu kümmern. Er schuf vor allem Instrumentalmusik, aber auch Ballett-, Chor- und Kammermusiken.
> Heitor Villa-Lobos komponierte den „Dança dos Mosquitos" – „Tanz der Mücken" im Jahre 1922. Es war eine frühe Schaffensperiode seines kreativen Lebens. Er meinte dazu, die Komposition erkläre sich selbst.

Die Kinder hören nur einen kleinen Ausschnitt von knapp 2 Minuten aus dem gesamten Stück, das insgesamt eine Länge von 8:41 Minuten hat.

*Hörauftrag*

*Ihr habt euch eben zum Gedicht „Wie tanzen die Mücken?" Musik ausgedacht. Jetzt hört ihr ein Musikstück, das der Komponist „Tanz der Mücken" genannt hat. Versucht einmal herauszufinden, wie der Komponist sich diesen Tanz vorgestellt hat.*

Die Kinder nehmen ihre Hörhaltung ein und konzentrieren sich auf das Musikstück. Diesem Ausschnitt des „Dança dos mosquitos" kann man das Auf und Ab des Mückenschwarms, aber auch einzelne Flugspuren entnehmen.
Die Kinder werden unterschiedliche Wahrnehmungen haben.

Man sollte aber noch einmal auf die Parameter aufmerksam machen, mit denen man auch diese Musik beschreiben kann, nämlich: laut – leise, schnell – langsam, hoch – tief, bei genauem Hinhören noch kurz – lang. Dazu wird das Hörbeispiel noch einmal gespielt. Vielleicht hören die Kinder auch, dass die Mücken durch Violinen dargestellt sind. Einzelne Stellen der Musik kann man auch der Beschreibung im Gedicht zuordnen: im Kreise tanzen, hinauf und hinunter. Da die Kinder selber dazu Klänge erfunden haben, wird es ihnen möglich sein, die Bewegungen auch in der Musik Villa-Lobos' zu erkennen. So dienen Gedicht und Verklanglichung als Vorbereitung zum Verständnis der Komposition.

⓭ Nun werden die Kinder die **Musik grafisch umsetzen**. Dazu arbeiten sie mit Buntstiften, da Wachsmalstifte zu dick wären. Die vorherigen Höreindrücke werden vorab noch einmal zusammengefasst. Es können wenige und manchmal auch viele Mücken zu hören sein. Sie fliegen Kurven, Kreise, hinauf und hinunter. Alles das kann man

Sommer

hören und malen. Man gibt den Kindern den Hinweis, dass sie die Musik mehrere Male hören werden.

*Arbeitsauftrag*

*Versuche, nach der Musik zu malen, wie die Mücken tanzen.*
*Du hörst die Musik mehrere Male. Du hast dann genügend Zeit, einzelne Stellen auf deinem Blatt noch besser zu malen.*

Strategietipps helfen den Kindern, die Übersicht zu behalten:

*Strategietipps*

*Male erst die Bewegung und Richtung, in der die Mücken in der Musik tanzen.*
*Dann höre, an welcher Stelle wenige oder viele Mücken gemeint sind.*

*Kriterien*

*1. Achte darauf, dass du so malst, wie du es in der Musik hörst.*
*2. Achte auch auf die Reihenfolge.*

Nach Beendigung der Arbeit kommen die Kinder mit den Bildern in den Kreis. Die Musik erklingt noch einmal, die Kinder betrachten derweil die Bilder. Sie stellen Gemeinsamkeiten und Unterschiede fest. Nun werden nach der Musik einzelne Stellen auf den Bildern gezeigt, die sie besonders gut ausdrücken. Alle Bilder werden auch auf Gemeinsamkeiten in der Reihenfolge untersucht, denn das war das zweite Kriterium. Zum Schluss werden alle Bilder aufgehängt, außerdem noch ein Gedichtblatt. So wird noch einmal der Zusammenhang deutlich.

Sommer

## 3. Bald gibt's große Ferien!

| | |
|---|---|
| **Inhalte und Ziele** | – Gedicht „10 000 große Pausen" mit verteilten Rollen sprechen |
| | – Lied „Wandern in der Sommerzeit": Text, Melodie und Liedstruktur erarbeiten |
| | – Begleiten des Liedes mit bekannten Instrumenten |
| | – Zungenbrecher: Sprechverse mit Stimme und Instrumenten |
| | – Lied und Tanz „Urlaub" |
| | – So singen die Kinder in unserem Ferienland |
| **Aufgaben** | ❶ Gedicht „10 000 große Pausen" lesen, sprechen, darstellen |
| | ❷ Lied „Wandern in der Sommerzeit" kennenlernen |
| | ❸ Erarbeiten der Liedstruktur |
| | ❹ Begleiten des Liedes |
| | ❺ Nonsens-Sprechverse gestalten |
| | ❻ Sprechverse umsetzen |
| | ❼ Lied „Urlaub" lernen und seine Struktur erarbeiten |
| | ❽ Tanz zum Lied „Urlaub" lernen |
| | ❾ Fremdsprachige Lieder aus England, Frankreich, Italien und Spanien kennenlernen und umsetzen |
| **Medien** | CD-Player, CD, OHP, Bausteinkarten, vorhandene Instrumente, evtl. Wasserflöten und einige Trillerflöten |
| **CD** | HB 51 f.: „Wandern in der Sommerzeit" |
| | HB 53 ff.: Zungenbrecher |
| | HB 56: „Urlaub" |
| | HB 57 f.: „If you're happy and you know it" |
| | HB 59 f.: „Mon coq est mort" |
| | HB 61 f.: „La mar estaba salada" |
| | HB 63 f.: „Bella Bimba" |
| **Kopien** | Textblatt „10 000 große Pausen" (S. 157), Textblatt „Wandern in der Sommerzeit" (S. 159), „Urlaub" (S. 162), Liedblätter mit fremdsprachigen Liedern (S. 164 ff.) |
| **Folien** | Textblatt „10 000 große Pausen" (S. 157), Liedblatt „Wandern in der Sommerzeit" (S. 160), Zungenbrecher (S. 161) und fremdsprachige Lieder (S. 164 ff.), |
| **Arbeitsformen** | Einzel- und Gruppenarbeit, Sitzkreis |
| **Dauer** | 5 Stunden |

## Vorbemerkungen

Die hauptsächliche Vorbereitung zu dieser Sequenz besteht im Kopieren.

## Stundenverlauf

❶ Das Schuljahr ist fast zu Ende und die ersten großen Ferien rücken näher. Viele Schulen veranstalten Sommerfeste und Schuljahres-Abschlussfeiern. Dazu benötigt man immer „Material", das man auch aufführen kann. Hier werden einige Möglichkeiten aufgezeigt.

Das Gedicht „10 000 große Pausen" eignet sich für eine Feier am letzten Schultag. Die Kinder schreiben die folgenden Buchstaben und Zahlen auf Zeichenblockblätter, pro Blatt ein Buchstabe bzw. eine Zahl: F E R I E N und 1 0 0 0 0 G R O S S E P A U S E N. Die Kinder haben die Buchstabenblätter erst verdeckt in der Hand, hören das Gedicht und drehen die Blätter dann an der entsprechenden Stelle herum. Zum Schluss werden einige Trillerflöten gebraucht. Das Sprechen des Textes wird auf mehrere Kinder verteilt. Zur Gestaltung siehe auch S. 158.

❷ ❸ Viele Kinder werden in den Ferien vielleicht auch wandern. Dazu passt das Lied **„Wandern in der Sommerzeit"**. Die Kinder erhalten das Textblatt und können etwas zu den Illustrationen sagen.

# Sommer

Den Kehrreim können alle lesen. Er wird gesprochen und dazu geklatscht. So wird schon der Rhythmus vorher geübt, zweimal: „Rallala, rallala, rallalalalalala". Dann folgt sofort die Melodie dazu.

Die Folie mit der **Liedmelodie** wird auf den OHP gelegt. Die Noten des Strophenteils werden miteinander verbunden. Möglicherweise stellen die Kinder sofort fest, dass sich ein Teil wiederholt. Er wird sofort benannt: A. Dann wird gleich mit Text gesungen. Es werden noch die beiden anderen Teile zugefügt. Da die Kinder den Kehrreim schon kennen, wird er gesungen. Dann werden auch im Kehrreimteil die Gleichheiten festgestellt, die Teile benannt und mit den Bausteinen dargestellt. Es ergibt sich die Baustein-Folge: A B A C D D'.

❹ Die Kinder sollen das Lied mit den ihnen bekannten Instrumenten begleiten. Sie denken sich zu den Strophen aus, welche Instrumente sie dafür wählen möchten. Die Begleitung des Kehrreims kann vorgegeben werden: Wegen der kurzen Notenwerte können gut Klanghölzer und Schellenreifen bzw. Schellenstab begleiten. Sie erklingen bei jeder Silbe des Kehrreims.

❺ **Zungenbrecher** sind Sprechübungen mit hohem Unterhaltungswert. Darüber hinaus ermöglichen sie rhythmische Sprecherfahrungen und unterschiedliche stimmliche Gestaltungsformen. Die hier ausgewählten ermöglichen viele unterschiedliche Gestaltungen. Die Kinder hören einen Sprechvers nach dem anderen und sprechen jeden erst einmal nach. Erst wenn sie ihn auswendig sagen können, wird mit der Gestaltung begonnen.

① *Ene mene minke tinke ...*
② *Enne denne duppe denne ...*
③ *Schickele, scheckele ...*
④ *Ele mele menk ...*
⑤ *Annchen dannchen dittchen dattchen ...*
⑥ *Es sprach der Bach: ...*
⑦ *Ri, ra, rollala ...*
⑧ *Das Zungenmännlein Zappelmatz ...*
⑨ *Bidele, badele, budele, Batzen ...*

❻ Die Sprechverse ① bis ⑤ eignen sich durch die Nonsenssilben und die Wechsel der Sprechrhythmen innerhalb des Verses sehr gut sowohl zur **rhythmischen Sprecherziehung** als auch zu stimmgestalterischen Aktionen.

**Gestaltungsmöglichkeiten**:
– *Sprechen*
– *Sprechen und klatschen*
– *Klatschen alleine, der Text wird nur mitgedacht*
– *Sehr betont einzelne Buchstaben aussprechen, z. B. alle t und d, b und p*
– *Laut sprechen, dann leise*
– *Leise sprechen, dann laut*
– *Crescendo sprechen (leise anfangen, immer lauter werden, jedoch nicht schneller!)*
– *Decrescendo sprechen (laut beginnen, immer leiser werden)*
– *Langsam sprechen, dann schnell*
– *Schnell sprechen, dann langsam*
– *Schneller werden*
– *Langsamer werden*

Alle diese Sprechgestaltungen braucht man auch beim lauten Lesen und Vorlesen. Wenn Kinder die Möglichkeiten der Gestaltung mit der Stimme kennen, können sie dieses Wissen bewusster in anderen Situationen einsetzen. Manche Kinder kommen mit Aussprachedefiziten in die Schule, obwohl Deutsch ihre Muttersprache ist. Sie bedürfen besonders dieser Übung, gleichzeitig mit all denen, die noch mit der Aussprache ein-

Sommer

zelner Buchstaben, der Sprachmelodie und dem Sprachrhythmus Schwierigkeiten haben.

Die Zungenbrecher ⑥ bis ⑧ von Alfred Baur schulen gerade die Aussprache *der* Laute, die für einige Kinder ziemlich schwierig sind. Besonders im Rheinland verwischen sich z. B. die Laute *ch* und *sch* sehr stark. Vers ⑥ schult genau diese feinen Unterschiede. Der schon sehr alte Vers ⑨ bietet vielerlei Möglichkeiten der Umsetzung, ja sogar der **Darstellung**:

– Vers auswendig sprechen
– Vers sprechen und gestisch ausgestalten, die beiden Endzeilen mitklatschen
– Vers sprechen und dabei jede Silbe mitklatschen
– Nur die Silben klatschen, ohne zu sprechen
– Die Silben mit den Füßen mitstampfen
– Die Silben stampfen, ohne zu sprechen
– Den Vers nur gestisch gestalten, nicht sprechen
– Der Vers geht um: Jedes Kind spricht ein Wort (manche sind länger, manche kürzer!)
– Das Klatschen des Verses geht um
– Das Stampfen des Verses geht um
– Sprechen des Verses im Kanon (4 Gruppen)
– Begleiten des Verses mit Instrumenten
– Nur mit den Instrumenten den Sprechrhythmus darstellen
– Lautlos den Vers sprechen, nur die letzte Zeile laut sprechen

Ein Vorschlag zur Darstellung des Verses:

*Gedichtdarstellung*

| | |
|---|---|
| Text | *Bidele, badele, budele, Batzen,* |
| Darstellung | Arme ausstrecken, während des Sprechens wieder zusammenkommen, dabei mit den Fingern zappeln |
| Text | *sieben klitzekleine Katzen* |
| Darstellung | 7 Finger zeigen, klein mit Daumen und Zeigefinger zeigen |
| Text | *kamen in die Stadt hinein,* |
| Darstellung | mit Händen und Armen Gehbewegungen in der Luft machen |
| Text | *gingen gleich ins Wirtshaus rein.* |
| Darstellung | mit den Händen ein Haus zeigen |
| Text | \|: *Wollten Essen han,* |
| Darstellung | mit den Fingern Essen in den Mund hineinzeigen |
| Text | *fingen's Tanzen an.* :\| |
| Darstellung | mit den Zeigefingern kreisen |
| Text | \|: *Rumsti, bumsti, witt, witt witt,* :\| |
| Darstellung | klatschen |
| Text | *ich und du, ich und du, ich und du,* |
| Darstellung | mit beiden Zeigefingern auf sich zeigen, dann auf andere Person |
| Text | *wir tanzen mit!* |
| Darstellung | klatschen und sich dabei drehen |

Sommer

Dieser Sprechvers ist besonders reizvoll, weil er auch darstellbar ist und Taktwechsel hat: Bei „Wollten Essen han ..." wechselt der Takt von einem Zweier- in einen Dreiertakt. Bei „Rumsti ..." wechselt der Dreier- wieder in den Zweiertakt. Auch in Vers ③ („Schickele ...") wechselt der Takt und damit die Betonung.

❼ Zum wirklichen „Dauerbrenner" für alle Klassen bei jedem Ferienbeginn kann das Schlagerlied „Urlaub" werden. Es ist die deutsche Version des Popsongs „Hands up". Da die Melodie so einfach ist, lernt sie sich sehr leicht. Der deutsche Text trifft gut die Ferienvorstellungen der meisten Kinder. Dazu gibt es eine Bewegungsgestaltung, die den Textinhalt ziemlich genau darstellt. Es ist also sozusagen eine „programmatische" Tanzform, die den Text in Bewegung umsetzt.

Bei der Form des Songs treffen die Kinder auf ihnen bekannte Bausteine:

| Vorspiel (= Intro) | | Kehrreim (= Refrain) | | Zwischenspiel | | Strophe |

Zusätzlich gibt es in diesem Lied noch einen neuen Baustein: einen „Brückenstein", der zwei Kehrreime miteinander verbindet. In der Popmusik nennt man so einen Teil eine „Bridge". Das ist hier der Teil, dessen Text mit „Und wenn dann zu Haus' ..." beginnt. In der Bridge ist die Melodie anders als in der Strophe und dem Refrain, es ist also ein eigener Teil, der nicht wiederholt wird. Man kann es den Kindern am besten mit dem Begriff „Brücke" oder „Brücken-Baustein" erklären.

Der Text des letzten Refrains ist in der letzten Zeile verändert, daher B'.

Also ist die Form des Songs „Urlaub" wie folgt:

| A | B | C | B | C | B | D | B' |
|---|---|---|---|---|---|---|---|
| Vorspiel | Refrain | Strophe | Refrain | Strophe | Refrain | Bridge (Brücke) | Refrain |

❽ Durch die einfachen Bewegungsformen eignet sich der Schlager auch für Ungeübte zum Mitmachen.

Refrain:

| Text | Urlaub, mach mal Urlaub, |
|---|---|
| Bewegungen | Hände nach oben halten, dort leicht schütteln |
| Text | komm, wir packen uns're Siebensachen, |
| Bewegungen | linke Hand auf die Hüfte stützen, rechts mit Handfläche nach oben 2-mal in die Luft wippen, dann wechseln |
| Text | und wir machen Urlaub, endlich Urlaub, |
| Bewegungen | wie 1. Zeile |
| Text | denn nach all dem Regen woll'n wir endlich Sonne seh'n ... |
| Bewegungen | auf die 1 in die Hände klatschen, auf 2 schnipsen usw. |

Sommer

*Strophe* ①

| Text | *Stellt euch vor, morgen geht's los,* |
|---|---|
| Bewegungen | beide Hände in die Hüften, Füße im Takt wechselweise vorsetzen, als Grundbewegungsmuster durchhalten |
| Text | *ganz egal, Bahn oder Bus,* |
| Bewegungen | mit rechter Hand bei „egal" Wegwerfbewegung machen, dabei wie vorher bewegen |
| Text | *und wer kein Geld mehr hat, geht auch zu Fuß.* |
| Bewegungen | Geldzählbewegung, weiterbewegen wie vorher |
| Text | *Irgendwer nimmt uns schon mit,* |
| Bewegungen | wie vorher |
| Text | *die Daumen im Wind und ein bisschen Glück!* |
| Bewegungen | Daumenzeichen für Anhalter, dabei weiterbewegen |
| Text | *Für ein paar Wochen hält man das schon aus!* |
| Bewegungen | wie vorher |

In Strophe ② wie in ① bewegen, aber *nur* Grundbewegungsmuster.

*Bridge*

| Text | *Und wenn dann zu Haus der Himmel Kurzschluss hat,* |
|---|---|
| Bewegungen | abwechselnd die Arme wellenförmig von oben nach unten gleiten lassen |
| Text | *wenn es blitzt und kracht,* |
| Bewegungen | Ohren zuhalten |
| Text | *wenn kein Mensch mehr übers Wetter lacht,* |
| Bewegungen | Kopf schütteln |
| Text | *liegen wir am Strand, liegen wir am Strand.* |
| Bewegungen | beide Arme ausbreiten, Kopf langsam hin- und herbewegen |
| Text | *Komm, wir fahr'n, komm wir fahr'n sofort,* |
| Bewegungen | mit den Händen abwechselnd jemanden heranwinken |
| Text | *dann sind wir noch vor den anderen dort!* |
| Bewegungen | wie vorher |

Dieses ist ein reines Spaßlied, das thematisch auf den Ferienbeginn bezogen ist. Darum wird – von der Strukturerarbeitung abgesehen – auf jede weitere Erarbeitung verzichtet. ❾ Es macht auch schon Kindern im ersten Schuljahr Freude, **Lieder in fremden Sprachen** zu singen. Wenn man das Glück hat, Kinder mit anderen Nationalitäten in der Klasse zu haben, kann man diese Kinder oder deren Eltern insofern in die Planung des Musikunterrichts mit einbeziehen, als sie gewiss Kinderlieder aus ihren Herkunftsländern kennen und eventuell auch noch andere Musik – sei es Pop- oder

# Sommer

traditionelle Musik – mitbringen können. Diese Möglichkeit stellt eine große Bereicherung des Unterrichts dar. Außerdem gibt es den Kindern die Möglichkeit, auch einmal gerade wegen ihrer anderen Herkunft positiv im Mittelpunkt zu stehen.
Ansonsten gibt es natürlich die Lieder unserer Nachbarländer, in denen unsere Kinder häufig ihren Urlaub verbringen.

### England/USA: „If you're happy and you know it clap your hand"
Dieses Bewegungslied ist auch bekannt mit dem deutschen Text: „Bist du glücklich, klatsch doch einfach in die Hand". Wenn man den englischen Text übersetzt, hat man weitere Gestaltungsmöglichkeiten:
- mit den Händen klatschen
- sich an die Seiten klatschen
- stampfen
- Finger schnipsen
- durch die Nase schnaufen
- „We are!" rufen …

### Frankreich: „Mon coq est mort"
Auf Deutsch: „Mein Hahn ist tot"

### Spanien: „La mar estaba salada"
Übersetzung: „Das Meer war salzig, salzig war das Meer." Man kann auch ohne Spanischkenntnisse erkennen, dass dieses Unsinnlied genauso gesungen wird wie unsere „Drei Chinesen mit dem Kontrabass". Die Vokale werden nacheinander ersetzt. Es bietet sich außerdem an, mit diesem spanischen Lied die anderen Singweisen „durchzuspielen", wie das mit den „Drei Chinesen …" geschehen ist.

### Italien: „Bella Bimba"
*Ma come balli bella bimba, bella bimba, bella bimba.*
*Ma come balli bella bimba, bella bimba, balli ben.*
*Guarda che passa la villanella,*
*agile e snella, saben ballar.*

Übersetzung:
*Ja, wie es tanzt, das hübsche kleine Mädchen,*
*das hübsche kleine Mädchen, das hübsche kleine Mädchen.*
*Ja, wie es tanzt, das hübsche kleine Mädchen,*
*es tanzt gut.*
*Schau einmal, wie es die Villanella (= Tanzschritt) geht,*
*beweglich und geschickt, es kann tanzen.*

Auch zu diesem italienischen Volkslied gibt es einen deutschen Text und einen Tanz, mit dem das Lied auf S. 167 abgedruckt ist.
Zu diesem Lied sind schon mehrfach unterschiedliche Tanzformen ausgedacht worden. Kinder können dazu leicht selber einen **Tanz erfinden**. Das Lied besteht aus folgenden Teilen:

*Kehrreim*                                      *Strophe*

| A | A' | B | B' |
|---|---|---|---|
| Komm, tanz doch mit mir, Bella Bimba, Bella Bimba, Bella Bimba. | Komm, tanz doch mit mir, Bella Bimba, Bella Bimba, das macht Spaß. | Dreh' dich im Kreise, klatsch dazu leise, | erst rechts, dann links herum, ich dreh' mich auch! |

Das Lied ist im ³/₄-Takt geschrieben, also ein Walzer. Damit die Kinder ein Gefühl dafür bekommen, klatschen sie erst einmal zum Lied und betonen dabei die *1* in jedem Takt: *Komm, tanz doch mit mir, Bella Bimba, Bella Bimba, Bella Bimba* usw.

# Sommer

**A-Teil:** Die Kinder stellen sich zu zweit nebeneinander auf einer Kreislinie auf und fassen sich an der Hand. Sie schwingen im Takt auf und ab, gehen dabei auf der Kreislinie und wenden sich einander zu, wenn die Hände unten sind. Wenn die Hände oben sind, drehen sie sich mit dem Kopf und dem Oberkörper voneinander weg.
**A'-Teil:** Die Kinder drehen sich um, reichen sich die jeweils andere Hand und tanzen jetzt gegen die Richtung zurück. Die Bewegungen sind wie vorher.
**B-Teil:** Die Kinder stehen sich gegenüber, haken sich ein und tanzen miteinander *links* herum.
**B'-Teil:** Sie wechseln die Arme, haken sich ein und tanzen *rechts* herum.

## Zusatzangebote

Da man sich mit den Kindern im Sommer auch oftmals draußen aufhalten kann, sind Bewegungslieder und -spiele durchführbar, die man sonst in der Klasse aus Raummangel nicht ausführen kann. Daher werden an dieser Stelle noch zusätzliche Bewegungslieder angeboten.

### „Im Sommer, im Sommer"
(Lied aus Österreich)

| ① *Im Sommer, im Sommer, da ist die schönste Zeit, da freu'n sich, da freu'n sich, da freu'n sich alle Leut.* | Die Kinder stehen im Kreis. Sie klatschen zum Lied. Alle Kinder drehen sich einmal um sich selbst. |
|---|---|
| *Und wer in diesem Kreise steht, und wer in diesem Kreise steht, der macht es so wie ich!* | Ein Kind steht im Kreis, macht eine Bewegung vor, die von den anderen nachgemacht wird. |
| ② *Das Lachen, das Lachen, das kann man doch versteh'n, da muss man, da muss man sich einmal schnell umdreh'n.* | Die Kinder stehen im Kreis. Sie klatschen zum Lied. |
| *Und wer in diesem Kreise steht, und wer in diesem Kreise steht, der macht es so wie ich.* | Ein Kind steht im Kreis, macht eine Bewegung vor, die von den anderen nachgemacht wird. |

### „Auf unserm Hof ist heute ein Sommertag"

Dieses Lied passt sehr gut zu den in diesem Kapitel besprochenen Themen. Vor allem zum Thema „Wiese" passt es gut wegen der Insekten, die hier ebenfalls besungen werden.
Auch zu diesem Lied kann man, da es im ¾-Takt geschrieben ist, gut gemeinsam einen Tanz mit den Kindern ausdenken. Eine andere Aufgabe besteht in der Begleitung des Liedes mit Instrumenten und eingefügten Stimmaktionen (Tierlauten). Dann gibt es zwei Gruppen: Eine Gruppe singt, die andere begleitet und macht auch die stimmlichen Untermalungen.

Sommer

# Kommt die liebe Sommerzeit

(Text und Melodie: Hans Poser, © Copyright by Möseler Verlag, Wolfenbüttel)

①
Kommt die liebe Sommerzeit,
trägt der Wald ein grünes Kleid,
und der Kuckuck, Kuckuck, Kuckuck,
der Kuckuck, der Kuckuck schreit.

②
Wenn du dann den Kuckuck fragst,
wie lang du noch leben magst,
ruft der Kuckuck, Kuckuck, Kuckuck,
der Kuckuck wohl hundert Mal.

③
Hast du einen Pfennig dann,
wirst du wohl ein reicher Mann,
weil der Kuckuck, Kuckuck, Kuckuck,
der Kuckuck das machen kann.

④
Hast du keinen Pfennig nicht,
bleibst du stets ein armer Wicht,
doch den Kuckuck, Kuckuck, Kuckuck,
den Kuckuck, den kümmert's nicht.

# Kommt die liebe Sommerzeit (Begleitung)

(Text: Hans Poser, © Copyright by Möseler Verlag, Wolfenbüttel, Bearbeitung: Dagmar Kuhlmann)

Sommer

# Kuckuckskonzert

(Dagmar Kuhlmann)

Instrumente: ▱ Glockenspiel   ▱ Metallofon
            Gl.                Met.

Die Anzahl der Instrumente kann frei bestimmt werden.

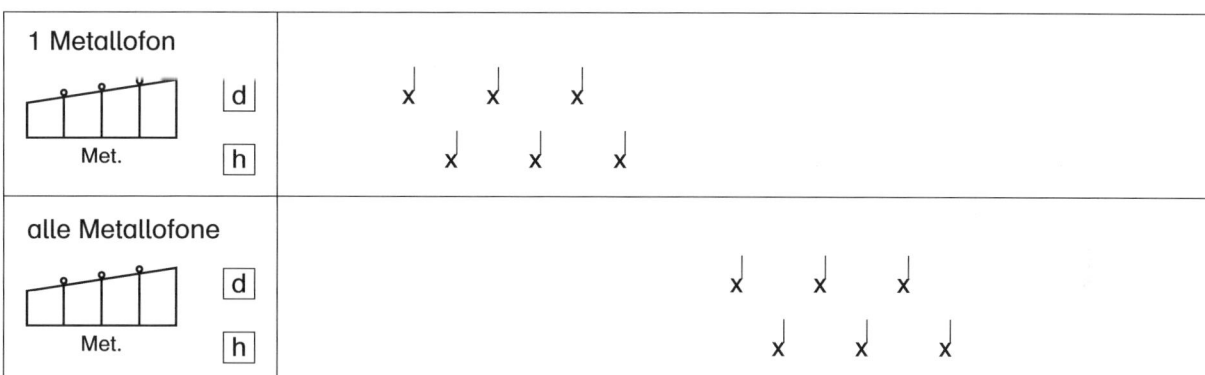

© Persen Verlag                                                    KOPIERVORLAGE    153

Sommer

# Im Sommer geht's zum Sommerball

(Text und Melodie: Gabriele Bader/Ruth Kovarovicz/Margit Leitner/Susanne Scheuchl)

① 
Im Sommer geht's zum Sommerball,
die Tiere hört man überall.
Die ersten Tiere stellen sich vor,
die Frösche quaken nun im Chor:
Quak, quak, quak.

②
Im Sommer geht's zum Sommerball,
die Tiere hört man überall.
Die zweiten Tiere stellen sich vor,
die Fische blubbern nun im Chor:
Blubb, blubb, blubb, blubb, blubb,
blubb, blubb.

③
Im Sommer geht's zum Sommerball,
die Tiere hört man überall.
Die dritten Tiere stellen sich vor,
die Bienen summen nun im Chor:
Summ, summ, summ, summ, summ, summ,
summ, summ, summ.

④
Im Sommer geht's zum Sommerball,
die Tiere hört man überall.
Die vierten Tiere stellen sich vor,
die Käfer brummen nun im Chor:
Brumm, brumm, brumm.

⑤
Im Sommer geht's zum Sommerball,
die Tiere hört man überall.
Die fünften Tiere stellen sich vor,
die Enten schnattern nun im Chor:
Schna, schna, schna, schna, schna, schna,
schna, schna, schna.

⑥
Im Sommer geht's zum Sommerball,
die Tiere hört man überall.
Und alle Tiere stellen sich vor,
gemeinsam singen sie im Chor:
Quak, quak, quak.
Blubb, blubb, blubb, blubb, blubb, blubb, blubb.
Summ, summ, summ, summ, summ, summ, summ, summ, summ.
Brumm, brumm, brumm.
Schna, schna, schna, schna, schna, schna, schna, schna, schna.

KOPIERVORLAGE

Sommer

# Im Sommer geht's zum Sommerball

(Text und Melodie: Gabriele Bader/Ruth Kovarovicz/Margit Leitner/Susanne Scheuchl)

Im Sommer geht's zum Sommerball, die Tiere hört man überall.  — Baustein A

Die ersten Tiere stellen sich vor, die Frösche quaken nun im Chor:  — Baustein B

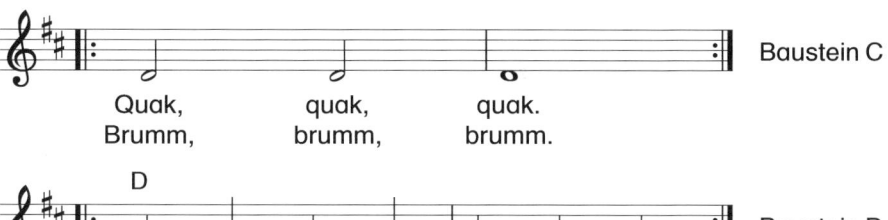
Quak, quak, quak. / Brumm, brumm, brumm.  — Baustein C

Blubb, blubb, blubb, blubb, blubb, blubb, blubb.  — Baustein D

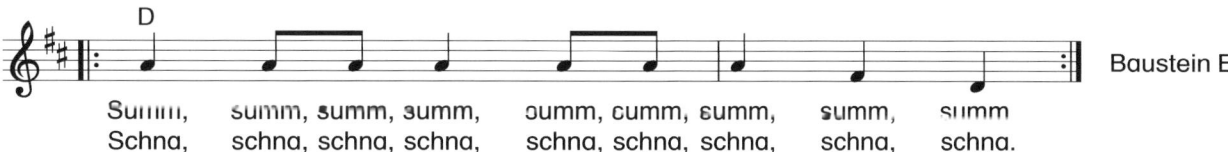
Summ, summ, summ, summ, summ, summ, summ, summ, summ. / Schna, schna, schna, schna, schna, schna, schna, schna, schna.  — Baustein E

① 
Im Sommer geht's zum Sommerball,
die Tiere hört man überall.
Die ersten Tiere stellen sich vor,
die Frösche quaken nun im Chor:
Quak, quak, quak.

② 
Im Sommer geht's zum Sommerball,
die Tiere hört man überall.
Die zweiten Tiere stellen sich vor,
die Fische blubbern nun im Chor:
Blubb, blubb, blubb, blubb, blubb,
blubb, blubb.

③ 
Im Sommer geht's zum Sommerball,
die Tiere hört man überall.
Die dritten Tiere stellen sich vor,
die Bienen summen nun im Chor:
Summ, summ, summ, summ, summ, summ, summ,
summ, summ.

④ 
Im Sommer geht's zum Sommerball,
die Tiere hört man überall.
Die vierten Tiere stellen sich vor,
die Käfer brummen nun im Chor:
Brumm, brumm, brumm.

⑤ 
Im Sommer geht's zum Sommerball,
die Tiere hört man überall.
Die fünften Tiere stellen sich vor,
die Enten schnattern nun im Chor:
Schna, schna, schna, schna, schna, schna,
schna, schna, schna.

⑥ 
Im Sommer geht's zum Sommerball,
die Tiere hört man überall.
Und alle Tiere stellen sich vor,
gemeinsam singen sie im Chor:
Quak, quak, quak.
Blubb, blubb, blubb, blubb, blubb, blubb, blubb.
Summ, summ, summ, summ, summ, summ, summ,
summ, summ.
Brumm, brumm, brumm.
Schna, schna, schna, schna, schna, schna, schna,
schna, schna.

© Persen Verlag

Sommer

# Wie tanzen die Mücken?

(Heinrich Hoffmann von Fallersleben)

Dideldum!
Summ, summ, summ!
Das ist zum Entzücken!
Wie tanzen die Mücken,
die schnellen Gesellen,
so leise im Kreise,
so wohlig, so munter,
hinauf und herunter.

Dideldum, dideldum!
Summ, summ!
Immer herum,
dideldum!
Immer herum,
summ, summ!

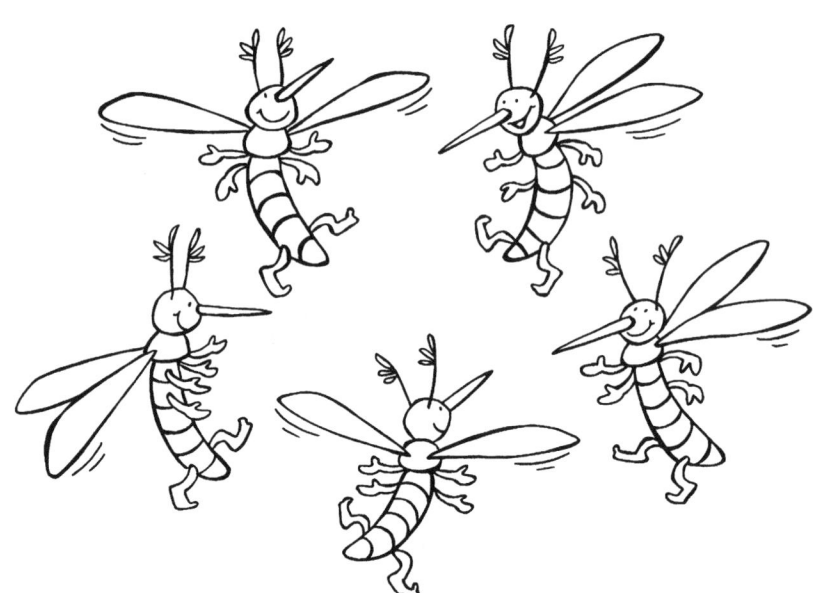

**Wir denken uns Musik aus für das Gedicht: „Wie tanzen die Mücken?"**

| Instrumente | Text und Spielweise |
|---|---|
|  | *Dideldum! Summ, summ, summ! Das ist zum Entzücken!* |
|  | *Wie tanzen die Mücken, die schnellen Gesellen, so leise im Kreise,* |
|  | *so wohlig, so munter, hinauf und herunter.* |
|  | *Dideldum, dideldum! Summ, summ! Immer herum, dideldum!* |
|  | *Immer herum, summ, summ!* |

KOPIERVORLAGE

Sommer

# 10 000 große Pausen

(James Krüss)

① 
Herr Lehrer und Frau Lehrerin,
auf Wiederseh'n für Wochen!
Die allerschönste Zeit im Jahr
ist heute angebrochen.

② 
Herr Lehrer und Frau Lehrerin,
auf Wiederseh'n für lange!
Wir machen keine Schularbeit,
und doch ist uns nicht bange.

③ 
Herr Lehrer und Frau Lehrerin,
es steht ganz außer Frage:
Der nächste Aufsatz heißt bestimmt:
Die schönsten Ferientage.

④ 
Doch wer im warmen Sande liegt,
den kann das gar nicht grausen.
Wir seh'n jetzt nur, was vor uns liegt:
10 000 große Pausen!

Sommer

# 10 000 große Pausen (Sprechgestaltung)

(James Krüss)

| Sprecher | Text und Aktion |
|---|---|
| Alle | *Herr Lehrer und Frau Lehrerin, auf Wiederseh'n für Wochen!* <br> Kinder sprechen und winken. |
| Alle | *Die allerschönste Zeit im Jahr ist heute angebrochen.* <br> Kinder halten das Wort „Ferien" hoch. <br> „allerschönste" sehr betonen! |
| Alle | *Herr Lehrer und Frau Lehrerin, auf Wiederseh'n für l a n g e !* <br> Kinder sprechen und winken. <br> „lan - ge" wird sehr betont langsam und auseinandergezogen gesprochen. |
| Kind 1 | *Wir machen keine Schularbeit,* <br> Kind wackelt mit Zeigefinger „nein". |
| Kind 2 | *und doch ist uns nicht bange!* <br> Kind zieht Schultern hoch, schüttelt den Kopf. |
| Kind 3 | *Herr Lehrer und Frau Lehrerin, es steht ganz außer Frage:* <br> Kind wendet sich zur entsprechenden Person. |
| Kind 4 | *Der nächste Aufsatz heißt bestimmt:* <br> Kind spricht sehr betont. |
| Alle | *Die schönsten Ferientage.* <br> Kinder rufen laut. |
| Kind 5 | *Doch wer im warmen Sande liegt, den kann das gar nicht grausen.* <br> Kind legt die Hände hinter den Kopf, räkelt sich etwas. |
| Alle | *Wir seh'n jetzt nur, was vor uns liegt:* <br> Kinder halten Ausschau mit Hand über den Brauen. |
| Alle | *10 000 große Pausen!* <br> Alle rufen, die Blätter werden gleichzeitig hochgehalten, <br> danach: 2–3 Kinder benutzen Trillerpfeifen. |

KOPIERVORLAGE

Sommer

# Wandern in der Sommerzeit

(Melodie: Leo Rinderer, Text: Leo Rinderer [Strophe ①], Hans Richter [Strophen ② und ③])

*Strophe ①:*
Wandern in der Sommerzeit
macht uns Freud, macht uns Freud,
ziehen froh durch Wald und Feld,
oh du schöne Welt.

*Kehrreim:*
Rallala, rallala, rallalalalalala,
rallala, ralala, rallalalalalala.

*Strophe ②:*
Packe deinen Rucksack fein,
leg hinein Sonnenschein.
Wand're froh durch Wald und Feld,
oh du schöne Welt.

*Kehrreim:*
Rallala, rallala, rallalalalalala,
rallala, rallala, rallalalalalala.

*Strophe ③:*
Baden in dem kühlen See,
spring hinein mit Juchhe,
danach geht es doppelt gut,
nimm den Wanderhut!

*Kehrreim:*
Rallala, rallala, rallalalalalala,
rallala, rallala, rallalalalalala.

**Das sind die Liedbausteine:**

|  |  |  |  |  |  |
|---|---|---|---|---|---|
|  |  |  |  |  |  |

Sommer

# Wandern in der Sommerzeit

(Melodie: Leo Rinderer, Text: Leo Rinderer [Strophe ①], Hans Richter [Strophen ② und ③])

② Packe deinen Rucksack fein,
leg hinein Sonnenschein.
Wand're froh durch Wald und Feld,
oh du schöne Welt.

③ Baden in dem kühlen See,
spring hinein mit Juchhe,
danach geht es doppelt gut,
nimm den Wanderhut!

**KOPIERVORLAGE**

© Persen Verlag

Sommer

# Zungenbrecher

①
Ene mene minke tinke
wade rade rollke tollke
wiggel waggel weg.

②
Enne denne duppe denne
duppe denne dalia
ippe bappe bembio
bio bio buff.

③
Schickele, scheckele,
Bohnesteckele,
schnelle belle trille bille
Gnuppe, Knolle, Knopf.

④
Ele mele menk
ticke tacke tenk
ulen drulen droß
ver vief soß
op de ledder op de lin –
du sast Peter Pumpsack sin!

⑤
Annchen dannchen dittchen dattchen
teber de beber de bittchen battchen
teber de beber de bu
dabbeldu.

⑥
Es sprach der Bach:
„Mein lieber Teich,
ich mach' dich reich.
Ich fülle dich vom Grund zum Mund
mit lauter frischem Wasser an,
damit dein Fischlein leben kann!"

Der reiche Teich
er sprach zum Bach:
„Dein Wasser frisch,
das braucht mein Fisch.
Mein Fisch und ich
bedanken sich!"
*(von Alfred Baur)*

⑦
Ri, ra, rollala.
Ich bin mit dem Roller da.
Rollerrennen muss man können.
Jeder rechte Roller hat
Vorderrad und Hinterrad
und den rechten Rollermann,
der so richtig rennen kann.
*(von Alfred Baur)*

⑧
Das Zungenmännlein Zappelmatz
hat eine lange Zunge.
Das Zungenmännlein Zappelmatz
und seine Frau, die Zappelmitz,
die haben sieben Jungen,
sieben junge Zappelmatzen,
lauter liebe Zappelfratzen
mit langen, langen Zungen.
Sie zappeln viel und plappern viel
und tanzen um den Besenstiel
und rennen so im Zimmer herum.
Zippel, Zappel, summ, summ, summ.
*(von Alfred Baur)*

⑨
Bidele, badele, budele, batzen,
sieben klitzekleine Katzen
kamen in die Stadt hinein,
gingen gleich ins Wirtshaus rein.
I: Wollten Essen han, fingen's Tanzen an. :I
I: Rumsti, bumsti, witt, witt, witt, :I
ich und du, ich und du, ich und du,
wir tanzen mit.
*(von Anneliese Schmolke, © Copyright by Möseler Verlag, Wolfenbüttel)*

Sommer

# Urlaub (Hands up)

(Text: Christian Heilburg, Musik: Jean Kluger, Roba Music Verlag GmbH, Hamburg)

*Refrain:*
Urlaub, mach mal Urlaub,
komm, wir packen uns're Siebensachen,
und wir machen Urlaub, endlich Urlaub.
Denn nach all' dem Regen woll'n wir endlich Sonne seh'n,
Sonne seh'n, Sonne seh'n!

*Strophe ①:*
Stellt euch vor, morgen geht's los,
ganz egal, Bahn oder Bus,
und wer kein Geld mehr hat, geht auch zu Fuß.
Irgendwer nimmt uns schon mit,
die Daumen im Wind und ein bisschen Glück!
Für ein paar Wochen, da packen wir aus!

*Refrain:*
Urlaub …

*Strophe ②:*
Wisst ihr noch, im letzten Jahr,
die kleine Bucht, wie es da war?
Ja, vielleicht finden wir so was noch mal?
Nananana, nananana.
Nananana, nanananana.
Für ein paar Wochen hält man das schon aus.

*Refrain:*
Urlaub …

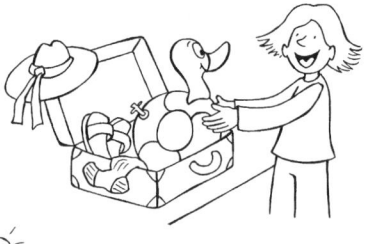

*Bridge:*
Und wenn dann zu Haus der Himmel Kurzschluss hat,
wenn es blitzt und kracht,
wenn kein Mensch mehr übers Wetter lacht,
liegen wir am Strand, liegen wir am Strand.
Komm, wir fahr'n, komm wir fahr'n sofort,
dann sind wir noch vor den anderen dort!

*Refrain:*
Urlaub, mach mal Urlaub,
komm, wir packen uns're Siebensachen,
und wir machen Urlaub, endlich Urlaub,
denn nach all' dem Regen woll'n wir endlich Sonne seh'n,
Urlaub, endlich Urlaub,
komm, wir packen uns're Siebensachen …

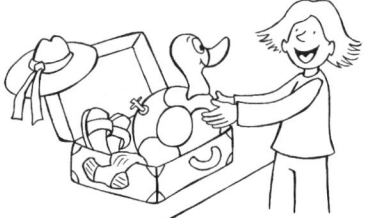

KOPIERVORLAGE

Sommer

# Urlaub (Hands up)

(Text: Christian Heilburg, Musik: Jean Kluger, Roba Music Verlag GmbH, Hamburg)
Intro: 3×4 Takte (Em  A⁷⁽⁹⁾  D  D)

Ur-laub, mach mal Ur-laub, komm, wir pa-cken uns-'re Sie-ben-sa-chen und wir ma-chen
Ur-laub, end-lich Ur-laub, denn nach all' dem Re-gen woll'n wir end-lich Son-ne seh'-n,

Son-ne seh'-------n, Son-ne seh'-n!

1. Stellt euch vor, mor-gen geht's los, ganz e-gal, Bahn o-der Bus,
2. Wisst ihr noch, im letz-ten Jahr, die klei-ne Bucht, wie es da war?

und wer kein Geld mehr hat, geht auch zu Fuß. Ir-gend-wer nimmt uns schon mit, die
Ja, viel-leicht fin-den wir so was noch mal? Na-na-na-na, na-na-na-na-na.

Dau-men im Wind und ein biss-chen Glück! Für ein paar Wo-chen, da pa-cken wir aus!
Na-na-na-na, na-na-na-na-na. Für ein paar Wo-chen hält man das schon aus.

Und wenn dann zu Haus der Him-mel Kurz-schluss hat, wenn es blitzt und kracht,

wenn kein Mensch mehr ü-bers Wet-ter lacht, lie-gen wir am Strand, lie-gen wir am Strand.

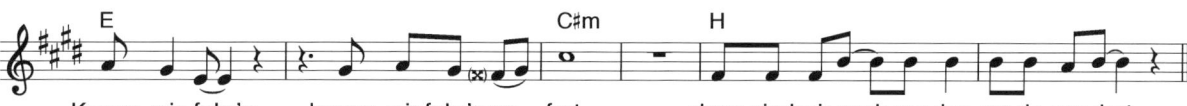

Komm, wir fahr'n, komm, wir fahr'n so-fort, dann sind wir noch vor den an-de-ren dort.

© Persen Verlag          KOPIERVORLAGE

# If you're happy and you know it

(Aus den USA)

① If you're hap-py and you know it, clap your hand,

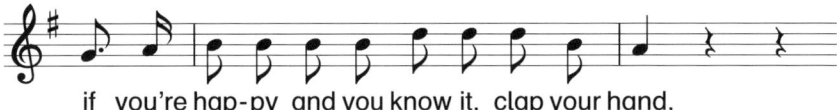
if you're hap-py and you know it, clap your hand,

if you're hap-py and you know it and you real-ly want to show it,

if you're hap-py and you know it, clap your hand.

②
If you're happy and you know it, slap your sides …

③
If you're happy and you know it, stamp your feet …

④
If you're happy and you know it, snap your fingers …

⑤
If you're happy and you know it, sniff your nose …

⑥
If you're happy and you know it, shout "we are!" …

⑦
If you're happy and you know it, do it all …

# Mon coq est mort

(Kanon aus Frankreich)

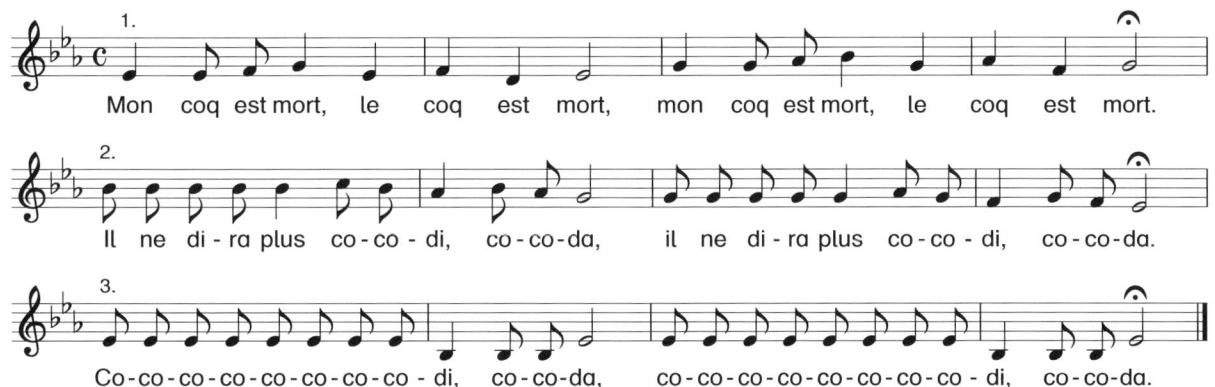

1. Mon coq est mort, le coq est mort, mon coq est mort, le coq est mort.
2. Il ne dira plus co-co-di, co-co-da, il ne dira plus co-co-di, co-co-da.
3. Co-co-co-co-co-co-co-co-di, co-co-da, co-co-co-co-co-co-co-co-di, co-co-da.

*Deutsche Übersetzung:*
Mein Hahn ist tot, der Hahn ist tot.
Mein Hahn ist tot, der Hahn ist tot.
Er wird nicht mehr rufen cocodi, cocoda.
Er wird nicht mehr rufen cocodi, cocoda.
Cocococococococodi, cocoda …

*Englische Übersetzung:*
My cock is dead, the cock is dead.
My cock is dead, the cock is dead.
He will never sing cocodi, cocoda.
He will never sing cocodi, cocoda.
Cocococococococodi, cocoda …

Sommer

# La mar estaba salada

(Volkslied aus Spanien, mit Spaßtext. In korrektem Spanisch müsste das Lied „El mar fue salado" heißen.)

② 
La mar astaba salada …
*Con la „e"!*

③
Le mer estebe selede …
*Con la „i"!*

④
Li mir istibi silidi …
*Con la „o"!*

⑤
Lo mor ostobo solodo …
*Con la „u"!*

⑥
Lu mur ustubu suludu …
*Con la …?*

166

Sommer

# Bella Bimba

(Italienisches Volkslied, deutscher Text: Dagmar Kuhlmann)

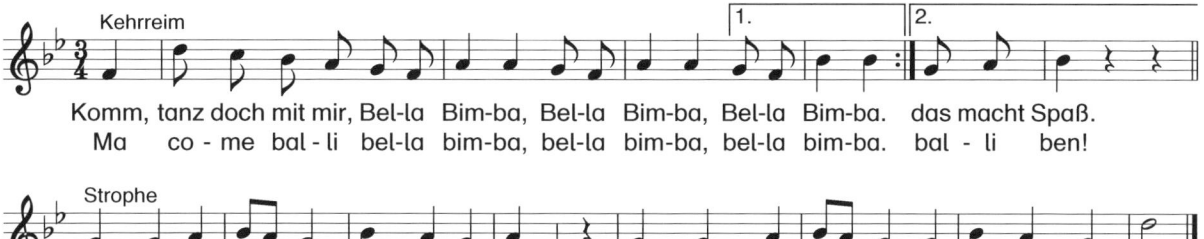

Komm, tanz doch mit mir, Bel-la Bim-ba, Bel-la Bim-ba, Bel-la Bim-ba. das macht Spaß.
Ma co-me bal-li bel-la bim-ba, bel-la bim-ba, bel-la bim-ba. bal-li ben!

1. Dreh' dich im Krei-se, klatsch da-zu lei-se, erst rechts, dann links he-rum, ich dreh' mich auch!

*Kehrreim:*
Komm, tanz doch mit mir, Bella Bimba,
Bella Bimba, Bella Bimba.
Komm, tanz doch mit mir, Bella Bimba,
Bella Bimba, das macht Spaß.

Ma come balli bella bimba,
bella bimba, bella bimba.
Ma come balli bella bimba,
bella bimba, balli ben!

*Strophe ①:*
Dreh' dich im Kreise,
klatsch dazu leise,
erst rechts, dann links herum,
ich dreh' mich auch!

Guarda che passa
la villanella,
agile e snella,
saben ballar!

*Strophe ②:*
Tanz in die Mitte,
eins, zwei, drei Schritte,
reich mir die Hände,
dann tanzen wir.

Sommer

# Im Sommer, im Sommer

(Lied aus Österreich)

① 
Im Sommer, im Sommer,
da ist die schönste Zeit,
da freu'n sich, da freu'n sich,
da freu'n sich alle Leut.
Und wer in diesem Kreise steht,
und wer in diesem Kreise steht,
der macht es so wie ich!

② 
Das Lachen, das Lachen,
das kann man doch versteh'n,
da muss man, da muss man
sich einmal schnell umdreh'n.
Und wer in diesem Kreise steht,
und wer in diesem Kreise steht,
der macht es so wie ich.

Sommer

# Auf unserm Hof ist heute ein Sommertag

(Musik: aus Westfriesland, hochdeutscher Text: Heinz-Lothar Worm)

1. Auf unserm Hof ist heute ein Sommertag, ein schöner Morgen, wie ich ihn mag. Lerchen, die singen, Fohlen, die springen. Jeder ist fröhlich, den ich heut frag.

② 
Unten am Teich, da schau ich das Treiben an,
Schwäne und Enten allen voran.
Gänschen, die schnattern,
Hühnchen, die flattern,
jeder vergnügt sich, wie er nur kann.

③
Und auf der Wiese hinter dem Buchenwald
schreien die Esel, dass es laut hallt.
Lämmchen, die bähen,
Hähne, die krähen,
alles ist froh, ob jung oder alt.

④
Hummeln und Fliegen kreisen im Windeshauch,
schwirren geschwind zum blühenden Strauch.
Käfer, die brummen,
Bienen, die summen,
alle sind fröhlich, ich bin es auch!

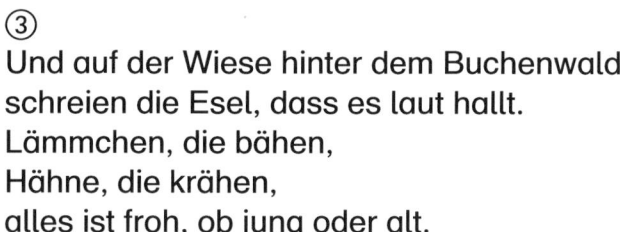

# Der Feldhase

# Das Wildkaninchen

# Der Kuckuck

# Der Schwarzspecht

# „La Troupe de Mademoiselle Églantine" von Henri de Toulouse-Lautrec

# „Drei Musikanten" von Pablo Picasso

# Alle Piktogramme auf einen Blick

**Piktogramme für Klangparameter und -charakteristika**  Tipp: Bitte vergrößert kopieren (Zoom 141%)!

| | | | |
|---|---|---|---|
| schnell | schnell | langsam | langsam |
| laut | laut | leise | leise |
| kurz | lang | fröhlich | traurig |
| hoch | hoch | tief | tief |
| Punktklang | leiser werden (decrescendo) | lauter werden (crescendo) | ein Anschlag |
| ganze Note | halbe Note | Viertelnote | Achtelnote |
| Bewegungsklang 1 | Bewegungsklang 2 | Bewegungsklang 3 | schütteln |
| Schwebeklang | reiben | Handtrommel – mit der flachen Hand geschlagen | Handtrommel – mit den Fingern am Rand geschlagen |
| Handtrommel – mit einem Finger geklopft | Handtrommel – mit den Fingernägeln über das Fell gekratzt | schrapen | gleichmäßiges Summen |
| „wildes" Summen | Glissando aufwärts | Glissando abwärts | Tremolo |
| Cluster | | | |

Alle Piktogramme auf einen Blick

**Piktogramme für Instrumente**  Tipp: Bitte vergrößert kopieren (Zoom 141%)!

| Klanghölzer (Claves) | Rassel | Samba-Rasseln (Maracas) | Nussklapper |
|---|---|---|---|
| Galopper | Triangel | Schellenband | Trommel = Handtrommel |
| Tamburin | Schellenkranz | Schellenstab | Holzblocktrommel |
| Pauke | Gl. Glockenspiel | Met. Metallofon | Heulrohr |
| Guiro | Schwirrbiene | Summscheibe | Summkamm |
| Flaschen | | | |

KOPIERVORLAGE

175

# Instrumente und ihre Klangeigenschaften

| Instrument/Klangerzeuger und ihre Piktogramme | | Wichtigste Klangart(en) und deren Notation | |
|---|---|---|---|
| Holzinstrumente | | | |
| ✗ | Klanghölzer (Claves) | Punktklang | ● |
| | Nussklapper | Punktklang | ● |
| | Galopper | Punktklang | ● |
| | Rassel | Bewegungsklang | ∿∿∿ |
| | Samba-Rasseln (Maracas) | Bewegungsklang | ∿∿∿ |
| | Holzblocktrommel | Punktklang | ● |
| | Guiro | Schrapen | ∿∿∿ |
| Metallinstrumente | | | |
| △ | Triangel | Schwebeklang | ○ |
| | | Bewegungsklang (im oberen Dreieck hin und her schlagen) | ∼∼∼→ |
| | Schellenband | Bewegungsklang | ∩∩∩ |
| | Schellenkranz | Punktklang | ● |
| | | Bewegungsklang | ∩∩∩ |
| | Schellenstab | Punktklang | ● |
| | | Bewegungsklang | ∩∩∩ |
| Fellinstrumente | | | |
| | Trommel = Handtrommel | Punktklang | ● |
| | | Bewegungsklang (wenn mit zwei Schlägeln schnell abwechselnd gespielt) | ∿∿∿ |
| | Pauke | Punktklang | ● |
| | | Bewegungsklang (siehe *Trommel*) | ∿∿∿ |
| Fell-Metall-Instrumente | | | |
| | Tamburin | Punktklang (bei einem Schlag) | ● |
| | | Bewegungsklang (beim Schütteln) | ∿∿∿ |

Instrumente und ihre Klangeigenschaften

| Instrument/Klangerzeuger und ihre Piktogramme | | Wichtigste Klangart(en) und deren Notation | |
|---|---|---|---|
| Stabspiele | | | |
| | Glockenspiel | Schwebeklang (einzelne Töne) | O |
| | | Gleitklang (Glissando; mit dem Schlägelkopf auf- oder abwärts über die Klangplatten gleiten) | ↗↘ |
| | | Bewegungsklang (Tremolo; mit dem Schlägelkopf schnell hin und her bewegen) | ←→ |
| | | Schichtklang (Cluster; mit einer Klangplatte quer über andere schlagen) | ▬ |
| | Metallofon | siehe *Glockenspiel* | |
| Weitere Klangerzeuger | | | |
| | Schwirrbiene | Liegeklang (bei gleichmäßiger Bewegung) | ⎯⎯ |
| | | Gleitklang (bei ungleichmäßiger Bewegung) | ↗↘ |
| | Summscheibe | siehe *Schwirrbiene* | |
| | Heulrohr | siehe *Schwirrbiene* | |
| | Summkamm | Liege- oder Gleitklang (je nachdem, wie man summt) | |
| | Flaschen – angeschlagen | (kurzer) Schwebeklang (beim Anschlagen) | O |
| | Flaschen – überblasen | Liegeklang (beim Überblasen des Flaschenhalses) | ⎯⎯ |

# Die Tracks der Begleit-CD (ISBN 978-3-8344-3925-3)

| Track | Titelstichwort | Quelle oder Neueinspielung |
|---|---|---|
| 1. | Don't you worry 'bout a thing (Ausschnitt, Musik mit Klatschen) | Incognito, Talking loud (866 897-2, LC 6521) |
| 2. | Don't you worry 'bout a thing (ohne Klatschen) | Incognito (s. o.) |
| 3. | Singende Begrüßung | |
| 4. | In der Schule bin ich nun (gesungen mit Begleitung) | Text und Melodie: Dagmar Kuhlmann, Persen |
| 5. | In der Schule bin ich nun (Halbplayback) | (s. o.) |
| 6. | Cancan (Ausschnitt: 2. Thema und Wiederholung) | Jacques Offenbach: Orpheus in der Unterwelt, „Wunderbare Welt der Klassik" (74321356382/A, LC 8637) |
| 7. | Die Schildkröten (Ausschnitt) | Camille Saint-Saëns: Karneval der Tiere, Arte Nova Classics (74321378572, LC 3480) |
| 8. | Die kleine Schlange geht jetzt aus (gesungen mit Begleitung) | Text und Melodie: Anneliese Guß-Tutt, Fidula |
| 9. | Herbstgeräusche: Wind – Blätterrascheln – Regentropfen – Drachen im Wind | |
| 10. | Mein Drachen (gesungen mit Begleitung) | Text: Albert Sixtus, Melodie: Richard Klein, Diesterweg |
| 11. | Mein Drachen (Halbplayback) | (s. o.) |
| 12. | Regentropfen-Prélude | Frédéric Chopin, Prélude Nr. 15 Des-Dur, Deutsche Grammophon (445628-2, LC 0173) |
| 13. | Regentropfen-Prélude (bearbeiteter Ausschnitt) | (s. o.) |
| 14. | Laternen schaukeln dicht an dicht (gesungen mit Begleitung) | Text und Melodie: Dagmar Kuhlmann, Persen |
| 15. | Laternen schaukeln dicht an dicht (Halbplayback) | (s. o.) |
| 16. | Falle, falle, gelbes Blatt (gesungen mit Begleitung) | Melodie: Wilhelm Keller, Text: überliefert, Fidula |
| 17. | Falle, falle, gelbes Blatt (Halbplayback) | (s. o.) |
| 18. | Der Nussknacker (gesungen mit Begleitung, Kehrreim) | Text und Melodie: Anneliese Read, Laumann-Verlag, Dülmen/Westf. |
| 19. | Der Nussknacker (gesungen mit Begleitung) | (s. o.) |
| 20. | Der Nussknacker (Halbplayback) | (s. o.) |
| 21. | Wenn es dunkel wird in unsrer kleinen Stadt (instrumental, Reihe 2, 4, 1=3) | (s. u.) |
| 22. | Wenn es dunkel wird in unsrer kleinen Stadt (gesungen mit Begleitung) | Text und Melodie: Anneliese Read, Laumann-Verlag, Dülmen/Westf. |
| 23. | Wenn es dunkel wird in unsrer kleinen Stadt (Halbplayback) | (s. o.) |

Die Tracks der Begleit-CD

| Track | Titelstichwort | Quelle oder Neueinspielung |
|---|---|---|
| 24. | Eine Muh, eine Mäh (gesungen mit Begleitung) | Text: W. Lindemann und W. Alfredo, Melodie: W. Lindemann, Bosworth & Co |
| 25. | Endlich ist der Winter da (instrumental, Reihe B, A, C, ganze Melodie) | Text und Melodie: Anneliese Read, Laumann-Verlag, Dülmen/Westf. |
| 26. | Endlich ist der Winter da (gesungen mit Begleitung) | (s. o.) |
| 27. | Endlich ist der Winter da (Halbplayback) | (s. o.) |
| 28. | Amboss-Polka (alles) | Albert Parlow, Koch Präsent (CD 398 011 B3, LC 5680) |
| 29. | Amboss-Polka (Coda) | Albert Parlow (s. o.) |
| 30. | Es singt in mir (gesungen mit Begleitung) | Text: Rudolf Krenzer, Melodie: Detlev Jöcker, Menschenkinder Verlag |
| 31. | Es singt in mir (Halbplayback) | (s. o.) |
| 32. | Drei Chinesen mit dem Kontrabass (gesungen mit Begleitung) | Text und Melodie: Volksgut |
| 33. | Schaut nur, schaut (instrumental, Teile B, A', A, ganze Melodie) | (s. u.) |
| 34. | Schaut nur, schaut (gesungen mit Begleitung) | Text und Melodie: Magdalena Kemlein, Verlag Volk und Wissen |
| 35. | Schaut nur, schaut (Halbplayback, alles) | (s. o.) |
| 36. | Gavotte für Flöte und Orchester D-Dur (Ausschnitt) | François Joseph Gossec |
| 37. | A London Symphony (Ausschnitt) | Ralph Vaughan Williams |
| 38. | Sonne im Mai (gesungen mit Begleitung, Refrain) | NEU, Melodie: israelisches Volksgut, Text: H. Falk |
| 39. | Sonne im Mai (gesungen mit Begleitung) | (s. o.) |
| 40. | Sonne im Mai (Halbplayback) | (s. o.) |
| 41. | Kuckuck (und andere Vogelstimmen) | Aufnahme und Bearbeitung: Hans A. Traber, CD Sonia da Music (LC 8367) |
| 42. | Kommt die liebe Sommerzeit (gesungen mit Begleitung) | Text und Melodie: Hans Poser, Fidula |
| 43. | Kommt die liebe Sommerzeit (Halbplayback) | (s. o.) |
| 44. | Glockenspiel: Glissando – Tremolo – Schichtklang = Cluster – Einzelklang | |
| 45. | Metallofon: Glissando – Tremolo – Schichtklang = Cluster – Einzelklang | |
| 46. | Der Kuckuck | aus: „Die Vögel" von Ottorino Respighi, apex (0927-486942, LC 02822) |
| 47. | Schwarzspecht (Klopfen) | Aufnahme und Bearbeitung: Hans A. Traber, CD Sonia da Music (LC 8367) |

## Die Tracks der Begleit-CD

| Track | Titelstichwort | Quelle oder Neueinspielung |
|---|---|---|
| 48. | Im Sommer geht's zum Sommerball (gesungen mit Begleitung) | Text und Melodie: Gabriele Bader, Ruth Kovarovicz, Margit Leitner, Susanne Scheuchl, Veritas Verlag |
| 49. | Im Sommer geht's zum Sommerball (Halbplayback) | (s. o.) |
| 50. | Dança dos mosquitos (Ausschnitt) | Heitor Villa-Lobos (Ausschnitt) |
| 51. | Wandern in der Sommerzeit (gesungen mit Begleitung) | Melodie: Leo Rinderer, Text: Leo Rinderer (1. Strophe), Hans Richter (2., 3. Strophe), Volk und Wissen |
| 52. | Wandern in der Sommerzeit (Halbplayback) | (s. o.) |
| 53. | Zungenbrecher: [1] Ene mene minke tinke [2] Enne denne duppe denne [3] Schickele, scheckele [4] Ele mele menk [5] Annchen dannchen dittchen dattchen | Verse traditionell |
| 54. | Zungenbrecher: [6] Es sprach der Bach [7] Ri, ra, rollala [8] Das Zungenmännlein Zappelmatz | Verse von Alfred Baur, Verlag Mellinger |
| 55. | Zungenbrecher: [9] Bidele, badele, budele, Batzen | Verse von Anneliese Schmolke, Möseler-Verlag, Wolfenbüttel/Zürich |
| 56. | Urlaub (gesungen mit Begleitung) | Text: Christian Heilburg, Musik: Jean Kluger, Electrola |
| 57. | If you're happy and you know it (gesungen mit Begleitung) | Text und Melodie: amerikanisches Volksgut |
| 58. | If you're happy and you know it (Halbplayback) | (s. o.) |
| 59. | Mon coq est mort (gesungen mit Begleitung) | Text und Melodie: französisches Volksgut |
| 60 | Mon coq est mort (Halbplayback) | (s. o.) |
| 61. | La mar estaba salada (gesungen mit Begleitung) | Text und Melodie: spanisches Volksgut |
| 62. | La mar estaba salada (Halbplayback) | (s. o.) |
| 63. | Bella bimba (gesungen mit Begleitung) | ital. Volkslied, deutscher Text: Dagmar Kuhlmann |
| 64. | Bella bimba (Halbplayback) | (s. o.) |
| 65. | Im Sommer, im Sommer (gesungen mit Begleitung) | Text und Melodie: österreichisches Volksgut |
| 66. | Im Sommer, im Sommer (Halbplayback) | (s. o.) |
| 67. | Auf unserm Hof ist heute ein Sommertag (gesungen mit Begleitung) | hochdt. Text: Heinz-Lothar Worm, Melodie: westfries. Volksgut, Persen |
| 68. | Auf unserm Hof ist heute ein Sommertag (Halbplayback) | (s. o.) |

# Lied-, Text- und Bildnachweis

## 1. Lieder

| | |
|---|---|
| Seite 20: | *In der Schule bin ich nun*, Dagmar Kuhlmann |
| Seite 22: | *Die kleine Schlange geht jetzt aus*, Text und Melodie: Anneliese Guß-Tutt, aus TANZKARUSSELL 1, Fidula-Verlag, Boppard/Rhein |
| Seite 38, 49: | *Laternen schaukeln dicht an dicht*, Dagmar Kuhlmann |
| Seite 45 f.: | *Mein Drachen*, Text: Albert Sixtus, Melodie: Richard Rudolf Klein, aus: Richard Rudolf Klein: „Willkommen, lieber Tag", © Daimonion Verlag, Wiesbaden |
| Seite 50: | *Falle, falle, gelbes Blatt*, Melodie: Wilhelm Keller, Text: überliefert, aus LUDI MUSICI Band 1 – Spiellieder, Fidula Verlag, Boppard/Rhein |
| Seite 73 ff.: | *Der Nussknacker*, Text und Melodie: Anneliese Read, Laumann Verlag, Dülmen |
| Seite 77 ff.: | *Wenn es dunkel wird in unsrer kleinen Stadt*, Text und Melodie: Anneliese Read, Laumann Verlag, Dülmen |
| Seite 80 ff.: | *Eine Muh, eine Mäh*, Musik: Wilhelm Lindemann, Text: Waldemar Alfredo, © Copyright 1914 Bosworth Music GmbH, Berlin. All rights reserved. International Copyright secured. |
| Seite 85 ff.: | *Endlich ist der Winter da*, Text und Melodie: Anneliese Read, Laumann Verlag, Dülmen |
| Seite 91: | *Es singt in mir und klingt in mir*, Text: Rolf Krenzer, Musik: Detlev Jöcker, aus: Kleine Kerze leuchte, Copyright Menschenkinder Verlag u. Vertrieb GmbH, Münster |
| Seite 112 f.: | *Drei Chinesen mit dem Kontrabass*, mündlich überliefert |
| Seite 117 f.: | *Schaut nur, schaut*, Text und Melodie: Magdalena Kemlein, aus: Der Musikus, Cornelsen Verlag, Berlin |
| Seite 120 f.: | *Sonne im Mai*, trad. Israel |
| Seite 151 f.: | *Kommt die liebe Sommerzeit*, Text und Melodie: Hans Poser © by Möseler Verlag, Wolfenbüttel |
| Seite 154 f.: | *Im Sommer geht's zum Sommerball*, Text und Melodie: Gabriele Bader/Ruth Kovarovicz/Margit Leitner/Susanne Scheuchl, Veritas-Verlag, Linz |
| Seite 159 f. | *Wandern in der Sommerzeit*, Melodie: Leo Rinderer, Text: Leo Rinderer und Hans Richter, Cornelsen Verlag, Berlin |
| Seite 162 f.: | *Urlaub*, Musik: Jean Kluger, Text: Christian Heilburg, Roba Music Verlag GmbH, Hamburg |
| Seite 164: | *If you're happy and you know it*, trad. USA |
| Seite 165: | *Mon coq est mort*, trad. Frankreich |
| Seite 166: | *La mar estaba salada*, trad. Spanien |
| Seite 167: | *Bella Bimba*, Text: Dagmar Kuhlmann, Melodie aus Italien |
| Seite 168: | *Im Sommer, im Sommer*, aus: Mein Liederkästchen, Cornelsen Verlag, Berlin |
| Seite 169: | *Auf unserem Hof ist heut ein Sommertag*, Text: Heinz-Lothar Worm |

## 2. Texte

| | |
|---|---|
| Seite 25: | *Regentage*, Petra Faulseit |
| Seite 72: | *Zwerglein Knickeknack*, Alfons Baur, J. Ch. Mellinger Verlag, Stuttgart |
| Seite 115 f.: | *März* von Elisabeth Borchers © by Elisabeth Borchers |
| Seite 156: | *Wie tanzen die Mücken?* Hoffmann von Fallersleben |
| Seite 157 f.: | *10 000 große Pausen*, James Krüss |
| Seite 161: | *Es sprach der Bach*, Alfons Baur, aus: Bli, bla, blu, J. Ch. Mellinger Verlag, Stuttgart |
| Seite 161: | *Ri ra rollala*, Alfons Baur, aus: Bli, bla, blu, J. Ch. Mellinger Verlag, Stuttgart |
| Seite 161: | *Das Zungenmännlein Zappelmatz*, Alfons Baur, aus: Bli, bla, blu, J. Ch. Mellinger Verlag, Stuttgart |
| Seite 161: | *Bidele, badele, budele, batzen*, Anneliese Schmolke, © by Möseler Verlag, Wolfenbüttel |
| Seite 161: | *Ene mene minke tinke*, überliefert |
| Seite 161: | *Enne denne duppe denne*, überliefert |
| Seite 161: | *Schickele scheckele*, überliefert |
| Seite 161: | *Ele mene menk*, überliefert |
| Seite 161: | *Annchen dannchen*, überliefert |

## 3. Bilder

| | |
|---|---|
| Seite 170: | *Der Feldhase*, Fotonatur.de |
| Seite 170: | *Das Wildkaninchen*, Fotonatur.de |
| Seite 171: | *Der Kuckuck*, Fotonatur.de |
| Seite 171: | *Der Schwarzspecht*, Fotonatur.de |
| Seite 172: | *La Troupe de Mademoiselle Églantine 1896*, Henri de Toulouse-Lautrec |
| Seite 173: | *Drei Musikanten*, Pablo Picasso |

# Alle Unterrichtsmaterialien
### der Verlage Auer, PERSEN und scolix

## jederzeit online verfügbar

# lehrerbuero.de
## Jetzt kostenlos testen!

## » lehrerbüro
**Das Online-Portal für Unterricht und Schulalltag!**